国家出版基金项目
NATIONAL PUBLICATION FOUNDATION

“十三五”国家重点图书出版规划项目

中国史学思想会通

主编 吴怀祺
副主编 汪高鑫 向燕南 周少川

明代史学思想卷

向燕南 著

海峡出版发行集团
THE STRAITS PUBLISHING & DISTRIBUTING GROUP
福建人民出版社

图书在版编目(CIP)数据

中国史学思想会通．明代史学思想卷／向燕南著．--福州：福建人民出版社，2018.9（2021.11 重印）

ISBN 978-7-211-07810-3

Ⅰ．①中…　Ⅱ．①向…　Ⅲ．①史学思想—中国②史学思想—中国—明代　Ⅳ．①K092

中国版本图书馆 CIP 数据核字（2017）第 236920 号

中国史学思想会通·明代史学思想卷

ZHONGGUO SHIXUE SIXIANG HUITONG · MINGDAI SHIXUE SIXIANG JUAN

作　　者： 向燕南
责任编辑： 田成海
美术编辑： 陈培亮　王　玮
出版发行： 福建人民出版社　　**电　　话：** 0591-87533169(发行部)
网　　址： http://www.fjpph.com　　**电子邮箱：** fjpph7211@126.com
地　　址： 福州市东水路 76 号　　**邮政编码：** 350001
印　　刷： 深圳市彩美印刷有限公司
地　　址： 深圳市龙岗区坪地街道高桥社区盛佳道 2 号
开　　本： 700 毫米×1000 毫米　1/16
印　　张： 19.75
字　　数： 295 千字
版　　次： 2018 年 9 月第 1 版　　2021 年 11 月第 2 次印刷
书　　号： ISBN 978-7-211-07810-3
定　　价： 78.00 元

出版说明

中国是个具有重史传统的国家，史学思想博大精深。纵观史学思想的内涵，主要包括两方面内容，一是对客观历史的认识，二是对史学本身的认识。对客观历史的认识是指历史观，其认识主体主要是史学家和思想家；对史学本身的认识是指史学观，其认识主体主要是史学家。对客观历史的认识主要考察历史的变易过程，以及历史变易的动因；对史学本身的认识则主要包括对于历史理论、历史教育、历史文献学、历史编纂学和历史文学观等的认识，以及对于史学价值论和史学社会功能的认识。

史学思想的发生与发展并不是孤立进行的，史学思想的研究也必须是多维度、多层次的。探讨史学思想，必须要与社会现实相联结，必须考察其与时代哲学思潮的关系，必须考察史学思想本身的渊源流变，必须考察史学思想各部分之间的辩证关系。从学术史的角度而言，史学与经学、玄学、理学、事功之学、经世之学、实学等有着密切的联系，需要具有四部思维意识去进行史学思想的研究，重视探讨经史、子史、文史之间的关系。研究近代史学时，我们还要努力把握近代史学思潮的发展与走向，关注马克思主义在中国的传播及其对近代史学与史学思想发展的影响。

中国史学思想最鲜明的特色是会通精神，这也是中华文化的重要特征。《周易》讲通变精神，所谓“《易》穷则变，变则通，通则久”；司马迁讲“通古今之变”，重视对于历史盛衰之理的探究；《通志·总序》说：“百川异趋，必会于海，然后九州无浸淫之患；万国殊途，必通诸夏，然后八荒无壅滞之忧，会通之义大矣哉!”突显了郑樵对历史与文化会通思考所具有的大视野。

近年来，以吴怀祺教授为代表的学术群体本着会通精神，对中国史学思想史展开了长时段的系统而深入的研究，发掘中华传统史学思想特性，思考传统史学思想的当代价值，展现中国史学优秀的民族精神，取得了一批学术成果，其中最具代表性的，是两套大型系列学术著作的问世：10卷本《中国史学思想通史》和6卷本《中国史学思想通论》，前者时间上跨越了从先秦时期到1949年的漫长历史，后者内容上涵盖了历史思维、经史关系、历史盛衰、历史文献学思想与历史编纂学思想等方面专题。

10卷本《中国史学思想通史》是从纵向对中国史学思想展开的研究，而6卷本《中国史学思想通论》则是从横向来专论中国史学思想的相关问题，这种多维研究恰恰体现了会通的思想与方法。从两套系列著作的整体布局来看，前者作为对史学思想史的贯通研究，主要体现“通”的意识；后者作为对史学思想各类专题的研究，则主要彰显了“会”的思想。然而，这种“会”与“通”又是相互包含的，“会”中有“通”，“通”中有“会”。10卷本《中国史学思想通史》关于每一阶段史学思想的论述，既是中国史学思想通史的重要一环，又有对这一阶段史学思想多维度的探究，体现了“会”的意识；同样，6卷本《中国史学思想通论》虽然是专题式的研究，而其中每一专题的研究，又都是采取贯通的方法，重视溯源探流，重视发展过程，体现了“通”的意识。

为了更好地体现《中国史学思想通史》与《中国史学思想通论》所蕴含的会通思想，我们将两套大型学术著作合编在一起，以“中国史学思想会通”为总书名，进行再版。

这样做首先是满足弘扬中国传统史学、回应西方学人扭曲中国传统史学的需要。中国史学源远流长，史学思想丰富深邃。然而很多西方史家以傲慢的态度鄙薄中国史学，否定中国传统史学的价值。如何回应？我们不能只是简单地去展示中国传统史学，而是要把历时性的研究和共时性的研究结合起来，从理论的高度上，概括出中国传统史学思想的特点与要义，并且结合时代的变化，从振兴中华文化的总目标出发，讨论传统史学如何走向世界，思考传统史学思想在当代的价值。

其次是把握中国史学优良传统与时代性的需要。传统史学有很多精华需要我们去总结，如历史运动的通变观、天人相关的思想、见盛观衰思想、民为邦本与民贵君轻思想、传统历史编纂理论与方法论等。史学的时代性同样不可忽视。当前我们正处在全球化的时代，全球化要求我们必须把中国史学与世界史学联系起来进行思考，讨论中国史学的进程，认识中国史学的发展大趋势，讨论历史学科建设问题。

当然，合编与再版不是简单的重印，而是有内容的提升与结构的整合。从内容来讲，各卷作者对原有内容普遍进行了一定程度的修订和补充，有些卷补充的内容较多，有些卷调整了篇章。从结构来讲，原来两套书各自的总论部分，被整合成一卷新的《总论卷》，起到了对全书的统领作用。

16 卷本《中国史学思想会通》大型学术著作的出版，既表达了学人们对于中国史学会通思想的继承，也充分体现了该书纵横论说中国史学思想的会通特点。传承历史文化，建设时代文化，是当今时代的主题和任务。我们希望这套著作的推出，有助于加强人们对于中国传统史学的认识，深入挖掘中华传统史学所蕴含的优秀思想观念、人文精神；有助于学界结合时代要求继承创新，推动当代具有中国特色的马克思主义史学的发展；有助于当前的文化传承与时代文化建设，树立文化自信，推动文化大发展。

2017 年 10 月

本卷作者简介

向燕南，湖南衡东人，历史学博士。现任北京师范大学历史学院史学研究所教授。自1983年留校任教至今，发表论文百余篇，撰述、主编学术著作多部，主持及参与国家和省部级研究项目多项。

目　录

题　记 / 1

导　言 / 1

第　一　编

第一章　明前期政治、文化发展特点与史学思想 / 15

第一节　明代前期政治、文化专制的强化 / 15

第二节　三部“大全”的编纂与明前期学术思想的格局 / 22

第三节　明前期史学与史学思想的特点 / 27

第二章　宋濂的史学思想与学术评论 / 33

第一节　宋濂的学术渊源及特点 / 35

第二节　宋濂的史学思想 / 39

第三节　宋濂的六经观和诸子考辨 / 50

附　方孝孺的正统论及其影响 / 59

第三章　王祎的史学思想 / 69

第一节　王祎的史学实践与史学观念 / 70

第二节　王祎的正统观 / 79

第三节　《大事记续编》的撰述及思想 / 83

第四章　丘濬的正统观与历史观 / 91
第一节　《世史正纲》与丘濬的正统史观 / 92
第二节　《大学衍义补》的历史思想 / 106

第　二　编

第五章　明代后期史学思潮的兴起与发展 / 127
第一节　明代后期社会发展的基本特点 / 127
第二节　文化及思想发展的新格局 / 130
第三节　史学思潮的主流及其相互关系 / 135
附考一　关于《史纲评要》《熙朝名臣实录》的作者及有关问题 / 150
附考二　万历时期朝廷打压有异端倾向的学者 / 151

第六章　陈建的经世史学思想 / 153
第一节　对理学史的认识和“究心学术邪正之分” / 154
第二节　“为当世借前箸筹之” / 162
第三节　《皇明资治通纪》史论的思想价值 / 167

第七章　薛应旂的史学思想 / 178
第一节　“所见出入朱陆之间”的理学特点 / 178
第二节　“经史一也”与“折衷汉宋” / 182
第三节　理学影响下的史学鉴戒思想 / 188
第四节　彰往察来与“时”“势” / 192
附考　关于薛应旂的生卒年 / 197

第八章　王世贞史学理论的贡献 / 198
第一节　“天地间无非史而已” / 200
第二节　史学批评及其理论贡献 / 206
第三节　历史的评判与现实的批判 / 216
附考　关于《祝子罪知录》王世贞序的问题 / 225

第九章　李贽的历史批判与史学批判 / 227
第一节　李贽的思想形成与史著 / 228
第二节　李贽对历史运动的理论阐述 / 234
第三节　李贽历史批判的史学理论 / 240
第四节　李贽历史批判实践的思想特点 / 249
附　焦竑的学术特点与史学思想 / 259
附考一　明人对“道统论”的批判 / 272
附考二　明人对人生问题的思考 / 273

第十章　胡应麟的史学和历史文献学理论 / 275
第一节　胡应麟的学术特点及著述 / 275
第二节　胡应麟的史学理论 / 280
第三节　胡应麟的历史文献学理论 / 292

本卷主要引用书目 / 299

题　　记

吴怀祺

在元代卷《题记》中，我谈到明代前期与元代应作为一个时期看待，就是说，明代史学思想虽作为一卷，但明前期与后期差别很大。

关于明代的学术，皮锡瑞有一句话："论宋、元、明三朝之经学，元不及宋，明又不及元。"[1] 就史学思想来说，元代史学思想显示出开阔气象，明前期却是少了这等胸襟。刘基的《春秋明经》系统宣扬华夷之势不两立的观点，非常狭隘，是一个典型。

明代初期，朱学一统天下，《五经大全》《四书大全》和《性理大全》之类抄袭出来的平庸作品，却是士子必读之书，败坏了社会风气。顾炎武说："自八股行而古学弃，《大全》出而经说亡，十族诛而臣节变，洪武、永乐之间，亦世道升降之一会矣。"[2] 最后一件是说方孝孺的事。明前期史学思想是"苍白"的。[3]

---

[1] 皮锡瑞著，周予同注：《经学历史》，中华书局 1959 年版，第 283 页。

[2] 顾炎武著，黄汝成集释：《日知录集释》卷十八《书传会选》，上海古籍出版社 1985 年版，页一三九〇。

[3] 白寿彝先生说："如果说，从明初到嘉靖以前，也可以算作一个历史阶段，这个阶段，是明清史学的一段比较苍白的阶段。"（白寿彝主编：《中国史学史》第一册，上海人民出版社 1986 年版，第 79 页。）

明代前期的史学思想不能与元合为一卷，又不能单独成卷。把明代史学思想前期与后期作为一个整体，则可以看出思想流变、发展。

明代，是中国封建社会的衰老时期，“我们说它衰老，不说它是解体，就是说它已经失去了旺盛的生命力，但生命力还是有的，甚至还相当顽强。这种特点反映在史学上，一方面是因循保守气息的充斥，另一方面，是反映时代抗议精神的优秀作品在不断地问世”[1]。也正是这些基本特点，决定了有明一代史学的风貌。

学术思潮衍变带来史学思想变化。吴与弼（康斋）、薛瑄（河东）承朱学，至陈献章（白沙），“独开门户，超然不凡”[2]。白沙一折，是为王守仁（阳明）之学。王学兴起后，形成浙中王门、江右王门、南中王门、楚中王门、北方王门与粤闽王门。众多王门中唯江右王门得其传。阳明之学影响学术、影响史学，体现出一种生动的精神。泰州学派兴起，“坏”了王学，其“狂放”的议论，显示出思想上的活跃。“阳明先生之学，有泰州、龙溪而风行天下，亦因泰州、龙溪而渐失其传。”[3] 泰州后，颜山农（钧）、何心隐一派，“遂复非名教之所能羁络矣”。李贽（卓吾）则被视为名教的“异端”。

学术变化对史学产生的影响，可以举出几点来。一、批判思潮的兴起，从新的视角对历史进行总结。二、朱学的教条受到挑战，对历史的认识与评价发生变化。三、对践履观新的阐释，为学术经世提供了思想上的说明。刘宗周“慎独”说之发明，影响下及有清的史学，由黄宗羲“而开万氏弟兄经史之学”[4]。四、史学思想活跃带来史学上的进步，出现一批改写宋史的史书和纪事本末体史书，这些史书编纂的立意之一，是为观察盛衰；笔记野史以及地方志的编写，取得前所未有的成绩；对前代史书的评论和对《史通》的整理研究，成就也相当可观。

明后期的史学，为明末清初史学思想大升华做了铺垫。

有明一代的学术、学风也存在问题，顾炎武批评相当凌厉。[5] 从整

---

[1] 白寿彝主编：《中国史学史》第一册，上海人民出版社 1986 年版，第 77 页。

[2] 黄宗羲：《明儒学案·师说》，中国书店 1990 年影印本。

[3] 黄宗羲：《明儒学案》卷三十二《泰州学案》。

[4] 章学诚著，叶瑛校注：《文史通义校注》卷五《浙东学术》，中华书局 1985 年版。

[5] 参见《日知录集释》卷十八《窃书》，上海古籍出版社 1985 年版。

体上说，相对于其他朝代，明代史学思想缺少力度，其弊也“浮”。

本卷写出有明一代的史学发展走势，而落墨的重点在阐述明代后期的启蒙思潮、经世思潮、黜虚征实思潮，潮涨潮落，景象万千。善读书者当心知其意矣。

导　　言

明代，从洪武元年（1368 年）建鼎，到崇祯十七年（1644 年）亡朝，先后长达 270 余年，是继秦、汉、隋、唐及元之后又一个统一的大皇朝，在中国历史上，不仅占有重要的政治地位，而且具有丰富的社会内容和文化内容。在这 270 余年的历史进程中，先后出现过诸多富有时代意义、影响深远的历史事实。这些历史事实包括：一、政治上建立了空前专制的君主集权制度；二、经济上出现了前所未有的新的社会生产方式萌芽；三、文化思想上产生了带有早期启蒙色彩的文化思潮。很难想象，在内容如此丰富的历史时期，尤其是在晚明社会新、旧因素矛盾冲突格外激烈的时期，会没有出现有价值的史学内容。不可否认，明代没有出现司马迁、司马光式的史学巨匠，也缺少体例成熟、编纂严谨的历史著述。但是诚如嵇文甫先生对晚明思想的评论："你尽可以说它'杂'，却决不能说它'庸'；尽可以说它'嚣张'，却决不能说它'死板'；尽可以说它是'乱世之音'，却决不能说它是'衰世之音'。"[1] 即在当时表面庞杂粗疏的史学现象中却蕴含着新的史学思想。因此历史地看，明代的史学确实是在以新的特点继续向前发展着。

---

[1] 嵇文甫：《晚明思想史论》第一章《从王阳明说起》，东方出版社 1996 年版，第 1 页。

明代史学的发展大致可以概括为以下几个方面：

第一，史学著述繁富。明代社会教育的普及，社会经济的繁荣，尤其是印刷出版业的长足发展，极大地促进了各阶层士人的史学撰述活动，从而留下了令人瞩目的繁富的史学著作。对于这一点，仅从《明史·艺文志》著录的图籍就可以看出。《明史·艺文志》的编纂受唐刘知幾《史通》相关理论的影响，仅收有明一代人的著述，其中史部分为十类，共著录了史书1378部27547卷。而《明史·艺文志》在定稿之前，曾经先后两次遭到删削，其中康熙三十三年至雍正元年（1694—1723年）间，当时的史馆总纂王鸿绪，将原黄虞稷著录的12000余种图籍删削到4000余种，把所谓“无卷帙氏里可考者”和“书不甚著”者都删削掉，此后总裁张廷玉所进呈的《明史》中的《艺文志》，基本采用的就是王氏的成稿，很少改动。因此，明代实际上的史学著述要远远超过现《明史·艺文志》著录的数字，应不会太少于《宋史·艺文志》著录的数字，而《宋史·艺文志》所著录的书籍还包括了前代的作品。因此，明代史学著述的繁富是相当突出的。

第二，著述体裁、体例多样，发展承前启后。明代，尤其是晚明的史学，并不像一些学者所说的“编纂方法只是因袭前代而无创新”。白寿彝先生把明末以后至今视为专史时期，[1] 是非常有见地的，这实际已为晚明确定了在中国历史编纂学史上的地位。明代专史的发展相当突出，像职官制度史、经济史、思想学术史、军事史、边防史地，以及为某种社会政治目的编纂的专题文编等等方面，都出现了许多著作。

明代史学在著述的体裁、体例方面，在继承的基础上所进行的创新，格外值得重视。例如自宋代袁枢改编《资治通鉴》创立纪事本末体以后，在长达400多年的历史中，虽然得到许多学者的肯定，但是除刊刻于宋宝祐元年（1253年），流传不远的杨仲良《皇宋通鉴长编纪事本末》外，一直没有类似体裁的著作问世。直到晚明，才有傅逊的《左传属事》“仿建安袁枢纪事本末之体，变编年为属事，事以题分，题以国分，传文之

---

[1] 参见《白寿彝史学论集》下《中国历史体裁的演变》，北京师范大学出版社1994年版，第658页。

后，各隐括大意而论之”[1]。继而是刊刻于嘉靖末年高岱的《鸿猷录》，分专题记述和评论了嘉靖之前的明代军政大事，再后则是冯琦、陈邦瞻撰述的《宋史纪事本末》和陈邦瞻独撰的《元史纪事本末》。两书分别于万历三十三年（1605年）、万历三十五年刊刻，从而使这种“前后始末，一览了然”的体裁再现于史坛。以陈氏为主编纂的宋、元《纪事本末》，与袁枢《通鉴纪事本末》仅就《资治通鉴》一部“本有脉络可寻”的编年体史著剪裁成书不同，乃是通过剪裁多部、多种体裁的巨帙宋、元史书而成，故“其寻绎之功乃视枢为倍矣”[2]。而且宋、元《纪事本末》涉及问题也较广泛，除政治事件外，如治河、茶盐、学术思想等皆有专题叙述，同时还记载了金和蒙古早期的历史情况，不仅扩大了纪事本末体的记事范围，更重要的是，它的创作，使纪事本末体真正成为以“事”为核心的史书体裁，标志着纪事本末体的成熟。因此，从历史编纂学的意义讲，宋、元《纪事本末》的编纂，是纪事本末体裁史书发展过程中的重要里程碑。此外，明代纲目体裁的发展也具有同样的意义。

在思想学术史的编纂方面，明代学者也做出了突出的成绩。明代理学发达，“前代所不及”[3]，从而极大地刺激了思想学术史的编纂。思想学术史性质的著作，自宋代的李心传《道命录》和朱熹《伊洛渊源录》开启撰述门径之后，直至明代才有大规模的发展，当时计有殷奎的《道学统绪图》，谢铎的《伊洛渊源续录》，宋端仪、薛应旂的《考亭渊源录》，林稹的《续朱子伊洛渊源录》，朱衡的《道南源委录》，薛甲的《心学渊源录》，胡直的《考亭渊源录》，陈阶的《道教渊源录》，郑良佐的《道学统宗内外二传》，江尚和的《紫阳道脉录》，金贲亨的《道南录》，刘元卿的《诸儒学案》和《儒宗考辑略》，王之士的《道学考源录》，杨范的《道统言行集》，陈云渠的《浙学谱》，刘长卿的《浙学心传》，王圻的《道统考》，冯从吾的《元儒考略》，周汝登的《圣学宗传》，徐奋鹏的《古今道脉》，刘宗周的《明道统录》等等，这说明从明代后期起，编纂思想学术史已成为一种史学传统，并为清初孙奇逢的《理学宗传》和黄

[1] 永瑢等撰：《四库全书总目》卷二八，中华书局1965年版。
[2] 《四库全书总目》卷四九。
[3] 黄宗羲：《明儒学案》卷首《发凡》。

宗羲《明儒学案》等学术史著作的编纂，以及思想学术史走向成熟，奠定了坚实基础。

明代还是经世文集和地方志撰述的大发展时期，在此之前，所谓的经世文集只有南宋滕珙根据朱熹的语录、文集分类编纂的《经济文衡》等极少数的著作，而明代仅明确冠以“经世”或“经济”名目的史著就多达20余部，尤其是编纂于明末的《皇明经世文编》，规模宏大，目的鲜明，针对性强，对后世史学具有很大影响。

第三，史学思想活跃。这也是明代史学发展的重要表现。明代，作为中国封建社会走向衰老的转折时期，新旧矛盾的斗争异常激烈。商品经济的繁荣、王阳明心学的崛起，以及阶级矛盾和民族矛盾的深化等等，都对思想文化产生深刻的影响，不仅使得思想学术界逐渐摆脱沉闷，而且也使史学思想在这种思想氛围中渐渐地活跃了起来。明代史学发展的特点是私人修史发达，而私撰史著较之官修史书，一个很大的不同是思想活跃。新史学思想的光芒和新、旧史学思想的交锋，无一不是在那些私撰的史著和各种文集中展现的。当时，历史的是与非之辨、情与欲之辨、公与私之辨、道德与事功之辨、经与史关系之辨、经与权之辨、时与势之辨、改革与保守之辨等等一系列有关历史运动、历史动力、历史伦理、历史与现实的历史理论、史学理论问题都在史学中受到广泛的关注，有的还讨论得相当深入，为史学史留下了丰富的史学思想遗产。谢国桢先生曾经说：“拿清代考据学家的尺度来衡量明代的学风，明代的学术思想自然是有时过于疏略；可是拿明代学术思想的放达和记载朝野逸事的丰富来比较衡量，清代考据学家的末流，羌无故实、不关痛痒的繁琐考证，那不更显得索然寡味吗？”[1] 谢国桢先生的论述，说明了明代史学思想活跃是史学发展的重要表现。

当然，明代史学思想的价值，更重要的是它在整个中国史学思想发展历程中承前启后的历史地位。我们说，在中国古代史学思想漫长的发展历程中，明清之际无疑是个史学思想高峰，而这个高峰与明代史学思想的发展，从思想本身到学术的表现形式，都有着直接的联系。阅读明代，尤其是明后期史学思想的文献，我们就会发现，当明清之际的史学

[1] 谢国桢：《明末清初的学风》，人民出版社1982年版，第90页。

家、思想家在展开他们犀利的思想批判、政治批判和学术批判的时候，实际也正是在发展着明后期兴起的启蒙史学思潮、经世史学思潮和黜虚征实史学思潮的史学思想。也正是在这些思潮发展的基础上，明清之际的思想家、史学家才把中国的史学及思想推向它的新高度。

明代史学思想与明清之际史学思想的联系，可以从这样几方面看出：

其一，明清之际的社会政治批判，是对明后期兴起的启蒙史学思潮中社会批判的深化。从明后期到明清之际，社会政治批判的思想发展，表现为从对自然人性私欲的肯定，到“天下人各各有欲，岂独人主”的诘问，再到对封建专制君主以一己之私害天下之大公的批判这样一个思想逐步深化的逻辑过程。

明清之际史学家、思想家批判封建专制政治的一个重要思想点，是强调全社会的公欲，否定封建君主一己的私欲；反对封建专制主义的“私天下”，要求分权共治的“公天下”。如王夫之说：“以天下论者，必循天下之大公。天下非一姓之私也。”[1] 但是明清之际的史学家、思想家所谓的“公欲”，并不是抽象的，而是在肯定人人有欲的认识基础上展开的。黄宗羲便说：“有生之初，人各自私也，人各自利也；天下有公利而莫或兴之，有公害而莫或除之。有仁者出，不以一己之利为利，而使天下受其利，不以一己之害为害，而使天下释其害；此其人之勤劳必千万于天下之人。”[2] 顾炎武也说：“自天下为家，各亲其亲，各子其子，而人之有私，固情之所不能免矣……合天下之私以成天下之公，此所以为王政也……此义不明久矣。世之君子必曰：有公而无私。此后代之美言，非先王之至训矣。”[3] 然而，沿着思想发展的逻辑寻绎，这种肯定自然人性“私欲”的思想，正是源自明后期的史学家、思想家。例如，被人称为“异端之尤”的李贽便明确地说：“夫私者，人之心也。人必有私，而后其心乃见；若无私，则无心矣。”[4] 李贽之后，吕坤进一步提

[1] 王夫之：《读通鉴论》卷末，中华书局 1975 年版。按：顾炎武、黄宗羲均提出过类似的观点。

[2] 黄宗羲：《明夷待访录·原君》，中华书局 1981 年版，页一。

[3] 顾炎武：《日知录集释》卷三《言私其豵》条，花山文艺出版社 1990 年版，第 120 页。

[4] 李贽：《藏书》卷三十二，中华书局 1959 年版。

出不能为一己之私欲，侵害他人私欲的问题，他说："世间万物皆有所欲，其欲亦是天理人情。天下万世，公共之心，每怜万物有多少不得其欲处。""天之生民非为君也，天之立君以为民也，奈何以我病百姓？夫为君之道无他，因天地自然之利而为民开导撙节之，因人生固有之性而为民倡率裁制之，足其同欲，去其同恶，凡以安定之使无失所，而后天立君之意终矣。岂其使一人肆于民上而剥天下以自奉哉！"[1] 从此一直到钱谦益都明确地说："夫天下大矣"，"天下人各各有欲，岂独人主？"[2] 表明明代后期史学家、思想家的社会政治批判，与明清之际史学家、思想家的社会历史和政治批判有着历史与逻辑的联系，表明明清之际出现的史学思想高峰是明后期以来思想学术思潮发展深化的结果。

其二，明代史学家、思想家对历史运动问题，对经史关系问题的理性思考，为明清之际的史学家、思想家提供了进一步深化的基础，为他们将对历史的总结提高到历史哲学的高度，为他们对经史关系的认识，提供了思想的养分。

王夫之说："太昊以上，其犹禽兽乎！"[3] 唐、虞以前，"衣裳未正，五味未清，婚姻未别，丧祭未修，狉狉獉獉，人之异于禽兽无几也"[4]。认为"治有治之理，乱有乱之理，存有存之理，亡有亡之理"[5]，"郡县之制，垂二千年而弗能改矣，合古今上下皆安之，势之所趋，岂非理而能然哉"[6]？表明他在历史运动问题上的进化认识，和他将历史的盛衰变化视为一种必然趋势的理性思想。而在此之前，明后期以来史学家、思想家如王廷相、薛应旂、李贽、贺详、朱健等，在这方面也提出过相关的论述。此外，像王廷相说："虽一人之私也，天下之民利之，则天下之公也。"[7] 朱健认为："布大公者怀至私，酬大仁者挟至贪。"[8] 贺详

---

[1] 吕坤：《呻吟语译注》卷五，北京燕山出版社 1996 年版，第 324 页。

[2] 钱谦益：《牧斋初学集》卷八十九，上海古籍出版社 1985 年版。

[3] 王夫之：《船山思问录·外篇》，上海古籍出版社 2000 年版。

[4] 王夫之：《读通鉴论》卷二十。

[5] 王夫之：《读通鉴论》卷二十四。

[6] 王夫之：《读通鉴论》卷一。

[7] 王廷相：《慎言》卷九《保傅篇》，齐鲁书社四库全书存目丛书影印嘉靖刊本。

[8] 朱健：《苍崖子》内篇《裁理篇》，明刊本。

指出："古有圣哲而贻天下万世之害者，有狂愚而贻天下之利者。"[1] 对于这种思想，王夫之则提出更深的见解。他说："秦以私天下之心而罢侯置守，而天假其私以行其大公，存乎神者之不测，有如是夫。"[2] 又说："以一时之利害言之，则病天下；通古今而计之，则利大而圣道以弘。天者，合往古来今而成纯者也……时之未至，不能先焉。迨其气之已动，则以不令之君臣，役难堪之百姓，而即其失也以为得，即其罪也以为功，诚有不可测者矣。"[3] 这些也说明，在历史认识方面，明清之际的史学家、思想家与明代的史学家、思想家之间同样存在着内在联系。

在对经史关系认识方面，明代史学家的观点，也影响了明清之际的史学家的思想。例如李贽说过"经史一物也"，"故《春秋》一经，春秋一时之史也。《诗经》《书经》，二帝三王以来之史也。而《易经》则又示人以经之所自出，史之所从来，为道屡迁，变易匪常，不可以一定执也。故谓六经皆史可也"。[4] 王世贞说："经，载道者也，史，纪事者也。以纪事之书较之载道之书，孰要？人必曰经为载道之书，则要者属经，如是遂将去史弗务。"[5] "天地间无非史而已。"[6] 钱谦益说："六经之中皆有史，不独《春秋》三传也。"[7] 而顾炎武对经史关系的见解，明显地与晚明这些史学家有着密切联系，但又有所发展。顾炎武说："《孟子》曰：'其文则史'，不独《春秋》也，虽六经皆然。今人以为圣人作书，必有惊世绝俗之见，此是以私心待圣人。"[8] 可以看出，第一，顾炎武也明确认为"六经皆史"，这是晚明史学家明确提出的观点。第二，顾炎武认为，那种以为六经是"圣人作书，必有惊世绝俗之见"，是"以私心待圣人"，目的是要抬高自己。这又和晚明史学家反对思想权威的言论，

---

[1] 贺详：《留余堂史取》卷一《世诠》，齐鲁书社四库全书存目丛书影印明末刊本。

[2] 王夫之：《读通鉴论》卷一。

[3] 王夫之：《读通鉴论》卷三。

[4] 李贽：《焚书》卷五《经史相为表里》，见《李贽文集》，北京燕山出版社 1998 年版，第 258 页。

[5] 王世贞：《纲鉴会纂》卷首《纲鉴会纂序》，明刊本。

[6] 王世贞：《弇州山人四部稿》卷一百四十四《艺苑卮言》，明万历刊本。

[7] 钱谦益：《牧斋有学集》卷三十八《答杜苍略论文书》，上海古籍出版社 1996 年版。

[8] 顾炎武：《日知录集释》卷三《鲁颂商颂》条。

尤其是李贽在《童心说》中评论六经的言论有所联系。

其三，在实学思想影响下，从后期开始，明史学家在追求“实心”“实用”“实学”的同时，也逐渐使史学从重“主于道”的经世之途，逐渐转向重“主于事”的经世之途，逐渐形成重视现实实务的经世史学思潮，而明清之际的史学家、思想家仍是继续着这条经世路线向前发展，并把史学中传统的经世致用思想推向高潮。

顾炎武认为，研究学问重要的是解决“当务之急”。他说：“以格物为多识于鸟兽草木之名，则末矣。”[1] 他强调：“文须有益于天下。”[2] 所以他的《日知录》被人称为“其言经史之微文大义、良法善政，务推礼乐德刑之本，以达质文否泰之迁嬗，错综其理，会通其旨。至于赋税、田亩、职官、选举、钱币、权量、水利、河渠、漕运、盐铁、人材、军旅，凡关家国之制，皆洞悉其所由盛衰利弊，而慨然著其化裁通变之道，词尤切至明白”[3]。他的《天下郡国利病书》也是因“感四国之多虞，耻经生之寡术，于是历览二十一史以及天下郡县之书，一代名公文集及章奏、文册之类，有得即录”[4]，而编纂的历史著作。其中收录的有各地漕运、粮额、马政、草场、盐政、屯田、水利、赋税、徭役、户口等等，都是具体的、有关国计民生的事务。而这些正是明后期以来史学经世思潮在史学思想和史学著述方面的特征。

其四，明清之际追求征实的学术，提倡“博学于文”“以六经为根柢”“通经致用”的学术思想和治学路数，也是明代后期开始的黜虚征实的史学思潮长期发展的结果。早在明正德、嘉靖、隆庆之际，社会上已经出现了重视汉、唐注疏训诂，调和汉、宋学术的苗头。如归有光曰：“盖汉儒谓之讲经，而今世谓之讲道，夫能明于圣人之经，斯道明矣，道亦何容讲哉?”[5] 故“夫天下学者，欲明道德性命之精微，亦未有舍六经而可以空言讲论者也。”[6] 这种苗头的发展，到了明末的钱谦益便提

[1] 顾炎武：《日知录集释》卷六《致知》条。
[2] 顾炎武：《日知录集释》卷十九《文须有益于天下》条。
[3] 黄汝诚：《日知录集释叙》。
[4] 顾炎武：《天下郡国利病书·自序》，台湾广文书局 1979 年版。
[5] 归有光：《震川先生集》卷九《送何氏二子序》，上海古籍出版社 1981 年版。
[6] 归有光：《震川先生集》卷九《送计博士序》。

出了“以汉人为宗主”[1]的口号，为顾炎武提出“经学即理学”，由重阐述义理的宋学，转向疏证考据经文的汉学，铺平了道路。在具体文献考据方面，以杨慎、陈耀文、焦竑、陈第为代表的晚明学者，已经开辟了明清之际及清代的朴学研究之风。顾炎武所说的“读九经自考文始，考文自知音始”的考据门径，以及他所采用的本证、旁证、理证相结合，文献资料与金石碑刻相结合的考据方法，也是明代学者首先提出并实践过的有效方法。明代学者明确提出的“六经皆史”说，在抹去六经灵光，提高史学地位的同时，也为黄宗羲扬弃王阳明心学，提出“言性命者必究于史”，将经学与史学研究相结合，开创“浙东史学”奠定了理论基础。而明后期以来的王世贞、焦竑、沈德符、钱谦益、潘柽章、谈迁等史学家所做的史料考辨和史著编纂，则有力地推动了明清之际明史研究的展开。

以上四个方面都说明，整体上，明代，尤其是明后期的史学确实在以某种新的特点，继续地向前发展着。因此剔芜抉幽，发掘明史学中有价值的史学及其思想内容，是总结中国史学发展规律和成果的有意义的课题。将明代史学思想的发展与学术思想史、社会史联系起来，作为相互影响的一个整体进行考察，进而概括明代史学思想发展的特点，在吸收前人研究的基础上，深入一步探讨明代史学思想的基本内容、思想特征及主要走向，正是本书撰述的基本任务。

[1] 钱谦益：《牧斋初学集》卷七十九《答唐汝谔论文书》。

第一编

从明洪武至弘治朝，为明代的前期。这个阶段，又可划分为两段，其中，以洪武、建文、永乐、洪熙、宣德等数朝为第一段，约67年。这是明皇朝由建立到发展的阶段，也是社会经济逐渐从恢复走向繁荣发展的阶段。《明史》称："盖明兴至是历年六十，民气渐舒，蒸然有治平之象矣。"[1]这是整个明皇朝的盛世。第二段包括正统、景泰、天顺、成化、弘治等数朝，约70年。这时期，明皇朝的经济虽然在前一阶段的基础上继续向前发展，并且出现繁荣景象，但是在政治上，这时已开始显现日益深化的危机。史家称："明自正统以来，国势浸弱。"[2] 正是从明代发展的整个历史过程来看待这时期社会政治变化的。明前期从第二段开始，社会矛盾表现得越来越尖锐，逐渐向皇朝的后期过渡。

明代前期包括史学思想在内的整个思想文化的发展，伴随着社会政治形势的变化，呈现出马鞍的形状。

元明之际的社会动乱，致使统治阶级的政治、思想控制相对松弛，同时尖锐的社会矛盾和动荡的社会格局，也活跃并深化了以宋濂为代表的一些知识分子对社会和历史的思考，形成了这时包括史学思想在内的整个思想文化发展的相对高峰。此后，这个文化的相对高峰，虽然仍依赖着前面发展的惯性而有所表现，但是，随着明皇朝政权的不断巩固，各项专制制度的完善和加强，最终在思想文化控制的高压政策的打压下，尤其是明初期统治者不断发动的文字狱的打压下，很快失去了它在元明之际的光彩，形成了包括史学思想在内的整个文化发展的相对低潮。《明史·文苑传》叙论说："明

[1] 张廷玉等：《明史》卷九《宣宗本纪》，中华书局1974年版。

[2] 《明史》卷十六《武宗本纪》。

初，文学之士承元季虞、柳、黄、吴之后，师友讲贯，学有本原。宋濂、王祎、方孝孺以文雄，高、杨、张、徐、刘基、袁凯以诗著。其他胜代遗逸，风流标映，不可指数，盖蔚然称盛已。永、宣以还，作者递兴，皆冲融演迤，不事钩棘，而气体渐弱。”[1] 此虽在论文，亦是整个文化发展情况的写照。

进入明前期的第二段后，皇朝的政治统治趋向稳定，社会经济也由恢复走向发展，社会的财富积累逐渐增加，商品经济开始繁荣。在这种情况下，统治阶级也随之日益腐败。其中政治上，因宦官弄权而一再导致政治危机；经济上，因统治阶级的贪婪而掀起愈演愈烈的土地兼并狂潮，大批农民被迫从土地上被排挤掉，形成严重的流民问题。社会阶级矛盾陡然尖锐，先后爆发了多次大规模的农民起义。而与此同时，北方蒙古瓦剌部的势力开始强大，并且不断南下侵掠，甚至大败御驾亲征的明军，俘获英宗皇帝，形成震惊朝野的“土木堡之变”，并将铁骑直逼京师城下。在这种阶级矛盾、民族矛盾、统治阶级内部矛盾交织在一起，社会危机重重、险象环生的情况下，一直沉迷于升平歌舞中的士大夫开始警醒，重新开始了对历史与现实的思考，史学以及史学思想也随之表现出一些走出低谷的迹象，逐渐开始了向学术高峰的攀升。

这阶段史学思想比较活跃的代表性的史家、史著，主要是丘濬及其《世史正纲》《大学衍义补》等。但是由于这时社会经济发展的格局还未出现重大的突破，社会政治的发展也未达到元季大厦将倾、群雄并起的局面。而就时代精神集中体现的哲学思想的发展情况看，虽然有吴与弼求“静中意思”“寻向上工夫”，为后来王学出现之“椎轮”“积水”，[2] 但是其基本学术思想仍未能突破程朱理学思想之矩矱。所以这阶段的史学思想，总的来说，仍未能出现大的突破性进展。史学思想的真正大的发展，仍然有待于明代历史的后期。

---

[1] 《明史》卷二百八十五《文苑传》。

[2] 《明儒学案》卷四《崇仁学案叙录》云：“椎轮为大辂之始，增冰为积水所成，微康斋，焉得有后时之盛哉！”

第一章 明前期政治、文化发展特点与史学思想

如绪言所述，从明开国到正德前的一百多年间，其史学思想的发展大致呈现着马鞍型曲线：最初几年，承元代季世因尖锐的社会矛盾而激活的文化气象，史学思想一度相对活跃，但是随着皇朝政治统治的确立、巩固，以及社会经济的逐渐恢复，史学思想的发展却逐渐转向低潮，形成精神生产与物质生产逆反发展的态势，直至成化、弘治时期，史学思想的发展才逐渐出现向高潮发展的趋向。明代前期史学思想发展的这种由高向低、再逐渐向高的发展态势，与这阶段政治、文化的发展特点有着密切关系。

第一节 明代前期政治、文化专制的强化

公元 1368 年，元王朝覆灭，明王朝建立，“修明三纲五典既坠之彝伦”，致“中国之统既失而复得”，[1] 再次恢复了以汉族人为主体的统治政权。这一政治特点，对于明代的政治和文化发展，产生了深远的影响。

[1] 丘濬：《世史正纲》卷三十二，文昌郭氏家塾 1936 年铅印本。

历史地看，中国封建社会的中央集权政治体制，一直随着历史的推移不断强化。而随着朱明皇朝的建立，这种专制体制更获得了空前的发展，把君主专制政治进一步推向新的高度，构成中国封建社会后期政治的一个重要特征。

明代专制政治体制的核心，是“收天下之权于一人”[1]。即保证君主的绝对统治，“不让现行的法律来限制自己的绝对权力”[2]。为了达到这个目的，朱元璋先后通过废除丞相制度、废除大都督府、强化监察制度、建立特务机构、完善地方里甲组织等一系列从中央到地方的政治、军事、行政制度等重大改革，建立了由皇帝垂直控制中央及地方的政治体制。

除对政治体制进行改革外，为了配合君主专制政治的有效推行，朱元璋还亲自组织力量，“劳心焦思，虑患防微近二十载”，费时三十年，“凡七誊稿”，重新修订了法典《大明律》，[3] 将封建纲常秩序以法律的形式做出了更加严格的规定，对人民反抗及一些煽惑民众的所谓左门宗教也以具体的律条做出说明，从而加大了镇压的力度和严酷性。例如《唐律》规定，对于有涉“谋反”“谋大逆”者，唯首犯处斩刑，其父及年在16岁以上的儿子处绞刑，其余亲属则不处死刑。但是《大明律》则规定，不分主、从犯，一律凌迟处死，其祖、父、子、孙、兄弟及同居者，年16以上者一律处斩刑。[4] 与此同时，《大明律》也对君主专制的独裁权力做了更明确的说明，规定：“凡诸衙门官吏及庶人等，若有上言宰执大臣美政才德者，即是奸党，务要鞫问，穷究来历明白，犯人处斩，妻子为奴，财产入官。若宰执大臣知情，与同罪。”[5] 规定：“凡除授官员须从朝廷选用，若大臣专擅选用者，斩。”[6] 这样便从法律的高度将

---

[1] 王世贞：《弇州史料》前集卷十一，明刊本。

[2] 恩格斯：《普鲁士国王弗里德里希-威廉四世》，见《马克思恩格斯全集》第一卷，人民出版社1956年版，第541页。

[3] 何乔远：《名山藏》卷一《典谟记》，明刊本。

[4] 参见《大明律集解附例》卷十八《谋反大逆》及卷十一《禁止师巫邪术》等，明代史籍汇刊本，台湾学生书局1970年版。

[5] 《大明律集解附例》卷二《上言大臣德政》。

[6] 《大明律集解附例》卷二《大臣专擅选官》。

君主的专政权力固定下来，使各级官吏无条件地效忠君主个人，否则就要受到法律的严厉制裁。

为了配合法律在复杂社会各个方面的施行，朱元璋又令人汇集了各种官民犯罪事例，编为《大诰》，先后颁布了《大诰一编》《大诰续编》及《大诰三编》。朱元璋要求，“一切官民诸色人等，户户有此一本”，“臣民熟观为戒”；并规定：若家存有《大诰》一本，犯罪量刑时可减刑一等，否则罪加一等。[1] 同时，“令天下府、州、县民，每里置塾，塾置师，聚生徒教诵御制《大诰》，欲其自幼知所遵守。阅三岁，为师者率其徒至礼部背诵，视其所诵多寡次第赏之”[2]。就这样，通过对《大明律》及《大诰》的深入宣讲和施行，朱元璋便为社会上下织成了一张密密匝匝的专制之网，而纲索则紧紧握在他及其后继子孙的手中。

这些新法律更定，在一定意义上讲，不仅与当时新的社会政治、经济发展有关，也与朱元璋本人参加过元末农民大起义，深知人民起义对于政权的巨大威胁有关。

与颁布法律牢笼社会的行为相一致的，是明皇朝对礼制的重新颁定。

在中国古代社会的历史发展中，作为因维护社会秩序，调整社会关系的需要而产生的“礼”，虽然在阶级社会形成以后，其统治职能逐渐为“法”所取代，但是在具体社会里，仍然具有十分重要的规范意义。对于这一点，朱元璋深有体会，所以在开国之初就明确说：“昔帝王之治天下，必定礼制，以辨贵贱、明等威。是以汉高初兴，即有衣锦绣绮縠、操兵乘马之禁。历代皆然。近世风俗相承，流于奢侈，闾里之民，服食居处与公卿无异。贵贱无等，僭礼败度，此元之所以失政也。”[3] 把礼的等级规范，看作是保证社会稳定、维护专制统治的重要手段之一。因此，建国之初，在制定《大明律》等法律的同时，亦广征耆儒，开局修礼。三十多年间先后制订并颁布了《大明集礼》《洪武礼制》等十余种礼制，对社会各个阶层的各种行为做出严格的规定，绝对不许僭越，否则将予以严厉的处罚。史称：“国初著令，凡官民，服色、冠带、房舍、鞍

[1] 《全明文》卷二十九《颁行大诰第七十四》，上海古籍出版社 1992 年版。

[2] 《明太祖实录》卷二一四，台湾“中央研究院”历史语言研究所 1962 年影印本。

[3] 宋濂：《洪武圣政记》，清嘉庆虞山张氏刊本。

马，贵贱各有等第，上可以兼下，下不可以僭上。官员任满致仕，与见任同。其父、祖有官身殁，非犯除名不叙，子孙许居父、祖房舍。及衣服车马，有官者依品级，其御赐者及军官军人服色，不在禁例。又禁凡服色、器皿、房屋等项，并不许雕刻刺绣古帝王、后妃、圣贤人物故事及日月、龙凤、狮子、麒麟、犀象等形，所以辨上下，定民志。”[1] 这些代表着统治阶级意志，维护其统治秩序的种种“礼”的规范，反映了以落后的自然经济为基础的封建专制主义的政治要求，不仅是对社会发展的反动，而且还极大地妨碍了当时社会文化思想的正常发展，构成了明代前期文化发展由相对活跃逐渐转向萧条沉寂的重要原因之一。

除上述政治原因外，统治者的个人意志品质对于明代前期的文化发展也存在很大的影响。作为开国之君的明太祖朱元璋，出身卑微贫寒，性格刚毅而多猜忌，他个人的意志品质虽然对皇朝初年吏治相对清廉的政治局面和社会经济的迅速恢复起着一定作用，但是也为明初的政治和文化发展投下了浓重的阴影，构成明代前期思想文化发展的严酷局面，对明前期的文化思想发展，对明前期的史学思想发展产生相当消极的影响。

因统治者的个人品质所导致的空前大规模杀戮功臣和严酷文字狱事件都发生在明代的初期。其中，仅著名的“胡蓝之狱”，就前后达 14 年之久，因事件株连被残杀的多达四万五千人，一时“元功宿将相继尽矣”。[2] 对于明太祖朱元璋的杀戮功臣，清赵翼评说道：朱元璋“藉诸功臣以取天下。及天下既定，即尽举取天下之人而尽杀之，其残忍实千古所未有”[3]。至于明太祖朱元璋所制造的一系列严酷的文字狱，更对明前期的文化发展造成直接的破坏。

早在明皇朝建国之前，随着明太祖朱元璋政治、军事势力的渐渐崛起、扩大，朱元璋也开始越来越重视儒生的政治和文化宣传作用，每攻取一个地区，都要布告招揽儒生。当时统治集团中的一些重要文臣，如

[1] 李东阳等：《大明会典》卷六十二，江苏广陵古籍刻印社 1989 年版。
[2] 《明史》卷一百三十二《蓝玉传》。
[3] 赵翼著，王树民校证：《廿二史札记校证》卷三十二《胡蓝之狱》条，中华书局 1984 年版。

刘基、宋濂等，都是朱元璋礼征而至的浙东著名文人。建国伊始，各级官僚机构的成立，使皇朝对于各色儒生的需求更加急迫，明太祖朱元璋也因此屡屡下诏征求人才。但是由于朱元璋出身微贱，又是以农民义军起家，加之明廷刑严法峻，使得很多地主知识分子心存疑虑，不肯走出山林与皇朝合作。例如"贵溪儒士夏伯启叔侄断指不仕，苏州人才姚润、王谟被征不至"等，在这种情况下，明太祖朱元璋不得不在《大诰》中，以法律的形式规定："率土之滨，莫非王臣。寰中士大夫不为君用，是自外其教者，诛其身而没其家，不为之过。"[1] 这些都说明心地偏狭、性好猜忌的明太祖朱元璋对儒生文臣的矛盾心理：一方面急需儒生对皇朝的支持，另一方面又对儒生心怀猜忌，唯恐儒生讥刺自己。于是朱元璋往往在一些文字细节上吹毛求疵，以莫须有的罪名发起一桩桩文字惨狱，诛杀了大批儒臣。[2] 明太祖朱元璋这种滥兴文字冤狱，诛杀无辜的行为，自然使得文人儒生人人自危。

明太祖之后，皇朝对待士大夫的疑虑、暴戾，因"天资仁厚"[3] 的建文帝登基而有所弛缓，文职儒臣的地位也有所提升，但是这君臣相得的景况，很快就因燕王的"靖难"及随之的"革除"而又一去不再。刚踏入南京城的朱棣，就展开了大规模的屠杀，凡效忠建文、反对自己的，一律视为政敌，齐泰、黄子澄、方孝孺等儒者文臣 50 余人均遭惨杀，并夷其族，至于坐死、谪戍者，更是不计其数。其镇压之酷烈，手段之残忍，令人发指，足足震慑住了几代的士人。

明初文人士大夫政治生存环境的严峻，其结果必然是极大地窒息了明初的文化发展，也窒息了史学思想的发展。当时，苏伯衡在比较元明统治者对待士人的区别时曾说：元代之于诸生，"取之难，进之难。用之难者，无他，不贵之也。不贵之，以故困折之也"；相反，明代之于诸生，"取之易，进之易。用之易者，无他，贵之也。贵之，以故假借之也"。对于两种对待文人士大夫截然相反之政策的臧否，苏氏并没有言明，只是说："夫困折之，则其求之也不全，而责之也不备；假借之，则

[1] 见《大诰三编》"秀才剁指第十"及"苏州人才第十三"。

[2] 参见《廿二史札记校证》卷三十二《明初文字之狱》条。

[3] 《明史》卷四《恭闵帝本纪》论赞。

其求之也必全，而责之也必备。”但是苏氏的话外之音显然是认为，与其“假借之”，不如“困折之”。因为“困折之”要较之“假借之”有着更多的人格自由。[1] 不了解明专制君主对于文人士大夫思想、人格的压制，也就难以理解明清之际思想家对专制君主充满激愤的批判。

在明初的统治者以种种政治和法律手段，从政治方面强化君主专制的中央集权统治的同时，于文化方面，也采取了种种措施，用以强化对全国的思想文化控制。这些封建文化专制主义的政策貌似崇文重道，其实无不是统一思想，控制舆论，意图使社会永远处于凝固不变状态的文化统治手段。

明初控制思想文化的手段主要是：第一，进一步强化推尊儒学，尤其是程朱理学。明初，太祖朱元璋在宋濂等当时理学名家的影响下，承元朝遗绪，亦将程朱理学悬为统治意识形态，要求天下学校“一宗朱子之学，令学者非五经孔孟之书不读，非濂洛关闽之学不讲”。[2] 第二，将尊崇程朱理学与科举取士结合，胁之以威势，诱之以利禄，规定：“国家明经取士，说经者以宋儒传注为宗，行文者以典实纯正为主”，“不遵者以违制论”。[3] 于是，在种种行政的强制干预下，推尊程朱理学与学校教育和科举取士紧紧结合在一起，有效地达到思想控制的政治目的。尤其是后来明廷又制定了八股取士制度，以刻板固定的程式“代圣贤立言”，在依准宋元理学之儒经解的标准下，阐释《四书》《五经》的经意，以至“自贡举法行，学者只以摘经拟题为志，其所最切者，唯四子一经之笺是钻是窥，余则漫不加省，与之交谈，两目瞪然视，舌本强不能对”。[4] 因此后人无限感叹说：“八股之害，等于焚书，而败坏人才，有甚于咸阳之郊所坑者但四百六十余人也。”[5] 其牢笼士人，对文化发展所造成的破坏，竟令人想到秦始皇的焚书坑儒。

明太祖朱元璋以后，成祖朱棣在原专制文化政策的基础上，更使儒臣以宋元儒注疏为主辑为《四书大全》和《五经大全》，将宋元儒的理学

[1] 苏伯衡：《苏平仲文集》卷六《送楼生用章赴国学序》，四部丛刊本。
[2] 陈鼎：《东林列传》卷二《高攀龙传》，清刻本。
[3] 《松下杂抄》卷下，涵芬楼秘笈本。
[4] 宋濂：《宋文宪公全集》卷十《礼部侍郎曾公神道碑铭》，中华书局四部备要本。
[5] 顾炎武：《日知录集释》卷十六《拟题》条。

著作辑成《性理大全》，颁布天下，意在“合众途于一轨，会万理于一原”[1]，以“使家不异政，国不殊俗”[2]，即将程朱理学抬高到至尊的统治意识形态的地位，以此达到统一全国思想，钳制社会思想的目的。史载：当时有“饶州儒士朱季友，诣阙上书，专诋周程张朱之说。上览而怒曰：‘此儒之贼也。’命有司声罪杖遣，悉焚其所著书”。[3] 仅此一例，就可看出明朝初年以尊崇程朱理学为表现的文化专制的严酷。

在严峻的专制政治、文化的压力下，明初文人儒生几乎度日如履薄冰，一举一动都在统治者鹰犬的监视之下，更遑论史学活动了。例如史载儒士钱宰被征编辑《孟子节文》，罢朝后回家吟诗曰：“四鼓鼕鼕起着衣，午门朝见尚嫌迟。何时得遂田园乐，睡到人间饭熟时。”第二天上朝时，朱元璋竟问他道：昨天作的诗不错，可是我并没有“嫌”你呀，何不用“忧”字呢？听此，吓得钱宰忙不迭地磕头谢罪。[4] 吏部尚书吴琳告老还乡，朱元璋同样心存疑虑，“尝遣使察之”，直至使者回告说，吴琳确实在家老实务农，方才放心。[5] 国子祭酒宋讷“危坐有怒色”，翌日朝见时，朱元璋问他昨日何故发怒，讷大惊，问：“陛下何自知之？”朱元璋遂把派人偷画的画像拿出，宋讷见此亦惶谔不知所措，忙顿首谢恩。[6] 甚至号称“国朝文臣第一”的宋濂，也被包括在朱元璋鹰犬的侦刺之列。一次宋濂在家中与朋友喝酒，第二天朱元璋便盘问宋濂说：你昨天喝酒了没有？与谁同饮？用何菜肴？见宋濂回答的与派人侦刺的情况相符，朱元璋才笑着赞誉宋濂回答得不错。[7] 可以想见，在这样严酷的政治环境和氛围之中，文人儒士连性命都不足以自保，其地位与宋代的崇高比较，相差不可一日语，文化自然也不可能发展繁荣。

明初的社会文化便是在这样专制政治的威势打压下，一点点地将元

---

[1] 胡广、杨荣、金幼孜等《进〈大全〉书表》，转引自侯外庐等主编《宋明理学史》下卷，人民出版社 1987 年版。

[2] 朱棣：《大全》御制序，出处同上。

[3] 陈鼎：《东林列传》卷二《高攀龙传》。

[4] 叶盛：《水东日记摘抄》二，中华书局 1991 年版。

[5] 《明史》卷一百三十八《吴琳传》。

[6] 《明史》卷一百三十七《宋讷传》。

[7] 《明史》卷一百二十八《宋濂传》。

末以来稍见活跃的文化局面销蚀下去，形成明前期文化逐渐萧条暗淡的低潮格局的。

第二节　三部“大全”的编纂与明前期学术思想的格局

明清之际的顾炎武曾经说：“自八股行而古学弃，《大全》出而经说亡，十族诛而臣节变。洪武、永乐之间，亦世道升降之一会矣。”[1] 这里指出了三件影响洪武、永乐之间世道升降的大事：一是施行八股取士的制度；二是编纂了《四书大全》《五经大全》和《性理大全》三部“大全”；三是诛杀了维护纲常名教的方孝孺并夷其十族。在这三件大事中，八股取士与“大全”的编纂对明代文化发展的影响最为深远。尤其是“大全”的编纂，标志着程朱之学在意识形态领域中的统治地位完全确立，因此对于明前期乃至整个明代学术思想格局的影响也格外巨大。

《四书大全》《五经大全》及《性理大全》三部书，共260卷。其中《四书大全》36卷、《五经大全》154卷、《性理大全》70卷，修成于永乐十三年（1415年）。一如唐朝在建国初年辑集汉唐学者对儒家经典的研究成果，编纂诸经“正义”和“义疏”而完成对汉魏及唐初经学的总结一样，《四书大全》《五经大全》及《性理大全》等三部“大全”，因主要汇集了宋、元时期程朱一系学者的经说和讨论“性理”及为学、治道问题的语录，从而完成了对程朱之学的总结，确立了程朱之学在意识形态的统治地位。如《四书大全》中的《大学章句》《大学或问》和《中庸章句》《中庸或问》，只是朱熹四部原著的直接录入，末附诸儒之说；《孟子集注大全》《论语集注大全》两部分则是在朱熹《孟子集注》《论语集注》两部著作中，逐章逐节附入诸儒之说。《五经大全》中的《周易大全》是以程颐《伊川易传》、朱熹《易本义》为主。《书经大全》是以蔡沈《书集传》为主，《诗经大全》是以朱熹《诗集传》为主，《春秋大全》是以胡安国《春秋传》为主，《礼记大全》是以陈澔《云庄礼记集说》为主。

[1] 顾炎武：《日知录集释》卷十八《书传会选》条。

这些作者无不是程朱理学学者，如胡安国私淑程门，蔡沈是朱熹的学生，陈澔之父为朱熹的三传弟子；至于《性理大全》更是程朱学者解释六经和阐述性理之学的著作汇集。因此，三部“大全”的编纂，实际就是对以程朱理学为代表的“宋学”的大总结。

《四书大全》《五经大全》和《性理大全》等三部“大全”的编纂，如上节所述，是明皇朝整个专制政治的重要组成部分。它的编纂既是明皇朝政权专制性质的必然体现，也与明成祖个人的政治目的有关。

对于思想文化的控制，不仅是专制政治的重要组成部分，也是专制政治得以实施的重要基础与保证。因此，当明皇朝在全国确立了它的政治统治之后，建立起一个与其专制政治体系相适应的思想控制系统，便很自然地提到其政治议题上来了。对于后期封建社会来说，程朱理学是当时最系统的儒家学说体系。它因从天理的高度论证了纲常名教的必然合理性，赋予了纲常名教的本体意义，适合了统治阶级控制社会的政治需要，所以虽然在程朱在世时一度受到排挤，但是很快就为统治者所接纳。然而，从程朱理学与社会政治关系的发展来看，虽然早在南宋末年，宋理宗就下诏说：“我朝周敦颐、张载、程颢、程颐，真知实践，深探圣学。中兴以来，又得朱熹精思明辨，表里混融，其令学官，列诸崇祀。”[1] 元代时继续“以朱子之书，为取士之规模，终元之世，莫之有改”[2]。但是前者之时，已临季世，后者之时，为不重文治教育的蒙古统治时期，不仅都未能明白宣告程朱之学为朝廷的统治学说，而且讲诵撰著的程朱学者，在全国范围内仍属于少数，其中还有不少和会朱、陆的学者，实际上远远没有达到程朱学术一统天下、非之莫属的地步。

明皇朝统治者与前两者明显不同，其一开始就是将推尊程朱学说的问题，与维护国家专制统治的问题结合在一起提出讨论的。当初，明太祖朱元璋时常与刘基、宋濂等儒臣在一起“论道经邦”，议论“礼乐之制”，而这些儒臣所开出的“药方”，一个重要的内容就是以孔孟之书为经典，以宋元理学之儒的注疏为官定经解，统一全国的意识形态，形成专制的思想格局。此后于洪武末年，解缙又应朱元璋之谕，“上封事万

[1] 脱脱等撰：《宋史》卷四十三，中华书局 1977 年版。

[2] 柯劭忞：《新元史》卷二百三十四《儒林传》，中国书店 1988 年影印本。

言”，同样亟言朝廷应该“集一二志士儒英”，“上溯唐、虞、夏、商、周、孔，下及关、闽、濂、洛，根实精明，随事类别，勒成一经”，作为“太平制作之一端”，既可“便于检阅”，又可以程朱之学统一全国士子的思想。[1] 解缙的建议，虽然不乏他对所谓“关、闽、濂、洛”理学诸先儒的推尊，但是也有迎合统治者亟欲建立统治意识形态权威的思想倾向。因此，在迎合统治阶级统治需要的意义上，这个建议实际上成了后来明成祖修纂三部“大全”的先声。

我们说，三部“大全”的修纂，除了上述专制政治发展的需要外，还明显含有明成祖朱棣的个人政治目的。

朱棣以燕王篡逆夺得大位后，对支持建文帝反对自己的文臣武将，进行了大规模的残酷杀戮，造成一系列历史上空前的诛灭“十族”的惨案，给全国的士人儒生的心灵留下了浓重的荫翳，在这种情况下，为了安抚人心，拉拢儒生文人，同时也为自己破坏名教纲常的篡逆行径树立“贞节牌坊”，当时已即位为帝的朱棣遂于永乐十二年（1414 年）十一月，“命（胡）广等总其事，仍命举朝臣及在外教官有文学者同纂修，开馆东华门外，命光禄寺给朝夕馔”，着手编纂三部“大全”。[2] 这部卷帙多达 260 卷的巨著，在朱棣的一再诏催下，不到一年，于永乐十三年九月修成奉上。

在三部“大全”的御制《序》中，明成祖朱棣俨然以道学家的口吻，阐述了他之所以编纂这三部“大全”的旨趣，其大意为：一、认为历史上的圣王，“自伏羲、神农、黄帝、尧、舜、禹、汤、文、武，相传授受”，都是“以道治天下”，所以“率能致雍熙悠久之盛”，而“下及秦、汉以来，或治或否，或久或近，率不能如古昔之盛者”，究其原因“无他”，乃“道之不明不行之故也”，所以统治者必须“能任斯道之重而不敢忽”。二、认为自己既“缵承皇考太祖高皇帝鸿业”，就必须明道以求治，而明道的途径就是表彰“已往”的圣人所遗下的六经，“六经之道明，则天地圣人之心可见，而至治之功可成。六经之道不明，则人之心术不正，而邪说暴行侵寻蠹害”，而这正是其组织编纂三部“大全”的原

[1] 《明史》卷一百四十七《解缙传》。
[2] 《明太宗实录》卷一五八。

因之一。三、编纂三部“大全”的根本目的，是“使天下之人，获睹经书之全，探见圣贤之蕴”，最终达到“使家不异政，国不殊俗，大回淳古之风，以绍先王之统，以成熙雍之治”的政治效果。

透过明成祖朱棣这篇用堂皇的道学语言所编织的御制“大全”序的表面，我们可以看到其大谈“以道治天下”的“圣王之道”，以及这道统“自伏羲、神农、黄帝、尧、舜、禹、汤、文、武”几千年的承继授受的实质，不仅是要将建文帝完全撇开，以政统的合法承继者自居，更重要的是要把“道统”的大纛攘于自己的手中。在自诩自己为集政统与道统、君主与教主于一身，“能倡明六经之道，绍承先王之统”[1]的圣主的同时，明成祖朱棣也为自己披上一件堂皇的儒家道统外衣，掩饰住自己有违纲常的篡逆行为和血腥屠杀，在获取曾因所谓“靖难之役”而与之疏远的儒臣士大夫阶层认同的同时，达到“学不惑于他歧”，“家孔孟而户程朱”，“使家不异政，国不殊俗”的思想专制的险恶政治目的。

钦定的三部“大全”的颁布，以及其与八股取士科举制度的结合，使得元朝以来在社会中已获得统治地位的程朱理学进一步强化，直接决定了明代前期思想学术“家孔孟而户程朱”格局的形成。

关于明代前期的思想学术，《明史·儒林传》曾概括道：“原夫明初诸儒，皆朱子门人支流余裔，师承有自，矩矱秩然。曹端、胡居仁笃践履，谨绳墨，守儒先之正传，无敢改错。”[2]黄宗羲亦追述说：“有明学术，白沙开其端，至姚江而始大明，盖从前习熟先儒之成说，未尝反身理会，推见至隐，所谓此亦一‘述朱’耳，彼亦一‘述朱’耳。”[3]都说明明代前期学术思想谨守程朱的保守状态。

明代前期思想学术一味“述朱”的格局，可以从当时一些主要学者的学术特点中看出。如被称为“文臣之首”的宋濂，和“为明一代宗师”的刘基，都是程朱学说的崇拜者，一生致力于“粹然穷理而尽性”的理学，[4]均属元末明初金华朱学的传人。宋濂的得意门生、人称“读书种

---

[1] 胡广等：《进〈大全〉书表》。

[2] 《明史》卷二百八十二《儒林传》。

[3] 黄宗羲：《明儒学案》卷十《姚江学案叙录》。

[4] 方孝孺：《逊志斋集》卷十九《潜溪先生像赞》，中华书局四部备要本。

子”的方孝孺，在洪武、建文时，有“程朱复出”之誉。[1] 这些学者之后，“述朱”的学术思想格局越来越分明，像章懋称：“自程朱后，不必再论，只遵闻行知可也。”薛瑄说：“自考亭以后，斯道大明，无烦新著。”一些大儒如曹月川（端），明末的刘宗周称：“其见虽彻而不玄，学愈精而不杂，虽谓先生为今之濂溪可也。”薛敬轩（瑄），其学“以复性为宗，濂洛为鹄”，[2] 所开河东学派，学术亦“悃愊无华，恪守宋人矩矱”[3]。吴康斋（与弼），开崇仁学派，仍不出程朱，“一禀宋人成说，言心则以知觉而与理为二，言工夫则静时存养，动时省察”[4]，而其后学，也大多是承其教而“终不敢离此矩矱”[5]。

但是历史事物的盛与衰往往是辩证地向前发展。明成祖朱棣组织修纂的三部“大全”，虽然标志着程朱理学统治地位的完全确立，事实上也揭橥了程朱理学衰落的开始。一如唐初修纂诸经《正义》，标志汉唐经疏之学的衰落一样，三部“大全”的修纂，在以统治者的意志将程朱理学推到国家统治意识形态的权威地位后，作为一种思想学术的程朱理学便逐渐开始了它的分化演变。黄宗羲论明前期的理学发展时说：

> 椎轮为大辂之始，增冰为积水所成，微康斋（吴与弼），焉得有后时之盛哉？[6]

认为自主要活动于正统、成化时期的吴与弼始，明代的程朱之学已开始发生分化的迹象。对此，清代撰述《四库全书总目》的馆臣更详细地论道：

> 与弼之学，实能兼采朱、陆之长，而刻苦自立。其及门弟子陈献章得其静观涵养，遂开白沙之宗；胡居仁得其笃志力行，遂启余

[1] 黄宗羲：《明儒学案》卷首《师说》。
[2] 黄宗羲：《明儒学案》卷十《薛瑄传》。
[3] 黄宗羲：《明儒学案》卷一《河东学案叙录》。
[4] 黄宗羲：《明儒学案》卷四《崇仁学案叙录》。
[5] 黄宗羲：《明儒学案》卷五《娄谅传》。
[6] 黄宗羲：《明儒学案》卷四《崇仁学案叙录》。

干之学。有明一代，两派递传，皆自与弼倡之，其功未可以尽没。[1]

这也就是说，明代前期理学的演进，由于吴与弼提出于“静中思绎其理”“见静中意思”，于自我内心中“寻向上工夫”的思想后，原来一股潜在的，以和会朱、陆为表现形式的思想学术路线，开始逐渐抬头。其中在吴氏众多的门生弟子中，分衍成两派：一派是陈献章，“得其静观涵养，遂开白沙之宗”；一派是胡居仁、娄谅等，“得其笃志力行，遂启余干之学”。而在明代学术史上大掀波澜，“别立宗旨，显与朱子背驰”的王阳明，曾从娄谅和陈献章之徒湛若水问学。这些说明，明前期的思想学术在它向下一阶段的发展中，实际已经酝酿了新的巨变。这些学术思想的变化，虽然在当时的史学思想中未得到明显的体现，但是它却为明代后期的史学及其思想的突出发展奠定了思想基础。

第三节　明前期史学与史学思想的特点

如前所述，明代前期专制制度，从政治到文化，都在统治者意志的影响下被空前地强化。这一政治上的特点，也必然为包括史学在内的整个学术文化的发展打上深刻的烙印。从史学与社会的关系来看，史学发展的状况是受皇朝政治强大影响的，而皇朝的政治发展也同样不无史学的影响。

客观地说，明前期的统治者对于史学，不能说不重视。尤其是明皇朝的开国之君朱元璋，对历史更是情有独钟，格外重视。朱元璋的这种对历史的重视表现在两个方面：一是能自觉地从历史中汲取经验教训；一是有意识地利用史学为现实政治服务。

朱元璋喜欢读史，他所研读过的史著，从《左传》《史记》《汉书》到《唐书》《宋史》，多达六七十种。朱元璋也深知史学与政治、史学与现实的密切关系，十分重视对历史经验的总结、鉴戒，他曾把唐人李山

---

[1]《四库全书总目》卷一七〇《康斋文集》提要。

甫《上元怀古诗》写在屏风上，因为该诗曰：“南朝天子爱风流，尽守江山不到头。总为战争收拾得，却因歌舞破除休。尧将道德终无敌，秦把金汤可自由。试问繁华何处在，雨花烟草石城秋。”[1] 提醒自己不能因贪图享受，以至“尽守江山不到头”。洪武元年（1368年）八月，明军才攻下元大都（今北京），朱元璋便下诏设局修撰《元史》，他在诏书中说：“近克元都，得十三朝实录，元虽亡国，事当记载，况史记成败、示劝惩，不可废也。”同时又面谕预修诸儒说：“自古有天下、国家者，行事见于当时，是非公于后世，故一代之兴衰，必有一代之史以载之。”他向这些史臣概要地谈了他对元朝兴衰历史的认识后，谆嘱他们说：“今命尔等修纂，以备一代之史，务直述其事，毋溢美，毋隐恶，庶合公论，以垂鉴戒。”[2]

朱元璋这种对历史自觉鉴戒的态度与意识，对明初的政治产生了重大的影响。其中明初的许多政治措施的提出和政治制度的建立，都是基于对历史的认识与总结。例如早在洪武十三年（1380年）朱元璋“特诏天下”，“罢中书省，升六部”之前，[3] 朱元璋一直在对历代的治乱兴衰进行思考，而把元朝衰亡的原因，归结为“政专中书”。洪武九年三月，他对礼部的官员说：

> 胡元之世，政专中书。凡事必先关报，然后奏闻。其君又多昏蔽，是致民情不通，寻至大乱，深可为戒。[4]

此后，在洪武二十八年六月，朱元璋在解释他为什么废除中书省时，又说：

> 自古三公论道，六卿分职。自秦始置丞相，不旋踵而亡。汉、唐、宋因之，虽有贤相，然其间所用者多有小人，专权乱政。（今）

[1] 姚福：《青溪暇笔》卷一，齐鲁书社四库全书存目丛书影印明抄本。
[2]《明太祖实录》卷三九。
[3]《明太祖实录》卷一二九。
[4]《明太祖实录》卷一一七。

我朝罢相，设五府、六部、都察院、通政司、大理寺等衙门，分理天下庶务，彼此颉颃，不敢相压，事皆朝廷总之，所以稳当。[1]

清楚地表明他废除宰相制度绝不是一时心血来潮的权宜之计，而是有鉴于“秦始置丞相，不旋踵而亡”，以及历史上的丞相“多小人，专权乱政”的事实，而采取的政治决策。

明皇朝以严刑峻法强化官、私礼制，防范社会动乱，也和明太祖朱元璋对历史的总结分不开。据宋濂《洪武圣政记》记载，朱元璋在开国初期曾总结历史说：

昔帝王之治天下，必定礼制，以辨贵贱、明等威。是以汉高初兴，即有衣锦绣绮縠、操兵乘马之禁。历代皆然。近世风俗相承，流于奢侈，闾里之民，服食居处与公卿无异。贵贱无等，僭礼败度，此元之所以失政也。[2]

把礼仪制度的制定，上升到历史的高度来认识，认为反映封建等级制度的礼仪制度的严密与否，是关系着历史兴亡盛衰的大事，必须严加管制。朱元璋对历史的这种认识和总结，也是明皇朝建国后便加紧制定新的礼制的重要理论依据。

同样，洪武时期对功臣宿将大肆杀戮的政策，也是出自明太祖朱元璋对历史的思考和总结。早在朱元璋登基之前，如何对待功臣宿将就是个不能令他释怀的问题。史载龙凤十一年（1365年）的一天，朱元璋阅读《宋史》，当读到赵普建议宋太祖收诸将兵权时，对近臣詹同谈到他的感想说：

（赵）普诚贤相，使诸将不早解兵权，则宋之天下，未必不五代若也。

---

[1] 《明太祖实录》卷二三九。

[2] 宋濂：《洪武圣政记·定民志第六》。

显然，赵匡胤“杯酒释兵权”的历史，给予了朱元璋极大的启示，为他日后制定对待功臣宿将的政策，奠定了一定的思想基础。

此外，朱元璋等明初的统治者，还格外注意利用历史进行思想教育，以达到政治和思想控制的目的。据李晋华《明代敕撰书考》统计，有明一代敕撰的图书大约200余种，绝大部分是洪武、永乐两朝所撰，成于这两朝者，超过半数，洪武一朝又几于两倍永乐，达84种之多。[1] 而在这些敕撰图书中，很大一部分又是为了昭告、教育皇亲国戚、文武大臣的历史著作，例如《资世通训》《志戒录》《省躬录》《精诚录》《相鉴》《臣戒录》《辨奸录》《宗藩昭鉴录》《武士训戒录》《永鉴录》《世臣总录》《古今列女传》等等。其中：

——《宗藩昭鉴录》成于洪武六年（1373年）。内容是“采摭汉、唐以来藩王善恶可为劝戒者”。书成，朱元璋亲赐名曰《昭鉴录》，以颁赐诸王。[2]

——《资世通训》编于洪武八年。是朱元璋因“思以化民成俗，复古治道，乃著是书，以示训戒”而编纂的史著。其主旨是要臣僚对君主绝对效忠，“勿欺，勿蔽”，同时亦有“申戒士庶之意”。[3]

——《臣戒录》编于洪武十三年。“时胡惟庸谋叛事觉，上以朝廷用人待之本厚，而久则恃恩肆为奸宄。然人性本善，未尝不可教戒，乃命翰林儒臣纂录历代诸侯王、宗戚、宦官之属悖逆不道者，凡二百十二人，备其行事，以类书之。既成，赐名曰《臣戒录》，颁布中外之臣，俾知所警。”[4]

——《相鉴》亦成于洪武十三年。乃因是年罢中书省，遂“命儒臣与国子生取历代相臣，贤者自萧何至文天祥八十二人，为传十六卷；不肖者自田蚡至贾似道凡二十六人，为四卷。命编修吴沉序之，太祖亦制序冠焉”。[5]

——《志戒录》颁布于洪武十九年。“其书采辑秦、汉、唐、宋为臣

---

[1] 顾颉刚：《明代敕撰书考序》，燕京大学图书馆1932年版。

[2]《明太祖实录》卷八〇。

[3]《明太祖实录》卷九七。

[4]《明太祖实录》卷一三二。

[5] 黄虞稷：《千顷堂书目》卷十，上海古籍出版社1990年版。

悖逆者，凡百有余事，赐群臣及教官诸生讲颂，使知所鉴戒。”[1]

——《武士训戒录》颁于洪武二十一年。“以将臣于古者善恶成败之事未能通晓，特命儒臣编集申明，以鉏麑、樊哙、金日磾、张飞、钟会、尉迟敬德、薛仁贵、王君廓、仆固怀恩、刘辟、王彦章等所为善恶为一编，释以直辞，俾莅武职者日亲讲说，使知劝戒。”[2]

——《永鉴录》《世臣总录》成于洪武二十六年。“其书辑历代宗室诸王为恶悖逆者，以类为编，直叙其事，颁赐诸王；又辑历代为臣善恶可劝惩者别为书，名曰《世臣总录》，以颁示中外群臣。”[3]

……

以上的史实都说明：在明初，由于统治者对于历史的重视，使得历史及史学在明初的政治史中扮演着相当重要的角色。但是我们也看到，统治者对史学的特殊关注，犹如一把双刃剑，在依照自己统治意愿制造出大批大、小卷帙如《元史》《大明日历》《大明圣政记》《大明律》《历代名臣奏议》《大明一统志》《诸司职掌》及《续资治通鉴纲目》等历史著作的同时，也极大地遏制了真正的史学学术，尤其是史学思想的健康发展。明代前期的史学发展，重心是在官方史学活动方面，而私修史学则相对薄弱，在一定意义上，与明前期统治者这种特殊的关注不无关系。因为特殊关注，统治者才格外注意对史学的控制；因为特殊关注，统治者才格外注意反映自己的统治意志，而不顾史学的学术要求，史臣们的工作也更多的是敷衍和搪塞。因此，从当时官修史著来说，其史学思想的贫乏、保守也是在情理之中的。

白寿彝先生在谈到明代史学的时候，曾认为明前期的学风总的来说，“反映出一种虚伪和萎靡不振的积习”。而这种学风的形成，与“明初的文化高压政策和官方提倡的抄袭成书的办法”有密切的关系。认为“永乐年间，官修《五经大全》《四书大全》”，作为“经注的官方标准本，基本上都是抄袭宋元人的成说”。《永乐大典》，实际上“是一部按韵目排列的书，往往是一部书一部书地抄写进去，它的类书性质并不显著”，

---

[1] 《明太祖实录》卷一七九。

[2] 《明太祖实录》卷一九四。

[3] 《明太祖实录》卷二三〇。

“从史学的角度来看，这书只是抄录而成，在史学发展上并没有什么地位”。[1] 当然，在明前期史学总的萎靡颓败的局面中，也有一些值得注意的史学思想，尤其是一些经历过元末农民大起义的史学家、思想家，如刘基、宋濂、王袆等，和正统以后社会政治开始出现危机，民族矛盾、阶级矛盾开始激化，理学内部开始分化时候的一些史学家，如丘濬等。也正是这些史学家、思想家对社会和历史的积极思考，虽然仍未能摆脱意识形态化的程朱理学的思想桎梏，但还是给苍白的明前期的史学思想点缀上一些闪亮的色彩，并为后来的史学思想的发展，提供了一定的思想养分。

[1] 白寿彝：《中国史学史》第一册，第78页。

第二章　宋濂的史学思想与学术评论

宋濂（1310—1381 年），字景濂，号潜溪，又号龙门子、玄真子，先世为金华潜溪人，至濂时迁居浦江。宋濂幼时家境贫寒，以力学和才华赢得社会的承认。[1] 宋濂一生先后经历了元、明两个皇朝，其中有 51 年在元朝度过，21 年在明朝度过。虽然早在元代，宋濂就是很有名气的社会贤达和学者，[2] 但是他一生中最辉煌、最有影响的时刻，仍是在明朝开国的几年，先后担任过翰林学士、国子司业、赞善大夫、知制诰、同修国史等职，曾被明太祖朱元璋誉为“开国文人之首”[3]，无论是对明初的政治，还是对明初的文化，都具有相当的影响。《明史》本传说：有明“一代礼乐制度，濂所裁定者居多”。[4] 说明了宋濂在明朝政治和

---

[1] 关于宋濂求学时的情景，宋濂后来曾在《送东阳马生序》里，有十分生动的描述。

[2] 元朝末年，宋濂曾以文名被召翰林院编修，因见当时农民起义蜂起，元庙将倾，于是“以亲老辞不行”，隐居浙东龙门山，潜心研读、著述，韬光养志，静观时变，前后达十数年。元至正二十年（1360 年），朱元璋攻占婺州，闻宋濂名而召见之，聘其任郡学五经师。当时，宋濂以职卑，不得展伊尹之志，未从就职。直至次年三月，宋濂才“以李善长荐，与刘基、章溢、叶琛并征至应天，除江南儒学提举，命授太子经，寻改起居注”（《明史》本传），开始逐渐步入朱明统治集团核心，不断升迁。

[3] 朱元璋曾对宋濂说：“朕起自布衣为天子，卿自草莱列侍从，为开国文人之首。俾世世与国同休，不亦美乎？”见《续藏书》卷二《宋濂传》，中华书局 1959 年版。

[4] 《明史》卷一百二十八《宋濂传》。

学术文化中的重要地位和影响。

作为元末明初最重要的学者之一，宋濂一生“自少至老，未尝一日去书卷，于学无所不通”[1]，无论是在理学、文学，还是史学等方面，都留下了许多著作，为元末明初的学术发展做出了重要的贡献，尤其对明代前期的理学、文学及史学发展产生了重大的影响。其中就史学的贡献来说，一是在“夙夜揣分，无任战栗”[2]，极端险峻的专制政治条件下，组织编纂了《元史》，保存了有元一代“大概亦尚完整”的历史；[3]二是建议并组织编写了《大明日历》《皇明宝训》等重要史著，不仅保存了重要的历史事实，而且恢复了“日历”、创立了“宝训”等修史制度和记注形式，为明皇朝的修史制度奠定了基础；三是私撰了记述当朝史事的《洪武圣政记》，开创了有明一代以“政记”“政要”“大政记”“圣政记”“宪章录”等形式记述当代政事的史学风气；四是撰写了《浦阳人物记》及未完成的《婺郡先民传》，编纂了《浦阳文艺录》，推动了有明一代编写地方先贤传、裒辑著录地方文献等史学风气的兴起；五是撰写了大量的人物传记、学术史的研究专著和论文，以及史论、史书序跋和政治寓言等反映其史学思想的文献，在学术史的发展中起到了承前启后的作用。所以《宋元学案》称宋濂，“公以开国巨公，首唱有明三百年钟吕之音”[4]，概括地说明了宋濂在明代学术发展史中的重要地位。

值得提出的是，对于宋濂来说，从元末到明初，他经历了从一位在野的社会贤达，一位目睹元末政治腐败和农民起义汹涌浪潮而待沽受命之君的隐者，到成为新的统治集团的重要的政治顾问、帝王之师和文学侍从的地位转变。随着时势、环境、政治地位以及个人学识的发展变化，宋濂的思想和学术，乃至个人性格也都随之发生了显著的变化，不再是不时流露出政治理想和抱负，言辞尖锐激烈的才子形象，而是表现出了一副谦谦君子，言行谨慎的老臣之姿。这点只要看看其主持修纂的《元史》一反以往正史编纂的传统，纪传均不作论赞，唯“据事直书，具文

[1] 《明史》卷一百二十八《宋濂传》。

[2] 宋濂等：《元史》附《宋濂目录后记》，中华书局1976年版。

[3] 赵翼：《廿二史札记校证》卷二十九《元史》条。

[4] 黄宗羲原著，全祖望补修：《宋元学案》卷八十二《北山四先生学案·宋文宪公画像记》，中华书局四部备要本。

见意，使善恶自见，准《春秋》及钦奉圣旨事意”[1]，即绝不发表自己对历史的看法和评论，唯“钦奉圣旨事意”是从，就可知道加入朱明统治集团后的宋濂，是多么的小心翼翼。这种变化，必然形成了宋濂前后两个思想和学术发展时期的不同特点。但是毕竟仍是同一个自然人，因此在宋濂思想发展的前后两个时期之间，必然又有着不可截断的思想联系。只有了解了这一点，才能全面客观地认识与评价宋濂的史学思想及学术评论。

第一节　宋濂的学术渊源及特点

随着宋代以后经济重心的南移，宋濂出生和成长的浙东地区，逐渐在中国思想文化的发展史中扮演起重要的角色。尤其是宋室南渡后，定都杭州，在形成政治中心的同时，更促进了这一带地区经济和文化的发展。宋元时期的浙东地区，除了出现过以吕祖谦为首的得“中原文献之传”的“金华学派”，以陈傅良、叶适为首的讲求经制之学的“永嘉学派”，和以陈亮为首的强调事功的“永康学派”等学派外，还出现过以黄震为首的、在宗朱前提下修正朱学的“东发学派”，出现过以王应麟为首的博洽经史、重视考释的“深宁学派”，出现过传承陆九龄、陆九渊心学的“甬上四先生”杨简、袁燮、舒璘、沈焕，以及受朱熹高弟黄榦嫡传的“金华四先生”（又称“北山四先生”）何基、王柏、金履祥、许谦等学术传人与学派。在这些学者的努力下，浙东地区逐渐积淀了深厚丰富的学术传统，构成了当地所谓“小邹鲁”的文化氛围。尤其宋濂家乡所在的金华，更是当时整个浙东学术文化的中心，而有“婺学”之称。

宋濂可以说是浙东学术传统的嫡传，黄宗羲《宋元学案》是把他置于金华朱学的统绪之中，而全祖望所作《宋文宪公画像记》则具体说道：

> 文宪之学，受之其乡黄文献公、柳文肃公、渊颖先生吴莱、凝熙先生闻人梦吉。四家之学，并出于北山、鲁斋、仁山、白云之递

[1]《元史》附《纂修元史凡例》。

传，上溯勉斋，以为徽公世嫡。[1]

其中所谓黄文献公名溍，柳文肃公名贯，二人与吴莱、闻人梦吉同为元代金华地区的理学健将和文章大家。全祖望称：此四家之学，并出于何基、王柏、金履祥、许谦等“北山四先生”，直接承继了从朱熹到黄榦一脉下来的学术渊源。

除了从黄溍等人处承继了“北山四先生”的金华朱学学术传统外，在浙东丰厚学术底蕴的环境中，宋濂还汲取了金华其他一些学派的学术思想养分。对此，元末明初的大儒杨维桢，在明初为宋濂《潜溪新集》所作之序中概括说：

> 余闻婺学在宋有三：东莱氏以性学绍道统，说斋氏以经世立治术，龙川氏以皇帝王霸之略志事功。其炳然见于文者，各自造一家，皆出于实践而取信于后之人而无疑者也。宋子之文根性道，干诸治术，以超继三氏于百十年后。[2]

认为宋濂的学术渊源来自南宋的吕祖谦、唐仲友及陈亮三家，即融性命之学与经世之学为一炉，谈性理而又不废文献之学和史学，更不忘经世致用。[3]

也正是受浙东学术这种经世学风和思想的影响，宋濂一直渴望在政治上有所作为。尤其是面对元末社会的动荡和人民的离乱困苦，宋濂更是期逢明君，让自已能够施展政治抱负与才干，“为天地立心，为生民立命，为往圣继绝学，为万世开太平”。面对元末“方今六合尘冥，胶胶纷纷，凤凰不徕，虎豹成群，生民遘屯，如水之溺，如火之焚”的局面，宋濂一再动情地说：“我非人则已，苟亦人尔，何可不忧世哉！何可不忧

[1] 黄宗羲原著，全祖望补修：《宋元学案》卷八十二《北山四先生学案·宋文宪公画像记》。

[2] 见清宣统三年刻本《宋文宪公全集》附录卷四。

[3] 唐仲友亦南宋浙东重要学者，以讲求经制之学著于时，元修宋史，“谓仲友为朱子斥，乃不载之简册”，宋濂深以为憾，遂作《唐仲友补传》。

世哉！”[1] 认为一个真正的人，就绝不能对人民的困苦视而不见。在《龙门子凝道记上·终胥符第三》里，宋濂曾写下他不得已隐居小龙门山时的心情，他说：

龙门子闲居而有忧色。二三子相与谋曰：先生忧矣，吾等当思有以乐之。乃推一人进而言曰：弟子事先生有年矣，先生志之所存，非小子所敢知。虽然，窃与闻焉：天下有道，出辅明君，以兴一王之治，使三代礼乐复见当今。先生志也复不轻于自进，必待上之人致敬而后翩然以起。安车弗临，而风沙袭人，先生之发将向皓矣。今四海汤汤，未知所底定，先生之辙迹将安之乎？曷若盘旋丘壑以道先王之道哉？……龙门子抚然曰：我岂遂忘斯世哉？天下之溺，犹禹之溺，天下之饥，犹稷之饥，我所愿学禹、稷者也，我岂遂忘斯世哉！虽然，予闻之，道之兴废，系诸天；学之进退，存诸己。存诸己者，吾不敢不勉也；系诸天者，予安能必之哉！予岂若小丈夫乎？长往山林而不返乎？未有用我者尔。苟用我，我岂不能平治天下乎！[2]

所以宋濂急于出世辅佐明君“以兴一王之治，使三代礼乐复见当今”，而不安于终身隐居山林，“若小丈夫乎？长往山林而不返”。他认为“睹斯民遑遑于涂炭之中”而不顾，绝不是一个儒者所应为。他在解释出仕与救民的关系时说：

古之人仕也，欲安斯民也，睹斯民遑遑于涂炭之中，其心恻然曰：彼人也，我亦人也，厥心则同一身也。我之才足以有为也，苟弃之而不救，则非人也。然欲救之，非仕不可也。如斯而已矣。岂知所谓荣与名哉？以荣与名而仕，必贱丈夫也！譬之渡长江之险者，必藉舟楫之利；适千里之远者，必藉骐骥之力；行济物之志者，必

---

[1] 宋濂：《宋文宪公全集》卷五十一《龙门子凝道记上·采苓符第一》。
[2] 宋濂：《宋文宪公全集》卷五十一《龙门子凝道记上·终胥符第三》。

假禄爵之贵。禄爵之贵，何有于我哉！何有于我哉！[1]

他还举出秦汉之际的商山四皓和五代宋之际的陈图南的事迹，说他们“当秦及五季之乱，四海鼎沸，生民涂炭，奋然思起而救之”，“及闻汉高帝出，则四皓归商山矣；宋艺祖在位，则图南隐华山矣”，是“盖其心以救民为急，苟有任之者，则身可退矣”。认为“彼之为即我之为也”，本心都是经世救民，“初何心于天子之贵哉”！[2] 宋濂这些欲救世救民心曲的吐露，反映了一位对于人民疾苦富于同情的知识分子，在元末时局动荡之时真实的思想活动。这些思想，在一定意义上，也正是宋濂从唐仲友、陈亮等前辈浙东学者那里继承下来的经世精神的表现，是他后来加入朱元璋政权的思想基础。

怎样才能拯世救民？宋濂认为首先是要通过自己的著述来表彰儒学的道统，以及道统所体现的儒学精神。他在《自题画像赞》中君子自道说：“吾心与天地同大，吾性与圣贤同贵，奈之何随于曲学，局乎文艺，忘其真实之归，溺此浮华之丽，颠隮于得丧之涂，眩惑于是非之际。”所以他决心要“用致知为进学之方，藉持敬为涵养之地，续坠绪之茫茫，昭遗经之晰晰，虽任重道远，必笃行而深诣，庶几七尺之躯，不负两间之愧尔”。[3] 其门生王绅《祭潜溪先生文》亦阐扬宋濂的这种思想说：“先生之学，穷理尽性，由诚意而致太平，莫不实践躬塵；先生之道，内王外伯，主圣经以奴百氏，遗道德而贱功勋。”表明宋濂的学术思想所受吕祖谦及“北山四先生”等浙东学者学术传统的浸润。

与接受以婺学为主的浙东学术的同时，宋濂对释、道二家思想亦有相当深的研究，他曾自称其“自幼至壮，饱阅三藏诸文，粗识大雄氏所以明心见性之旨”[4]，且“往往见其说广博殊胜”[5]，所以宋濂屡屡公开声明要和会儒、释、道三家之说。此外，宋濂对于陆学也多表示同情，

---

[1] 宋濂：《宋文宪公全集》卷五十一《龙门子凝道记中·悯世枢第一》。
[2] 宋濂：《宋文宪公全集》卷五十一《龙门子凝道记中·先王枢第五》。
[3] 宋濂：《宋文宪公全集》卷四十七《自题画像赞》。
[4] 宋濂：《宋文宪公全集》卷十一《净慈顺公瘗塔碑铭》。
[5] 宋濂：《宋文宪公全集》卷十三《夹注辅教编序》。

并往往流露于文字之中。如他在《龙门子凝道记》中曾论述说：

> 学不论心久矣，陆氏兄弟卓然有见于此，亦人豪哉！故其制行如青天白日，不使纤翳可干，梦寐即白昼之为，屋漏即康衢之见，实足以变化人心。故登其门者，类皆紧峭英迈，而无漫漶支离之病。惜乎力行功加，而致知道阙，或者不无憾也。[1]

所以后来薛应旂从王学的立场评价宋濂说："究观先生之学，在宋则有若陆子静，在元则有若吴幼清，盖皆圣学正传，后先一辙，其与前四贤（何基、王柏、金履祥、许谦）之繁简纡直，世必有能辨之者。"[2] 宋濂学术思想的这种特点，究其原因，除南宋末和元代以来理学中和会朱、陆的思想趋势，以及浙东学术中调和朱、陆学术传统影响外，宋濂本人对佛教明心见性修持方式的认同，也是相当重要的思想因素。

从上述宋濂所接受的思想渊源来看，主要可以概括为这样两个方面：一是重视学术的经世致用，且调和朱、陆之学的浙东学术传统；一是释道二教（主要是佛教）识心明性的思辨哲学。前者决定了宋濂史学中基本的政治观点和积极的入世涉世的思想特点，后者影响了宋濂史学中有关存在认识和历史理论的一些思想观点。

第二节　宋濂的史学思想

宋濂的史学思想深受其整个学术思想的影响，既在天道观、认识论方面，表现出明显的主观唯心主义的色彩，又在对历史治乱兴衰的解释中，表现出浓厚的儒家政治伦理思想和实践理性的精神，这些特点构成了宋濂史学思想的丰富性和复杂性。

宋濂史学思想的逻辑是从对天地宇宙的形成与运动的理解开始的。宋濂认为，天地宇宙的形成与运动是神秘的、精神性的"一元之气"运

---

[1] 宋濂：《宋文宪公全集》卷五十二《龙门子凝道记下·段干微第一》。

[2] 薛应旂：《祠堂碑记》，《宋文宪公全集》卷首三。

动的结果。他阐释说：

> 太虚之间，一降一升，而能橐籥于无穷者，非气母也耶？气母之所孕，其出无根，其入无门，而其应也甚神。人能察乎阴阳之变，而不凝滞于物者，其知鬼神之情状矣乎。[1]

这出无根，入无门，先于万物存在，而又“不凝滞于物”的“气母”，也就是决定“太虚”，即宇宙运动及其荣欣藏息变动的“一元之气”。宋濂说：

> 殊不知春夏之伸而万汇为之欣荣，秋冬之屈而庶物为之藏息，皆出于一元之气运行，气之外初不见有他物也。[2]

那么，什么是催动驱使这“一元之气”进行生化及运动的呢？宋濂认为是主观意识性的所谓“天地之心”。对此，宋濂说道：

> 夫生者，乃天地之心。其阴阳之所以运行，有开阖惨舒之不齐。盖天地之心生生而弗息者，恒循环于无穷。[3]

于是，通过这一系列的观念演绎，宋濂便虚构出了一条从“天地之心”出发，通过“一元之气”或“气母”的中介，生化出宇宙万物及其运动的逻辑。在这天道的逻辑演绎中，“一元之气”或“气母”实际就是“天地之心”意志的具体体现。在这样的理解中，所谓主观意义的“天地之心”，事实上便被赋予了绝对的本体地位。[4]

在以“天地之心”作为宇宙本体的主观唯心主义理论基础上，宋濂又进一步提出并阐释了“吾心为大”的思想，并由此引导出他具体的历

---

[1] 宋濂：《宋文宪公全集》卷四十一《温忠靖王庙堂碑》。

[2] 宋濂：《宋文宪公全集》卷十三《夹注辅教编序》。

[3] 宋濂：《宋文宪公全集》卷四十七《越国夫人练氏像赞》。

[4] 参见侯外庐等主编《宋明理学史》下卷第三章第二节。

史观点。宋濂在《龙门子凝道记》中说：

或问龙门子曰：天下之物孰为大？曰：心为大，……曰：何也？曰：仰观乎天，清明穹隆，日月之运行，阴阳之变化，其广矣大矣。俯察乎地，广博持载，山川之融结，草木之繁芜，亦广矣大矣。而此心直与之参，混合无间，万象森列而莫不备焉。非直与之参也，天地之所以位，由此心也，万物之所以育，由此心也。能体此心之量而践之者，圣人之事也，如羲、尧、舜、文、孔子是也。能知此心欲践之而未至一间者，大贤之事也，如颜渊、孟轲是也。或存或亡而其功未醇者，学者之事也，董仲舒、王通是也。全失其心而唯游气所徇者，小人之事也，如盗跖、恶来是也。然而此心甚大也，未易治也，未易养也，欻然而西，忽焉而东，其妙不测而乘气机出入者也。苟失正焉，翩然而风起，滃然而泉涌，有不可殚名者矣。是故孔子叙《书》，传《礼记》，删《诗》，正《乐》，序《易》彖、系、象、说卦、文言，作《春秋》，何莫不为此心也。诸氏百子之异户，出则汗牛马，贮则充栋宇，虽言有纯疵，学有浅深，亦为此心也。心一立，四海国家可以治；心不立，则不足以存一身。使人人知心若是，则家可颜、孟也，人可尧、舜也，六经不必作矣，况诸氏百子乎！[1]

认为这主观意识的“心”，至广大通变化，“万象森然而莫不备焉”，宇宙万物一切客体皆备于作为主体意识的“此心”之中，其“所以位”“所以育”，亦皆“由此心也”。因为在宋濂看来，“天地一太极也，吾心一太极也，风雨雷霆皆心中所以具”。[2] 吾心即天地之心，亦即圣人之心，在漫长的以往的历史过程之中，以及在无限的未来的历史之中，“此心同，此理同”，均将永恒地存在。[3] 对于“此心”体察程度的不同，不仅构成了圣、贤、学者和小人的差异，而且构成了国家治乱兴衰的标准：“心

[1] 宋濂：《宋文宪公全集》卷五十一《龙门子凝道记中·天下枢第四》。
[2] 宋濂：《宋文宪公全集》卷八《赠云林道士邓君序》。
[3] 宋濂：《宋文宪公全集》卷五十一《龙门子凝道记下·段干微第一》。

一立，四海国家可以治，心不立，则不足以存一身”。因此宋濂认为，“心存则理之所存”。只要“使人人知心若是，则家可颜、孟也，人可尧、舜也，六经不必作矣”，国家亦可因此达到治平。这样，在宋濂的观念中，所谓“天地之心”便成了支配历史兴衰的抽象标准。显然，宋濂这种历史观，是以主观唯心主义认识论为基础的典型的唯心主义历史观。

受其强调主观之“心”决定历史治乱兴衰的基本历史观念影响，宋濂史学思想的突出特点：一是在对历史运动的解释方面，强调人的道德行为对于历史发展的决定性影响；一是在对历史的表述方面，更重视对人的德行表彰而相对轻于对政事的总结与品评。

宋濂史学思想的这种特点，在他的史学著作中有明显的表现。例如《浦阳人物记》是宋濂的重要史著。书中，宋濂将浦阳的历史人物分为忠义、孝友、政事、文学、贞节等五类。之所以做这样的分类和排列，宋濂在该书的《凡例》中说：

> 忠义、孝友，人之大节，故以为先，而政事次之，文学又次之，贞节又次之。大概所书，各取其长，或应入而不入者，亦颇示微意焉。[1]

明确表示忠义和孝友等道德品质，是“人之大节”，也是最值得历史予以表彰的，它们的历史地位、社会地位也是高于所谓政事的。宋濂在《忠义篇序》中详细地论道：

> 夫生者，人之所甚乐，而有家之私，又人之不能遽忘，彼岂甘于颈血溅地而自以为得计哉？第以君上决不可背，名教决不可负，纲常决不可亏。忠义一激，虽泰山之高，不见其形，雷霆之鸣，不闻其声，刀锯在前，不觉其惨，鼎镬在后，不知其酷，必欲得死，然后为安也。[2]

[1] 宋濂：《宋文宪公全集》卷五十三《浦阳人物记·凡例》。
[2] 宋濂：《宋文宪公全集》卷五十三《浦阳人物记·忠义篇》。

在《孝友篇序》中论道：

> 浦阳自唐天宝末置县以来，凡历七代，更五百余年，而生齿之繁，至一十二万有奇。岁月如是之久，民人如是之众，中间岂无豪杰者兴，效长才、出秘计，以自赴于功名之会者哉？又岂无握长枪大剑陷阵攻城，以苟徼贵富者哉？计其当时雄视一世，勇盖三军，自谓可以流芳于无穷，曾未百年，声消响绝，虽其子孙亦有不能道其名若字者矣。呜呼！是果何为者哉？若夫闾巷布衣之家，虽其所为不足以惊世动俗，有能修孝友之道者，朝廷必下诏旌之史官，必求其实而书之，脱或史官失书，贤士大夫又必从而谨志之，则其事往往反足以传于后世。岂非天经地义不可磨灭，有非区区功名富贵者所能同也哉？善乎魏徵之言曰：虽或位登台辅，爵列王侯，禄积万钟，马逾千驷，死之日曾不得与斯人之徒隶齿。其言又岂不信然也哉？呜呼，有志之士宁不于是重有感哉！[1]

这里，宋濂明确地提出："君上决不可背，名教决不可负，纲常决不可亏"；认为"有能修孝友之道者"，其在历史中的价值，是远远高于那些"效长才、出秘计，以自赴于功名之会者"，和"握长枪大剑陷阵攻城，以苟徼贵富者"的所谓"豪杰"，因此表彰历史上这些忠义、孝友的道德行为，是朝廷史官乃至"贤士大夫"一定要"从而谨志之"的历史责任。

显然，在宋濂的史学观念中，史学首要的社会作用应是"申以劝诫，树之风声"[2]，"记功司过，彰善瘅恶"[3] 的道德评价，而相对这道德的表彰来说，对影响历史治乱兴衰的典章制度及政治策略等具体经验的总结，则显得并不那么重要。因为宋濂认为："人之欲犹夫疾也，圣贤之书犹夫药也。以药治疾，则疾瘳而体顺；以圣贤之书克欲，则欲去而理明。自然之势也。世顾玩之以为辞章之助，虽日诵五车，亦何补身心哉？"[4]

---

[1] 宋濂：《宋文宪公全集》卷五十三《浦阳人物记·孝友篇》。
[2] 刘知幾撰，浦起龙释：《史通通释》卷七《直书》，上海古籍出版社 1978 年版。
[3] 刘知幾：《史通通释》卷七《曲笔》。
[4] 宋濂：《宋文宪公全集》卷五十三《浦阳人物记·政事篇·王万传》。

所以史书的撰述也必须能有补于身心道德。宋濂对于史学社会功用的认识，与他的心本体论和体认“天地之心”的修养方法论是一致的，反映出宋濂在程朱理学影响下，其史学思想发展的特点与局限。

宋濂这种视名教道德为影响历史兴衰治乱的决定因素，视忠义、孝友精神为“天地之心”的史学思想，还可在《浦阳人物记》所特立的《贞节篇》中看出。宋濂《贞节篇序》议论说：

> 《诗》曰：无非无仪，惟酒食是议。释之者曰：有非，非妇人也；有善，亦非妇人也。惟议夫酒食而已。盖妇人之行，不出闺门，在无事之时，尚不欲以善自闻，况当哀苦之余，称之曰“未亡人”，而顾以是自炫欤？……世之材，士大夫习俎豆，攻诗书，坐而尧言，行而舜趋，其自负诚不在古人后，一旦受人家国之寄，辄怀二心者有之矣。况区区一女子，所事不过织纴中馈之间，反能守死自誓，如秋霜烈日，不可狎玩，又可得而少之欤？[1]

最后，宋濂一语双关地感慨道：“贞妇之得名，盖以世之不贞者众也。濂又岂得不为衰俗一慨也欤！”在激赏这些节妇烈女德行的同时，亦对那些所谓“习俎豆，攻诗书，坐而尧言，行而舜趋，其自负诚不在古人后”，然而“一旦受人家国之寄，辄怀二心”的贰臣表示讽刺与鞭笞。古代诗歌常以对节妇的咏叹，来表白自己节操的坚贞，宋濂的《贞节篇》实际也包含着他对忠义、孝友等道德精神的表彰。

宋濂的史学思想，虽然相对表现出重道德表彰、轻政事鉴戒的倾向，但是全面看，他仍然对历史的政治鉴戒价值有一定认识，而且还从政治的角度，对历史发表了许多有见识的评论。当然，即使是这些历史评论，宋濂依然不能彻底摆脱其基本历史观念的影响。这也是在评价宋濂的史学思想时所应当予以注意的。

首先，宋濂认为“纪载之文”必不可少，倘“使数百年之间赫赫焉若前日事者”，也“非托之于文”不可。假若“其有政事可书而不书，遂

---

[1] 宋濂：《宋文宪公全集》卷五十三《浦阳人物记·贞节篇》。

至泯泯无闻者”，一定是“当时执笔者”的过失。[1] 关于这种从史学家的历史责任的高度来看待政治史的记述，看待总结、鉴戒政治史的史学思想，宋濂具体论述说：

> 呜呼，政事于人大矣！操厚伦惇俗之具，执舒阳惨阴之柄，御赏善罚恶之权，任出生入死之寄，其在朝廷，则四海被其泽，其在一郡，则一郡仰其赐，其在一县，则一县仰其福。苟得其人，则上明下淳，歌谣太平；一或反是，则流毒四境，神怒民怨，至有激成他变者。其所系甚重且难也。盖如此，人能以一善自效于官者，岂可使之泯泯无闻乎？纵曰往者之不可作，宁不使来者之知劝乎？呜呼，纪载之文其可少乎！[2]

对于这种“纪载之文岂可少乎”的史学思想，宋濂在《大明日历序》里又一次强调说：“然而史事甚重，古称直笔，不溢美，不隐恶，务合乎天理人心之公。无其事而曲书之者，固非也，有其事而失书之者，尤非也。”[3] 也正是抱着这种“不可知者固已无如之何，幸犹可以考见者，辄不敢不书”的“拳拳于此”之心，[4] 宋濂撰述了明皇朝第一部当代史著作《洪武圣政记》。

《洪武圣政记》共二卷，是宋濂以目击者的身份撰述的一部当代史著作。“是书略仿《贞观政要》之例，标题分记”，将宋濂认为可以垂法戒于后人的政治大事，分为严祀事、定大本、昭大分、肃军政、绝倖位、定民志、新旧俗等七类，“而新旧俗下又分申禁令、核实效、育人才、优前代、正礼乐之失、去海岳之封、严宫阃之法、厉忠节之训、划积岁之弊九子目”。[5]

关于撰述《洪武圣政记》的动机，宋濂在该书自序里写道：

---

[1] 宋濂：《宋文宪公全集》卷五十三《浦阳人物记·政事篇序》。

[2] 宋濂：《宋文宪公全集》卷五十三《浦阳人物记·政事篇序》。

[3] 宋濂：《宋文宪公全集》卷十二《大明日历序》。

[4] 宋濂：《宋文宪公全集》卷五十三《浦阳人物记·政事篇序》。

[5] 《四库全书总目》卷五二《洪武圣政记》提要。

自古帝王创业垂统，方有事于征伐，而于弥纶天下之治具，势或未遑及。其大统既集，亦不过振厥宏纲，而万目未尽举焉。如汉之高帝，得国最正，虽曰算无遗策，而施之政令，犹乏精详，故史臣赞之，亦但云规模宏远而已。夫以高帝之雄杰尚如此，则其余从可知矣。洪惟皇上，以布衣受天命，盖与高帝同，虽当开拓土疆之际，停戈讲艺，息马论道，夜以继日，无一时之宁。迨夫正天位，朝万国，孳孳图治，恒若不足。于是纲举于上，目备于下，诚有非高帝所可及……皆焕然有条，可以垂法后世，……臣备位词林，以文字为职业，亲见盛德大业日新月著。于是与僚属谋，取其有关政要者，编集成书，……凡金科之颁，玉条之列，著之于简书，刻之于琬琰，传之于圣子神孙者，将与天地相为无穷。[1]

在宋濂的眼里，明太祖朱元璋是与汉高祖刘邦一样“以布衣受天命”，“得国最正”的君主。但是二人论武功虽同，较文治则明太祖略高一筹，“诚有非高帝之所及”者。这对于认为“政事于人大矣”，“人能以一善自效于官者，岂可使之泯泯无闻乎？纵曰往者之不可作，宁不使来者之知劝乎？呜呼，纪载之文其可少乎”，且“备位词林，以文字为职业，亲见盛德大业日新月著”的宋濂来说，又怎能不把这些反映明太祖朱元璋神功懿谟的历史记述下来，“著之于简书，刻之于琬琰，传之于圣子神孙者，将与天地相为无穷”呢？“开国文臣之首”宋濂的这种史学思想，对明代以所谓“大政记”为形式的当代史撰述的发展，应该说是具有一定影响和促进作用的。

其次，在对历史治乱兴衰问题的认识上，宋濂认为天下是有德者的天下。有德国则传，失德国则亡。天网恢恢，报应不忒。所以统治者必须修行德政。

关于修德者得天下，享祚亦久，失德者亡天下，享祚亦促，将统治者的道德行为与历史发展的兴亡盛衰联系在一起的历史思想，宋濂曾专门撰述了一些史论进行阐述。例如在《隋室兴亡论》的史论中，宋濂论述了从隋文帝“开皇、仁寿之间”的“人物阜繁，号为极治”，到隋炀帝

[1] 宋濂：《宋文宪公全集》卷十二《洪武圣政记序》。

大业之时“海内四分五裂”，“卒致血溅御衣而身亦随殒”二代的兴亡盛衰。宋濂议论说：

当其指麾群雄，叱咤之间，风骇云流，而混六合于一家，何其雄也。身死肉未及寒，而邦国荡覆，子孙诛戮殆尽，反不如弘农一布衣，时又何其削也。君子论祸败之几，不起于炀帝之日，而基于高祖之时，何也？盖天下大物也，可以德持，不可以力竞。使高祖以德结人心，虽炀帝昏荒之甚，其败亡未必若斯之速也。夏有太康，殷有雍己、河亶甲，周有幽、厉，而宗祀不绝者，以禹、汤、文、武之德未斩也。是故采章文物，不足为之盛，金城汤池，不足为之固，长枪大剑，不足为之利，士马精强，不足为之勇，玉帛充牣，不足为之富；其足以赖而长存永治者，非德何以哉？惜高祖不可语此，徒以力竞也，悲夫！[1]

明确指出：“天下大物也，可以德持，不可以力竞。”而对于一个政权来说，“其足以赖而长存永治者，非德何以哉”！此外，在《读宋徽宗本纪》的史论里，宋濂也发出同样的感叹说：

嗟夫！成汤务德，帝命式于九围；纣为不道，身死周人之手。其所感应，捷于桴鼓。闻以一人治天下，未闻以天下奉一人。奈何穷奢极侈，而毒痡四海百万生灵，彼实何辜？其身亡国破为万世笑，非不幸也，宜也！《传》曰：惟命不于常道，善则得之，不善则失之。可不畏哉！可不畏哉！[2]

认为德政修行与否之于盛衰兴亡，“其所感应，捷于桴鼓”，击之随即相应。对此，统治者岂“可不畏哉！”又怎能不思以惕厉呢？

统治者如何修行德政？宋濂认为应先修君臣之德，即“为君者当谨五矩，为臣者当行五彝”，如是“则天下治矣”。其中所谓“五矩”，是指

[1] 宋濂：《宋文宪公全集》卷三十六《隋室兴亡论》。
[2] 宋濂：《宋文宪公全集》卷三十八《读宋徽宗本纪》。

为君的五种品德："一曰省愆"；"二曰受言"；"三曰尊士"；"四曰去骄"；"五曰推仁"。所谓"五彝"，是指为臣的五种品德："一曰进贤"；"二曰任事"；"三曰守检"；"四曰善谏"；"五曰知退"。宋濂说：

> 夫愆不省，则心德有亏矣；言不受，则人情壅闭矣；士不尊，则大业弗立矣；骄不去，则贤者远避矣；仁不推，则贵贱罔附矣；贤不进，则国家空虚矣；事不任，则官旷职隳矣；俭弗守，则穷欲极奢矣；谏不善，则扞格难入矣；退不知，则幸进失己矣。为君者当谨五矩，为臣者当行五彝，而天下治，此之谓也。[1]

当然，宋濂的这些论述，仍未越出传统儒家"以德治，天下平"，坚信人的道德力量决定国家兴亡，和宋元理学家强调正君心、正臣心的老调，表现了与其"心一立，四海国家可以治，心不立，则不足以存一身"，所谓立"天地之心"的理学思想的一致性。但是，宋濂这种将君臣的道德行为视为历史治乱兴衰关键的历史思想，毕竟是一种值得肯定的重人事的历史思想。这种历史思想在促使统治者在其政治和经济行为中，多少注意到节制自己的各种欲望，注意修德行仁政方面，是具有一定意义的。尤其是宋濂在孟子民本思想的基础上，提出"闻以一人治天下，未闻以天下奉一人。奈何穷奢极侈，而毒痡四海百万生灵。彼实何辜"的观点，对于后人反对封建专制的思想，更是具有积极的思想史意义。

不信禄命，肯定人的主观努力在国家历史与个人命运方面的价值，是宋濂历史思想特点的第三个方面，也是宋濂历史思想中值得肯定的一个积极的理性的方面。

宋濂曾撰述《禄命辨》一文，对传统社会中一直十分盛行的以人出生年、月、日所属干支推算命运吉凶的三命说进行了批驳。文中，针对"三命之说，古有之乎"的提问，宋濂明确地回答说："无有也!"针对"十一曜之说，古有之乎"的提问，宋濂同样回答说："无有也！"又针对"占命又起于何时乎"的提问，宋濂亦回答："以星占国亦已久矣，而未必用之占命也。"宋濂认为以星占命，"其术尽出于西域"，其"巧发而奇

[1] 宋濂：《宋文宪公全集》卷五十一《龙门子凝道记上·五矩符第二》。

中”，“有固有之，而不可泥”，因为“以甲子干支推人所生岁月”，其数有限，而“天下之广，兆民之众，林林而生者，不可以数计，日有十二时，未必一时唯生一人也”，所以宋濂诘问说：“以此观之，同时而生者不少，何其吉凶不相同哉？”一个有力的论据就是嬴秦长平役后，日坑赵卒四十余万，怎能说这么多人同时“共犯三刑”呢？所以宋濂结论说：

> 人之赋气有薄厚长短，而贵富贱贫寿夭六者随之，吾不能必也，亦非日者之所能测也。蹈道而修德，服仁而惇义，此吾之所当为也。不待占者之言而后知之也，予身修矣。倘贫贱如原宪，短命如颜渊，虽晋楚之富，赵孟之贵，彭铿之寿，有不能及者矣。命则付之于天，道则责成于己，吾之所知者，如斯而已矣。不然委命而废人，白昼攫人之金而陷于桎梏，则曰“我之命当尔也”；怠窳偷生而不嗜学，至老死而无闻，则曰“我之命当尔也”；刚愎自任，操刃而杀人，柔暗无识，投缳而绝命，则又曰“我之命当尔也”，其可乎哉？其可乎哉？所以先王之山川异制，民生异俗，刚柔缓急，迟速异齐，五味异和，器械异制，衣服异宜。于是修其教，不易其俗，齐其政，不易其宜，所以卒归于雍熙之治也。[1]

人生只有勉力修德，积极进取，而不可消极责于命运。宋濂自己本身就是靠奋斗获得社会承认、摆脱贫困卑贱地位的，这使他格外看重积极的个人奋斗，蔑视对命运的消极服从。宋濂在《浦阳人物记》吴直方、赵大讷传后赞道：“丈夫之功业自见者，岂必藉祖父之势哉！藉祖父之势而成者，世岂无之？终不足谓之丈夫必也！奋自布衣，卓然有立，小或作州牧，大或闻国政，使德泽简在人心，声闻流于后世，然后始无愧于斯名，善矣哉！吴、赵之为，何其近是耶！虽然均名为人，均生是邦，均食粟衣帛，顾有能有不能焉，稍知自励者，可以惕然而省矣。”表现出宋濂的积极人生观。

从不相信个人禄命，认为“命则付之于天，道则责成于己”，肯定个

[1] 宋濂：《宋文宪公全集》卷八《禄命辨》。

人积极奋斗的价值，到认为“治忽系乎人谋，昭明可究”[1]，要求统治者修德求治，以绵延国祚达到长存永治，宋濂对个人命运和国家兴亡盛衰的探讨之间，具有一致的思想内核。这个一致的思想内核，就是人的主观的道德努力可以决定客观历史的发展，无论是个人的生命历程，还是国家的国祚历数。由于宋濂是明皇朝的“开国第一文臣”，是所谓的“帝师”，一直近侍于开国之君朱元璋的左右，所以他的历史思想对皇朝初年的政治、文化思想格局具有直接的影响。第一章提及的明初没有像前代那样激烈地争论所谓德运统纪的问题，是否与宋濂等人的这些历史思想有关，应是一个很值得探讨的问题。

第三节　宋濂的六经观和诸子考辨

作为元末明初最博学的学者之一，宋濂一生曾留下很多学术评论的著作与文章，通过对这些学术评论的研究，可以窥见宋濂的基本学术思想。

宋濂的学术评论及其思想，主要集中于两方面的内容：一、对所谓六经以及经史关系的评论；二、对诸子学术的考辨。

对所谓六经以及经史关系的评论　宋濂对所谓六经的评论的突出特点是尊经。这也是宋濂学术思想的基本特点。宋濂曾作《文原》，对所谓的“文”进行过讨论，他说：“凡有关民用及一切弥纶范围之具，悉囿乎文，非文之外别有其他也。”“所谓文者，天生之，地载之，圣人宣之，本建则其末治，体著则其用章。斯所谓乘阴阳之大化，正三纲而齐六纪者也；亘宇宙之始终，类万物而周八极者也”，“文”无所不包，但是又无不荟萃于六经之中。因此宋濂强调说，“余之所谓文者，乃尧、舜、文王、孔子之文，非流俗之文也”，也就是“经天纬地”的圣人所作的六经。[2] 所以宋濂说：“天地未判，道在天地；天地既分，道在圣贤；圣

[1]　宋濂：《宋文宪公全集》卷三十八《演连珠》。

[2]　宋濂：《宋文宪公全集》卷二十六《文原》。

贤既殁，道在六经。”[1] 于是，六经成了一切道德及文化的渊源和集中体现。

在尊经的基础上，落实到对六经的具体认识，宋濂则又表现出他自己的思想特点。前面曾提及，宋濂的学术思想主要是源自婺学，具有折中朱陆、不废事功、经史并重等特点，而这种学术思想的特点也反映在宋濂的六经观中。例如宋濂《经畲堂记》在论到所谓“经”时说：

> 经者，天下之常道也。大之统天地之理，通阴阳之故，辨性命之原，序君臣上下内外之等，微之鬼神之情状、气运之始终，显之政教之先后，民物之盛衰，饮食、衣服、器用之节，冠昏朝享、奉先送死之仪，外之鸟兽、草木、夷狄之名，无不毕载，而其指归皆不违戾于道而可形于后世，是以谓之经。《易》《书》《春秋》用其全，《诗》与《礼》择其纯而去其伪，未有不合乎道而可行于世者也。故《易》《书》《诗》《春秋》《礼》皆曰经。五经之外，《论语》为圣人之言，《孟子》以大贤明圣人之道，谓之经亦宜……夫《五经》、孔、孟之言，唐虞三代治天下之成效存焉。其君：尧、舜、禹、汤、文、武；其臣：皋、夔、益、契、伊、傅、周公；其具：道德、仁义、礼乐、封建、井田，小用之则小治，大施之则大治，岂止浮辞而已。[2]

认为六经是无所不至、无所不为的至尊，不仅载道，亦可施之于具体的世用，而不仅仅是“浮辞而已”。于是，在宋濂的观念中以六经的认识为逻辑的媒介，打通了“义理”与“事功”的界限，将考亭之学与永康、永嘉之学的旨趣沟通。

此外，宋濂又依据其“吾心最大”，“夫生者，乃天地之心”的唯心主义世界观，来对他的六经观进行阐释。他在《六经论》中说：

> 六经皆心学也。心中之理无不具，故六经之言无不该，六经所

[1] 宋濂：《宋文宪公全集》卷二十六《徐教授文集序》。

[2] 宋濂：《宋文宪公全集》卷三十二《经畲堂记》。

以笔吾心之理者也。是故说天莫辨乎《易》，由吾心即太极也；说事莫辨乎《书》，由吾心政之府也；说志莫辨乎《诗》，由吾心统性情也；说理莫辨乎《春秋》，由吾心分善恶也；说体莫辨乎《礼》，由吾心有天叙也；导民莫过乎《乐》，由吾心备人和也。人无二心，六经无二理。因心有是理，故经有是言。心譬则形，而经譬则影也。无是形则无是影，无是心则无是理，其道不亦较然矣乎？[1]

把所谓的六经纳入"心学"之中，认为"心譬则形，而经譬则影也。无是形则无是影，无是心则无是理"。既不是陆九渊的"心即理"，视心与理为一，完全重合，也不是朱熹的"性即理"，将心形而上、形而下地二分开来，置理于主体之外。而是将心与理（经）譬作形与影的关系，于是在宋濂的观念中，又以六经为媒介，打通了心与理的界限，调和了朱熹与陆九渊的矛盾。

在对六经认识的基础上，宋濂对经史之关系也有所讨论。

事实上，宋濂对经史关系的认识，仍没有溢出其尊经的基本思想立场。宋濂在其《文原》一文里指出，世之文有两种：一为载道之文，一为载事之文。其中，经属于载道之文，史属于载事之文。作为载道之文的六经是根，是本；而作为载事之文的史相对经来说，是枝，是叶："世之论文者有二：曰载道，曰纪事。纪事之文，当本之司马迁、班固；而载道之文，舍六籍吾将焉从？"[2] 此外他还在许多论文里反复申说这种经史观点，如其《守斋类稿序》曰："经以载道，史以纪事，古先哲所藉以牖斯民者也。"[3] 《书史会要序》曰："史以从道持中，盖记事者也。"[4] 都是强调经载道，史记事，经统史，史从道的经史思想。宋濂这种对经与史的认识，在他有关《春秋》的论述里表现得十分清楚。宋濂《春秋属辞序》说：

[1] 宋濂：《宋文宪公全集》卷三十六《六经论》。
[2] 宋濂：《宋文宪公全集》卷二十六《文原》。
[3] 宋濂：《宋文宪公全集》卷十二。
[4] 宋濂：《宋文宪公全集》卷十七。

“春秋”，古史记也，夏、商、周皆有焉，至吾孔子，则因鲁国之史修之，遂为万代不刊之“经”。其名虽同，其实则异也。盖在鲁史，则有史官一定之法；在圣经，则有孔子笔削之旨。自鲁史云亡，学者不复得见以验圣经之所书，往往混为一途，莫能致辨，所幸左氏《传》尚明鲁史遗法，公羊、谷梁二家多举书不书以见义，圣经笔削粗若可寻。然其所蔽者，左氏则以史法为经文之书法，公、谷虽详于经义，而亦不知有史例之当言，是以两失焉。[1]

从宋濂对《春秋》从史到“经”的这些分析来看，在一定意义上也有“经”由史出，史经圣人之手而成“经”的思想。表明在经史关系的认识上，宋濂思想有其婺学兼重经史的学术传统影响。这种经史关系观，对于后来一些学者的论述有一定的影响。例如，晚明的薛应旂在其《方山先生文录》之卷十六的《折衷》里，便引述宋濂“天地未判，道在天地；天地既分，道在圣贤；圣贤既殁，道在六经”的观点，发挥说：“是六经者，固圣人之道之所寓也。然其大原则出于天，而夫人之心，则固天之心也。人能会之于心，则圣人之道，即吾人之道，有不在六经而在我者矣。”不同的是，宋濂没有对他的观点做进一步的发挥，反而称“左氏则以史法得经文之书法，公、谷虽详于经义，而亦不知有史”是“两失焉”。而薛应旂则将宋濂的经史观与王守仁“五经亦史”及“六经，吾心之记籍也”等观点相结合，明确提出“经史一也”的经史说。[2] 但是这仍能说明宋濂的经史思想，对于后世经史说的衍变，是具有诱发性的思想因子。

对诸子学术的考辨及思想 宋濂对诸子学术的考辨，集中地体现于其《诸子辩》[3] 一书。该书包括学术之考与思想之辨两部分内容。

元顺帝至正十八年（1358 年）三月，朱元璋部将邓愈攻下毗邻浦江的睦州，“居民震惊，多扶挈耄倪走傍县”。宋濂亦遣妻孥至诸暨山中避

---

[1] 宋濂：《宋文宪公全集》卷四十三。

[2] 薛应旂：《宋元通鉴》卷首《凡例》，明天启刻本。

[3] 《诸子辩》一书，“辩”或作“辨”，今从四部备要本《宋文宪公全集》卷三十六统一作“辩”。

难，自己则独自守在浦江家中，“日坐环堵中，块然无所为”，很是寂寞，“乃因旧所记忆者作《诸子辩》数十通，九家者流颇具有焉”。[1] 这就是学术史上著名的辨伪著作《诸子辩》成书的背景。

《诸子辩》，一名《龙门子》，全书的卷帙不大，在《宋文宪公全集》中所占不足一卷，却对上至传为殷商鬻熊所撰的《鬻子》，下至宋代《子程子》等40部子书进行了真伪的考辨和思想的评议，在反映宋濂学识博洽的同时，也展示了宋濂的学术史思想。

对于宋濂这部著名的《诸子辩》，近代史学古史辨派的旗手顾颉刚曾经做过标点和校勘整理，并且针对该著在史学史中的学术地位进行了精辟的论述。顾先生说：

> 宋代辨伪之风非常盛行，北宋有司马光、欧阳修、苏轼、王安石等，南宋有郑樵、程大昌、朱熹、叶适、洪迈、唐仲友、赵汝谈、高似孙、晁公武、黄震等。宋濂生在他们之后，当然受到他们的影响，所以他的书里征引他们的话很多，尤其是高似孙、黄震二家，而此书的体裁也与《子略》和《黄氏日抄》相类。接着这书的，有他的弟子方孝孺《逊学斋集》中《读三坟》《周书》《夏小正》诸篇和他的乡后学胡应麟《四部正讹》诸书。这一条微小而不息的川流流到了清代，就成了姚际恒的《古今伪书考》，公然用了一个“伪书”的类名来判定古今的书籍，激起学者的注意了。[2]

说明从宋代到清代的史学史中，宋濂的《诸子辩》，在辨伪学发展史中具有承前启后的关键地位，对于明代以后的历史文献学发展，产生了重要的学术影响。

宋濂的《诸子辩》同样具有史学思想的价值，因为宋濂的所谓辨伪，实际含有相当大的学术评论成分。正是在对历史上一些重要子书思想学术和文献批评的过程中，展现出宋濂的一些学术思想，以及他对学术思想发展史的思想认识。

---

[1] 宋濂：《诸子辩·跋》，见顾颉刚标点本《诸子辩》，朴社1928年版，第47页。

[2] 顾颉刚：《诸子辩·序》，第3页。

与宋濂基本学术思想相一致，《诸子辩》的主旨同样表现出尊儒尊经的正统学术观念。作为全书的开场白，宋濂在该书不长的《引言》里阐述其撰述该书的旨趣说：

> 《诸子辩》者何？辩诸子也。通谓之《诸子》何？周、秦以来，作者不一姓也。作者不一姓而其立言何？人人殊也。先王之世，道术咸出于一轨，此其人人殊何？各奋私知而盭大道也。由或盭大道也，其书虽亡，世复有依仿而托之者也。然则子将奈何？辞而辩之也。曷为辩之？解惑也。

此外在该书后的《跋》语中宋濂亦强调道：

> 孔子门人之书宜尊而别之；今亦俯就其列者，欲备儒家言也。始之以《鬻子》而终之以《周》《程》者，欲读者有所归宿也。……呜呼！九家之徒竞以立异相高，莫甚于衰周之世：言之中道者，则吾圣贤之所已具，其悖义而伤教者，固不必存之以欺世也。于戏！邪说之害人惨于刀剑，虐于烈火；世有任斯文之寄者，尚忍淬其锋而膏其焰乎？予生也贱，不得信其所欲为之志，既各为之辩，复识其私于卷末。学孔氏者，其或有同予一慨者夫！[1]

这些都说明宋濂撰述《诸子辩》的学术目的和思想目的是一致的，即：一、儒术必须尊；二、非儒必须黜。宋濂认为诸子之学的出现，是衰世的征兆，乱世的表现，“先王之世，道术咸出于一轨”，故有先王之治。衰周之世礼崩乐坏，“九家之徒竞以立异相高”，“各奋私知而盭大道也”，其中“邪说之害人惨于刀剑，虐于烈火”，且“言之中道者，则吾圣贤之所已具，其悖义而伤教者，固不必存之以欺世也”，所以儒者必须奋而卫道，对所谓“九家之徒”及后世“依仿而托之者也”，“辞而辩之”，解世间思之不纯者之“惑”，而归依于周敦颐和程颢、程颐等理学大儒，才能使社会长治久安。卫道，正是宋濂撰述《诸子辩》的旨趣所在。显然，

[1] 宋濂：《宋文宪公全集》卷三十六。

宋濂这种对学术与历史发展之关系的认识，显然仍未能溢出其基本的正统历史观念。

宋濂这种以卫道为前提的辨伪，必然局限他的学术研究的客观展开。例如书中称管仲“功首而罪魁”，虽不至如“申、韩、鞅、斯刻矣”，但“原其作俑之意，仲亦乌得无罪焉”！称庄子“虽圣帝经天纬地之大业，曾不满其一哂，盖仿佛所谓‘古之狂者’”，惋惜他“其与孟轲氏同时，不一见而闻孔子之大道”，并说其“异说之惑人也深矣”。说《鬼谷子》“是皆小夫蛇鼠之智，家用之则家亡，国用之则国偾，天下用之则失天下”，对之“学士大夫宜唾去不道”。评论《孙子》说：“古之谈兵者有仁义、有节制，至（孙）武一趋于权术变诈，流毒至于今未已也。然则（孙）武者固兵家之祖，亦兵家之祸首欤?”认为《商子》“不贵学问以愚民，不令豪杰务学诗书，其流毒至嬴政，遂大焚《诗》《书》百家语以愚天下黔首，鞅实启之，非特李斯过也”。詈《公孙龙子》“言弗醇也”，应“亟火之”。言《邓析子》“其言‘天于民无厚，君于民无厚，父于子无厚，兄于弟无厚’，刻矣”；认为其“真不法先王，不是礼义”，“其被诛戮，宜也，非不幸也”等等。所以顾颉刚先生说宋濂“成见何等的重，态度何等的迂腐”，“简直是董仲舒请罢百家的口气”。宋濂的这些论述集中体现了他对学术思想发展的认识上的局限性。

当然，宋濂《诸子辩》的辨伪，在表现出其卫道主调的同时，也表现出儒家民本的历史思想。如对《慎子·威德篇》所谓“立天子以为天下，非立天下以为天子也，立国君以为国，非立国以为君也，立官长以为官，非立官以为官长也”，《民杂篇》“大君者，太上也，兼畜下者也，下之所能不同而皆上之用也，是以大君因民之能为资，尽包而畜之，无取去焉”，以及《墨子·辞过》“圣王作为宫室，便于生，不以为观乐”，“圣人之为衣服，适身体，和肌肤，而足矣，非荣耳目而观愚民”等思想的表彰，都是与宋濂一贯的民本思想相一致的。但是有些时候，这种以道德善恶为标尺的做法，又很大程度妨碍了宋濂对一些子书真伪的辨析认识。例如顾颉刚先生便指出：“他一方面既以《吴子》的‘五胜者祸，一胜者帝’的话为然，一方面又以吴起的‘与诸侯大战七十六，全胜六十四’的事为合理”“他称许《尉缭子》的‘兵不血刃而天下亲’的话为仁慈，却忘了本书中尚有‘古之善用兵者能杀士卒之半，……威加海内’

等鼓吹杀人的话”，完全“是用善恶功过的信条来论定古书的真伪”，结果造成宋濂的辨伪考证出现“许多很浅陋的地方”，[1] 构成其学术实践的局限性。

尽管宋濂对诸子的评论存在着种种思想上的局限，但是我们不可否认他在《诸子辩》中所表现出的学识博洽与敏锐，尤其是顾颉刚先生所特别表彰的，其对《亢仓子》《子华子》《淮南子》《文中子》等子书的考辨，反映出宋濂对学术思想发展脉络的熟稔与清晰。

宋濂辨伪的学术特点，第一是强调历史的观点，即通过考察对象表述的思想，把这些思想置于学术演化的历史过程中予以考察，从而揭示作品的真实与赝伪。

宋濂对学术思想发展衍化脉络的清楚认识，可以从他对《老子》的评论中看出。宋濂对《老子》的评论是，“所言大抵敛守退藏，不为物先，而壹返于自然。由其所该者甚广，故后世多尊之行之”。其中：

> “视之不见名曰夷，听之不闻名曰希，搏之不得名曰微”，道家祖之。“谷神不死，是谓玄牝；玄牝之门，是谓天地根”，神仙家祖之。“吾不敢为主而为客，不敢进寸而退尺，是谓行无行，攘无臂，扔无敌，执无兵；祸莫大于轻敌，轻敌几丧吾宝，故抗兵相加，哀者胜矣”，兵家祖之。“道，冲而用之或不盈，渊乎似万物之宗，挫其锐，解其纷，和其光，同其尘，湛兮似若存，吾不知谁之子，象帝之先”，庄、列祖之。“将欲翕之，必固张之；将欲弱之，必固强之；将欲废之，必固兴之；将欲夺之，必固与之”，申、韩祖之。“以正治国，以奇用兵，以无事取天下”，张良祖之。“我无为而民自化，我好静而民自正，我无事而民自富，我无欲而民自朴”，曹参祖之。[2]

认为由于《老子》思想内涵的丰富，使后来许多学派从中汲取思想养分，形成与之既有联系又有所区别的众多学派。

---

[1] 顾颉刚：《诸子辩·序》。

[2] 宋濂：《诸子辩·老子》。

同样，在对一些子书辨伪时，宋濂也是从其思想的渊源流变方面考察，揭示该书的破绽。例如对《文子》的考辨，宋濂就认为该书在思想内容上，“壹祖老聃，大概《道德经》之义疏”类作品。指出《文子》中所谓“体道者不怒不喜，其坐无虑，寝而不梦，见物而名，事至而应”，即《老子》所说“载营魄抱一，专气致柔，涤除玄览”之义；所谓“上士先避患而后就利，先远辱而后求名，故圣人常从事于无形之外，而不留心于已成之内，是以祸患无由至，非誉不能尘垢”，即《老子》“知白守黑，知雄守雌，知荣守辱”之义；所谓“静则同，虚则通，至德无为，万物皆容”，即《老子》“道常无为而无不为，侯王若能守，万物将自化”之义；所谓“道，可以弱可以强，可以柔可以刚，可以阴可以阳，可以幽可以明，可以包裹天地，可以应待无方”，即《老子》“道，冲而用之或不盈，渊乎似万物之宗”之义，等等。在宋濂看来，“盖老子之言宏而博，故是书杂以黄、老、名、法、儒、墨之言以明之，毋怪其驳且杂也”，从而对《文子》一书做出是战国时期道家作品的肯定性结论。

宋濂辨伪的第二个特点，是注重从作品语言、词汇及文化制度的时代性方面来辨别子书的真与伪。这一点实际也是其对学术发展具有明确历史意识的体现。

如关于《关尹子》，宋濂称：“间读其书，多法释氏及神仙方技家，而藉吾儒言文之。如‘变识为智’、‘一息得道’，‘婴儿蕊女，金楼绛宫，青蛟白虎，宝鼎红炉’，‘诵咒土偶’之类，聃之时无是言也”，因此判定该书“其为假托，盖无疑者”。关于《亢仓子》，宋濂举出，“其言曰：‘危代以文章取士，则剪巧绮繿益至，而正雅典实益藏。’夫文章取士，近代之制，战国之时无有也；其中又以‘人’易为‘民’，以‘代’易‘世’，世民，太宗讳也”两个例子，断定该书是伪书，而且“伪之者，其唐士”也。也正是这种考辨方法的运用，反映了宋濂对学术发展的历史意识和史学思想，使宋濂对诸子的辨伪考据做出了相当的成就，为后人的进一步研究开拓了思路。

综观宋濂对历史上诸子的考据及其思想评论，诚如顾颉刚先生所说的：“我们固然要不辜负自己的‘一切要求解放’的时势，但也须原谅古人在他们的‘不许发展自己理性’的时势之下所做的贡献。在他们那样的时势之下，能有这一点怀疑的趋向，一点一滴地留传给我们以零碎的疑古的遗产，使得我们增加了许多寻求真理的勇气，这真是可以感谢的呵！”更何况宋濂在元明学术相对空疏的历史时期，以其博洽的思想与学识，为这时期保持住了一脉博学的传统因子，影响于后来的方孝孺、杨慎、胡应麟等学者，其史学史及思想史的价值也就更应值得我们的注意。当然，我们也从宋濂对诸子的论述中感受到，这位当时最有影响的史学家、思想家和文学家，他的学术思想、史学思想基本仍是在旧的轨道间徘徊，这说明当时无论从思想发展的情况看，还是从社会基本矛盾的发展看，都还未出现大变动的迹象，说明史学思想还不得不仍要在这旧的轨道间徘徊上一段时间。

附　方孝孺的正统论及其影响

方孝孺（1357—1402 年）字希直，又字希古，人称正学先生，宁海人氏。曾两次受明太祖召见，虽因举止端整受到朱元璋“此壮士，当老其才”的赞许，却均未见用。及惠帝即位，始召为翰林侍讲，次年迁侍讲学士，逐渐受到重用，“国家大事辄咨之”，“临朝奏事，臣僚面议可否”，亦常被诏命“就扆前批答”，并被任命为《太祖实录》等书总裁，急剧升至儒者所最理想的“王者师”的地位。建文四年（1402 年），燕王朱棣发动“靖难”之役，惠帝殉难，朱棣登极，欲使孝孺代草登位诏书，孝孺当庭大骂，投笔于地，拒不奉旨，遂被磔于市，并夷十族，“坐死者八百七十三人，谪戍绝徼死者不可胜计”。[1] 是年，方孝孺 46 岁。

方孝孺自少“常从宋濂学”，是宋濂最得意的学生，“门下知名士皆出其下，先辈胡翰、苏伯衡亦自谓弗如”，在“当时已称程朱复出”，并因其以身殉道的壮烈，而被后来士人奉为宗师。明末大儒刘宗周评论方孝孺说：“学士大夫有以生民为虑，王道为心者绝少，宋没益不可问。先生禀绝世之资，慨焉以斯文自任。会文明启运，千载一时，深惟上天所以生我之意与古圣贤之所讲求，直欲排洪荒而去二帝，去杂霸而见三王。”“时命不偶，遂以九死成就一个是，完天下万世之责，其扶持世教，

[1] 谷应泰撰：《明史纪事本末》卷十八《殉难》，中华书局 1977 年版。

信乎不愧千秋正学者也。”[1] 清儒全祖望从学术发展的角度亦论曰：“予尝谓婺中之学，至白云（许谦）而所求于道者，疑若稍浅，渐流章句训诂，未有深造自得之语，视仁山（金履祥）远逊之，婺中学统之一变也。义乌诸公师之，遂成文章之士，则再变也。至公（宋濂）而渐流于佞佛者流，则三变也。尤幸方文正公（孝孺）为公（宋濂）高弟，一振而光于西河，几乎可以振徽公（朱熹）之绪。”[2] 均极尽推崇之能事。因此，在明代前期的历史中，方孝孺是较有特色和影响的思想家之一。

方孝孺一生主要是在讲学、著述中度过，为官预政的时间仅仅 4 年，但是由于其罹难殃及文字，“永乐中，藏孝孺文者罪致死”，使得其生前著述如《宋史要言》《基命录》《文统》《周易枝辞》《周礼考次目录》《武王戒书注》等等均散佚。后人裒辑残帙，结集为 24 卷的《逊志斋集》传世。讨论方孝孺的史学思想主要依赖这部并不完全的文献。

受浙东学风的濡染和宋濂思想的影响，方孝孺一直“慨然以经世载物为心”，“顾末视文艺，恒以明王道、致太平为己任”，[3] 所以他十分注重对历史的研究探讨，并将这些研究的心得写为史论，表述他的历史思想和史学思想。

方孝孺的史论虽然很多，但是影响最大的是他的正统论。他曾撰述过《释统》上、中、下三篇及《后正统论》，专门讨论史学中所谓正统论的问题。这些论文，不仅集中地体现了方孝孺的历史观和史学观，也可说是中国古代史学思想史上的重要理论文献。

所谓“正统论”，乃是中国古代政治学说中的重要论题，也是古代史学中的重要理论问题。有关此问题的提出，饶宗颐先生认为可溯源于《春秋》的编年纪事，主宾胪分，所以欧阳修有“正统之说始于《春秋》之作”的说法。在以后的发展中，正统论问题逐渐形成两大理论系统：一是依据战国邹衍的“五德终始”说，以金木水火土所谓“五德”的嬗递，来计年次定正闰；一是依据《春秋公羊传》“故君子大居正”及“何

[1] 黄宗羲：《明儒学案》卷首《师说》。
[2] 黄宗羲、全祖望：《宋元学案》卷八十二《北山四先生学案·宋文宪公画像记》。
[3] 《明史》卷一百四十一《方孝孺传》。

言乎王正月？大一统也”等所云“居正”与“一统”的说法推衍理论。[1]

我们说，在上述两大正统理论体系中，前者“统”之意义强调的是时间的赓续，而且具有目的论的色彩，后者“统”之意义强调的是空间范围内的正统地位，带有政治、文化等方面道德判断的意味。随着历史发展至赵宋时期，在《春秋》学的复兴、民族关系的紧张、新儒学理学的逐渐形成以及因前代史书涉及本朝统绪地位问题等因素的刺激下，后一意义的正统论逐渐占据了主导地位。尤其是经过欧阳修的系统阐述，提出“正者，所以正天下之不正也；统者，所以合天下之不一也”，“夫居天下之正，合天下于一，斯正统矣”。[2] 其影响愈来愈大，争论也更加激烈，形成正统论理论重心转折的重要时期。宋元之际，汉族政权更加暗弱，甚至干脆完全丧失了国土的统治权，沦为被统治的民族，同时发展中的理学在社会中的影响扩大，在这种情况下，正统论的核心议题再次发生演化，除重视尊王外，还更重视攘夷。与此相应，原始的夷夏观发生重要转变，从仅仅强调文化上先进与落后的区别，转而愈加强调文化与国家的关系；不仅重视政治上的“一天下”，更重视道德意义上的“得天下之正”，甚至将道德意义上的“得天下之正”，置于政治上的“一天下”之上，而道德意义的“得天下之正”的首要问题又是所谓的“夷夏之辨”，即是否是以汉族为政权核心。在这种情况下，虽然一些人仍从元朝的统治立场出发，鼓吹大一统即正统的观点，但是也有些人开始不满欧阳修、司马光乃至朱熹等“凡天下混一为正统”的观点。例如当时南方有郑思肖就号称：“自《春秋》后，史笔不知大伦所在，不过纪事耳。纪事而不明正理，是者非，伪者正，后世无以明其得失，诸史之通弊也。”认为“君臣华夷，古今天下之大分也”，绝不可紊，“夷狄行中国之事曰僭，人臣篡人君之位曰逆，斯二者，天理必诛”。“是故得天下者，未可以言中国；得中国者，未可以言正统；得正统者，未可以言圣人。唯圣人始可以合天下、中国、正统而一之。”至于那些“以‘正而不统，

[1] 参见饶宗颐《中国史学上之正统论》，上海远东出版社 1996 年版。

[2] 见欧阳修《原正统论》及《明正统论》，见饶宗颐《中国史学上之正统论》附资料一。

统而不正'之语以论正统及得地势之正者为正统，俱未尽善"。[1] 北方的杨奂也不满那些"既不以逆取为嫌，而又以世系土地为之"所造成的"后之逆取而不惮"的局面，认为应以道德为正统的标准，"王道之所在，正统之所在"。[2] 说明这时的正统论学说正在出现新的特点。

元明时期，浙东的金华地区一直是理学发展的重镇，受理学影响，统纪之学在该地区也格外盛行，当地的学者也以明统为己任。元明之际的胡翰《白云亭记》便自述曰："余闻之许氏（谦），乃记之曰：儒者之学，尊本明统。宋南渡以来，朱子尝以传之黄文肃公（溍），文肃传之何文定公（基），文定之后，王鲁斋（柏）继之，金仁山（履祥）又继之，至先生（许谦）盖五传矣。"[3] 胡翰，字仲申，金华人，曾从同邑许谦学，"文章与宋濂、王祎相上下"[4]，著有《正纪》《衡运》等论文，申明所谓立天地人三纪，严夷夏之防的正统论。胡翰为方孝孺乡先贤前辈，曾极力称许过方孝孺，方孝孺亦曾从之执经问道，并且非常推崇胡氏学行，认为是"上下百载，四方万里，心所敬"重的数人之一。[5] 因此方孝孺的正统论与胡翰的正统说有着密切的思想联系。

方孝孺的正统论是针对所谓"正统即一统"的观点所发。

首先，方孝孺将得天下而一统的政权分为几种情况：一是夏、商、周三代，其特点是"仁义而王，道德而治者"；二是汉、唐、宋三朝，其特点是"智力而取，法术而守者"；三是秦与隋，其特点是"强致而暴失者"；四是司马氏得晋皇朝，其特点是"篡弑以得之，无术以守之，而子孙受其祸者"；五是王莽得新朝，其特点是取之与晋相同，"而身为天下戮者"。对于采取不同手段统一天下，取得政权的历史情况，方孝孺提出他的诘问：

> 苟以全有天下，号令行乎海内者为正统耶？则此皆其人矣。然

---

[1] 郑思肖：《古今正统大论》，见饶宗颐《中国史学上之正统论》附资料一。

[2] 杨奂：《正统八例总序》，见饶宗颐《中国史学上之正统论》附资料一。

[3] 见饶宗颐《中国史学上之正统论》。

[4] 《明史》卷二百八十五《胡翰传》。

[5] 方孝孺：《逊志斋集》卷二十《祭胡仲申先生》。

则汤、武之与秦、隋可得而班乎？汉、唐之与王莽可得而并乎？莽之不齿乎正统久矣，以其篡也，而晋亦篡也；后之得天下而异乎晋者寡矣，而犹黜莽，何也？谓其无成而受诛也。使光武不兴，而莽之子孙袭其位，则亦将与之乎？抑黜之乎？[1]

这里，方孝孺从正统论的讨论，引出一个非常重要而复杂的史学理论问题：即史学应不应该主持正义彰恶扬善？如果应该主持正义，那么又应以什么价值标准来衡量和评价历史？是应以得天下之胜利者的历史事实作为衡量历史正义的道德标准？抑或应以历史行为的道德事实作为衡量历史正义的价值标准？设想若“使光武不兴，而莽之子孙袭其位”，史学家是否要屈从既成的历史事实，对其篡逆的行为，“则亦将与之乎”？对此方孝孺鲜明地提出他的观点：

昔之君子，未尝黜晋也，其意以为后人行天子之礼者数百年，势固不得黜之。推斯意也，则莽苟不诛，论正统者，亦将与之矣。呜呼，何其戾也！正统之说，何为而立耶？苟以其全有天下，故以是名加之，则彼固有天下矣，何不加以是名也？苟欲假此以寓褒贬，正大分，申君臣之义，明仁暴之别，内夏外夷，扶天理而诛人伪，则不宜无辨。而猥加之以是名，使圣智夷乎暴桀，顺人者等乎逆弑也。侥幸而得天下者，虽其势力之强，无所为而不成，然其心私计而深念，未尝不畏后世之公议。今将立天下之大法，以为万世劝戒，不能探其邪正逆顺之实以明其是非，而概以正统加诸有天下之人。不亦长侥幸者之恶，而为圣君贤主之羞乎？[2]

显然，方孝孺认为史学家写史，不仅要直书，还必须对历史做出道德的判断，必须超越一时的已成事实之是非，超越具体的个别时代，以一相对恒常的正义之道德标准，去裁量历史，对历史做出严厉而正义的道德评判，针砭罪恶，褒扬善行，使后来者有所遵循，引导历史向着善的方

［1］ 方孝孺：《逊志斋集》卷二《释统上》。
［2］ 方孝孺：《逊志斋集》卷二《释统上》。

向发展。假若写史者屈从于既成的历史事实，仅以历史的结果作为道德评判的价值归依，“猥加之以”正义之名，“使圣智夷乎暴桀，顺人者等乎逆弑”，必然会形成“存在就是合理”，“胜者王侯败者贼”的理论偏颇，史学也必然随之失去应有的主持正义的立场，而沦落为只会随风飘摆，只知为胜利者歌功颂德，为强权势力涂脂抹粉的婢女，“不亦长侥幸者之恶，而为圣君贤主之羞乎?”

也正是从史家必须对历史做出公正的道德裁决判断的史学思想出发，方孝孺依据他的道德观，对历史进行了评判，提出所谓正统一，变统三，以及虽得有天下亦不得继统的正统说。他说：

> 尝试论之曰：天下有正统一，变统三。三代，正统也。如汉如唐如宋，虽不敢几乎三代，然其主皆有恤民之心，则亦圣人之徒也，附之以正统，亦孔子与齐桓仁管仲之意欤？奚谓变统？取之不以正，如晋、宋、齐、梁之君，使全有天下，亦不可为正矣。守之不以仁义，戕虐乎生民，如秦与隋，使传数百年，亦不可为正矣。夷狄而僭中国，女后而据天位，治如苻坚，才如武氏，亦不可继统矣。[1]

方孝孺认为所谓正统与变统“二统立，而劝戒之道明，侥幸者其所惧”，从而达到孔子作史窃取其义的史学目的。

方孝孺还进一步解释立正统和变统的史学意义说：

> 正统之说立，而后人君之位尊；变统之名立，而后正统之说明。举有天下者，皆谓之正统，则人将以正统可以智力得，而不务修德矣，其弊至于使人骄肆而不知戒。举三代而下皆不谓之正统，则人将以正统非后世所能及，而不勉于为善矣，其弊至于使人懈怠而无所劝。其有天下同也，惟其或归诸正统，或归诸变统，而不可必得，故贤主有所劝，而奸雄暴君不敢萌陵上虐民之心。[2]

[1] 方孝孺：《逊志斋集》卷二《释统上》。
[2] 方孝孺：《逊志斋集》卷二《释统中》。

方孝孺认为，之所以标立“变统”的名目，其目的是突出正统，倘若凡“有天下者皆谓之正统”，不仅使世人认为“正统可以智力得，而不务修德”，更重要的是使史学失去道德裁决的意义，所以方孝孺提出，历史是复杂的，“立一法而不足尽天下之情伪”，必须以“正统以处其常，而参以变统，然后其变可得而尽”，才能突出历史正统的正义之义，解决历史中不断更迭变化的政治格局与相对恒常之道德判断的矛盾冲突。

方孝孺虽然笃信程朱，但是对于朱熹“周、汉、晋、隋、唐皆全有天下矣，固不得不与之以正统”的历史观点，明确表示不以为然。他说：

> 苟如是，则仁者徒仁，暴者徒暴，以正为正，又以非正为正也而可乎？吾之说则不然。所贵乎为君者，岂谓其有天下哉？以其建道德之中，立仁义之极，操政教之原，有以过乎天下也。有以过乎天下，斯可以谓正统。不然，非其所据而据之，是则变也。以变为正，奚若以变为变之美乎？[1]

所以方孝孺依据自己的正统、变统说，对朱熹的正统论观点进行了改造，提出：“故周也、汉也、唐也、宋也，如朱子之意，则可也；晋也、秦也、隋也、女后也、夷狄也，不谓之变，何可哉！”[2]

既然对历史的判断有正统、变统之别，那么什么是正统、变统的区别标准呢？方孝孺提出“有天下而不可比于正统者三：篡臣也，贼后也，夷狄也”的观点，因为“夷狄恶其乱华，篡臣、贼后恶其乱伦”[3]。除了这些儒家的基本纲常观念外，方孝孺提出还应看这一政权是否得民心，他说：

> 正统之君，非吾贵之也；变统之君，非吾贱之也。贤者得民心，得民心，民斯尊之矣；民尊之，则天与之矣，安得不贵之乎？非其类，无其德，民必恶之。当时恶之，后世以其位而尊之，则违乎天

[1] 方孝孺：《逊志斋集》卷二《释统中》。

[2] 方孝孺：《逊志斋集》卷二《释统中》。

[3] 方孝孺：《逊志斋集》卷二《后正统论》。

矣，故不得不贱之也。[1]

显然这是具有儒家民本思想成分的历史正统观，即以其行为是否符合民众的基本要求作为衡量历史的道德之秤。得民心的政权，行仁政的政权就是正统，史家就应予以正统而表彰之，否则，即使占有了整个天下之土地，史家也决不能视之为正统。这就是方孝孺所谓："盖其所可致者，势也；不可僭乎后世者，义也。势行于一时，义定于后世。义之所在，臣不敢私爱于君，子不敢私尊于父，大中至正之道，质诸天地、参诸鬼神而不忒也。"[2] 义正词严，大义凛然，所以饶宗颐先生赞叹方孝孺说："其所争取者，一本乎正义之真是非，而非一时相对之是非，不特不屈服于某种政治之下，且不屈服于已成历史之前，其见识伟矣，其人格敻矣。"诚如清姚鼐《方正学祠重修记》所云："贯天地而无终敝，故不得以彼之暂，夺此之常。"也正是"历史之真是非，正在其常，而非一时之是非所可夺"之意。[3] 而方孝孺自己也正是因坚持其所认同的历史之正，不屈地向权势抗争，最终牺牲了自己及家族人的宝贵生命。

方孝孺虽然提出要立"辨君臣之等，严华夷之分，扶天理，遏人欲"的正统之论，于"篡臣也，贼后也，夷狄也"均不得给予正统地位，但是并非主张将"三者皆废之而不书"，不记载这些历史事实。方孝孺曾解释说："吾固曰不比之于正统而已，非废之也。不废其迹而异其辞，则其为戒也深矣。"[4]

为了贯彻"不废其迹而异其辞"，突出历史鉴戒的史学意义，方孝孺不仅在理论上对正统论进行了新的阐述，还从历史编纂体例上做出了详细的规划。例如按照方孝孺设想的史书体例，所谓正统：其"君始立，则大书其国号、谥号、纪年之号。凡所为必书，所言必书，祀典必书，封拜必书。书后曰皇后，书太子曰皇太子……。"所谓变统："始一天下而正统绝，则书甲子而分注其下曰，是为某帝、某元年，书国号而不书

[1] 方孝孺：《逊志斋集》卷二《释统中》。
[2] 方孝孺：《逊志斋集》卷二《释统下》。
[3] 饶宗颐：《中国史学上之正统论》，第 77 页。
[4] 方孝孺：《逊志斋集》卷二《后正统论》。

大，书帝而不书皇，书名而不著谥。其所为非大故不书，常祀不书，或书以志失礼，或志礼之所从变则书，立后不书，尊封其属不书……。”此外像“天下怨而起兵、恶而起兵不曰反”，像“士之仕变统者，能安中国则书，能止暴乱除民害则书，能明道术于后世则书”等等，总之，“君子之于变统，外之而不亲也，微之而不尊也，断断乎其严也，闵闵乎恐其久也，望望乎欲正统之复”的目的，就是“为天下虑”。因为“使女主而乘君位，夷狄而践中国，篡弑而不亡，暴虐而继世，生民之类几何而不灭乎”，百姓就要遭殃！[1]

正统论作为中国历史上的重要史学理论，具有积极与消极两方面的影响。从积极方面讲，它在历史上曾对促进中华民族的统一产生重要的作用；从消极方面讲，在发展中，它又存在有歧视少数民族的色彩。方孝孺对正统论所做的阐述，反映了当时理学发展对各种意识形态的渗透，也反映了宋元以来民族关系发展的形势对历史观念和理论的影响等历史事实。评价这种正统论所反映的史学思想，涉及一些很复杂的史学理论的问题，包括如何理解历史与道德、如何认识历史上的民族关系等棘手的史学理论问题。但是我们必须有清醒的历史意识，即决不能从今天的政治立场出发，从我们今天的民族观、国家观和文化观的视角去套评方孝孺那个时代的史学观念，而是应该将之置于当时特定的社会环境、思想环境之中，作为一种史学思想发展史的重要内容加以理解。

方孝孺的正统论，实质是在当时特定的社会环境、思想环境下出现的历史观念、史学观念，这种历史观念、史学观念在当时特定的社会环境、思想环境里产生了很大的思想共鸣和理论影响。当方孝孺初发此论的时候，据其《后正统论》跋曰：“自予为此文，未尝出以示人，人之闻此言者，咸訾笑予以为狂，或阴诋垢之，其谓然者，独予师太史公与金华胡公翰而已。”以后影响越来越大，饶宗颐先生《中国史学上之正统论》所附明人正统论的材料，如王行《篡宋系统图跋》、徐奋鹏《古今正统辨》、杨慎《广正统论》、丘濬《世史正纲序》、费訚《世史正纲后序》、章湟《论历代正统》、谢陛《正帝统》、张自勋《通鉴（纲目）续麟》及其所附刘友益《书法凡例》、严衍《资治通鉴补自序》及《凡例》等，都

[1] 方孝孺：《逊志斋集》卷二《释统下》。

多少受到方孝孺正统论观点的影响。尤其丘濬撰述的《世史正纲》，无论是基本观点，还是编纂体例的细则，可以说完全就是方孝孺正统论观点的具体实践。方孝孺正统论史学思想的影响，于此可见一斑。

第三章　王袆的史学思想

王袆（1321—1372年）字子充，浙东金华义乌人，是与宋濂同执明初史界牛耳的学者，也同是朱元璋重视的开国文臣。朱元璋曾当面对王袆说："江南有二儒，卿与宋濂耳。学问之博，卿不如濂，才思之雄，濂不如卿。"[1] 表明王袆在明太祖朱元璋心目中的重要地位。

义乌与浦江毗邻，同属婺州，且袆亦师事柳贯、黄溍习文，因此王袆与宋濂实际是同乡加同门。《宋元学案》虽然视王袆非理学中人而未叙传，但是从学术传承的渊源看，王袆理应与宋濂一样，同是属于从"北山四先生"一脉传承而下，兼综朱学与吕学于一体的"婺学"。所以王袆赠宋濂诗云："同门同里复同官，心事相同每共欢。"二人关系的密切，于此可见一斑。

从思想品格看，王袆有着较之宋濂更为强烈的经世倾向。早在元朝末年，王袆就"尝游元都，陈时务七八千言"，但是时相"格不以闻"，虽有元臣"危素、张起岩辈，先后论荐之"，终不得见用，遂南归，隐居青岩山读书著述。直至元至正二十年（1360年），朱元璋攻占婺州，王袆才与宋濂同时被召用，加入新的政治集团，被朱元璋任命掌起居注、同

[1] 《明史》卷二百八十九《王袆传》。

知南康府事等。[1]

王祎在新统治集团中，没有宋濂顺利。朱元璋将即大位时，王祎曾被召议及礼事，却“坐事忤旨，出为漳州府通判”，直至次年修《元史》事兴，王祎才复被召至朝廷，与宋濂同为总裁。书成，王祎被擢翰林待制、同知制诰兼国史院编修官等职，“奉诏预教大本堂”。[2]

《元史》修成以后，王祎曾三次作为朝廷特使，前往边地招谕少数民族：一次招谕甘肃；一次招谕吐蕃；一次招谕云南。[3] 这些是王祎一生中最重要的政治活动。其中招谕吐蕃事，“未至，召还”；招谕云南是在洪武五年（1372 年），也就是这一次，云南梁王政权在残元势力的胁迫下，将王祎杀害。这一年王祎 52 岁。建文初，朝廷追赠王祎翰林学士，并谥“文节”。正统中，复改谥“忠文”。

第一节　王祎的史学实践与史学观念

从个人的学术特点看，与宋濂之以经学见长不同，王祎的学术是以史学见长。宋濂、王祎学术特点的不同，与二人的师承有一定的关系。宋濂的本师是闻人梦吉和吴莱，其中闻人氏“受学家庭，七经传疏皆手钞成集，训诂抵牾者，别白是非，使归于一”[4]；吴氏亦于“延祐七年，

[1] 朱仲玉先生考证，关于王祎仕明，史有异载。《明史》本传及《宋濂传》谓明太祖攻下婺州，王祎与宋濂并被召用。但刘臣《国初事迹》于太祖攻下婺州条，只记刘基召用，未及宋濂、王祎。关于王祎，该书记载云：太祖之甥朱文忠于金华“用儒士屠性、孙履、许元、王天锡、王祎干预公事，闻于太祖，差人提取屠性等五人到京，内王祎、许元、王天锡发充书写，惟屠性、孙履诛之”。见《宋濂与王祎的史学成就》，《史学史研究》1983 年第四期，第 42 页注 1。

[2] 《明史》卷二百八十九《王祎传》。

[3] 朱仲玉先生考证，关于王祎奉使招谕事，《明史》本传只提及二次：一次招谕吐蕃，未成行；一次招谕云南。但是《宋学士集》卷三十二有《和王内翰见怀韵并序》，其序中提及当时王祎奉使甘肃，途中寄诗求和，并附王祎所寄诗，据此，知王祎于《元史》修成后，尚有奉使甘肃之行。见《宋濂与王祎的史学成就》，《史学史研究》1983 年第四期，第 42 页注 2。

[4] 黄宗羲、全祖望：《宋元学案》卷八十二。

以《春秋》举上礼部，不合，退居深袅山中，益穷诸经之说，所造愈精，著述甚多”[1]，都是以治经学为主的学者。王祎的本师是柳贯和黄溍。其中柳氏“读书博览强记，自礼乐兵刑、阴阳律历、田乘地志、字学族谱及佛老家书、国朝故实、名臣世次，言之尤为精详”[2]，曾经担任元翰林待制兼国史院编修；黄氏亦“博极天下之书而归于至精，有问经史疑难、古今因革与夫制度名物之属，旁引曲证，语蝉联不能休”[3]，亦在元朝担任过翰林直学士知制诰同修国史兼经筵官，并著有《义乌志》等史著。因此，二人的学术志趣，均或多或少地偏向于史学。影响所及，王祎对史学亦有更多的兴趣，而且也有较之宋濂更高的史学成就。

王祎一生著述很多，除曾以总裁的身份笔削《元史》外，尚有《青岩丛录》《华川卮辞》《华川集》《大事记续编》《造邦贤勋录略》《国朝名臣列传》《重修革象新书》等。从王祎撰述的这些著作看，大部分卷帙是史学著作，仅《大事记续编》就达 77 卷。此外《造邦贤勋录略》是记述明开国功臣事迹的史著，《国朝名臣列传》是有关元朝人物的传记著作。王祎还编纂过《义乌宋先达小传》《续志林》，重新修订过天文志书《革象新书》等史学或与史学有关的著述。

王祎的史才，在官修的《元史》中有充分的展现。王祎对元代历史的研究，一直具有浓厚的兴趣。早在元朝时，王祎就因朝廷虽“修累圣实录，咸有常宪，而名臣之当附传其间者，久犹阙如”，元史臣苏天爵“尝捃摭名臣家传碑志以为书，谓之《名臣事略》”，“与其列者仅四十七人”，以当时“人物之众盛”，“则其未及搜访甄录者固多也”，故在苏书的基础上，“因仍四十七人者，复博求于世臣之家，又得七十三人，人各为传，而赘以论赞”，“用正史之体，仿宋《东都事略》而为之”，“名曰《国朝名臣列传》”。[4]《国朝名臣列传》的编纂，为后来王祎总裁《元史》奠定了坚实的学术基础，其中大部分材料必定为《元史》所采用，所以原书才会在《元史》的编纂完成之后逐渐散佚。

---

[1] 黄宗羲、全祖望：《宋元学案》卷五十六。

[2] 宋濂：《宋文宪公全集》卷四十一《柳先生行状》。

[3] 宋濂：《宋文宪公全集》卷四十一《金华黄先生行状》。

[4] 王祎：《王忠文公集》卷二《国朝名臣列传序》，商务印书馆丛书集成初编本。

据研究，《元史》中可以完全确定出自王祎手笔的有卷一五八的《许衡传》、卷一六四的《郭守敬传》、卷一八九的《金履祥传》和《许谦传》等四传，因为这四传的原稿，至今仍保存在王祎的文集中，[1] 而这四传也正是《元史》中写得比较精彩的部分。此外《元史》中的《天文志》《河渠志》《儒林传序》《刘涛孙传》《禹淑静传》《黄溍传》等，都相当可能出自王祎之手。故赵翼说《元史》“诸列传尚多老笔而无酿词”，而《天文》《河渠》等志，因“有郭守敬成法及欧阳玄《河防记》以为根据，故一朝制度，亦颇详赡”。[2] 因此，从《元史》编纂的情况看，王祎应是《元史》编纂的重要功臣。

王祎史学实践的重要特点，是他常常对历史以论赞的形式发表自己的评论。其中为《元史》诸传所作的论赞，虽然在《元史》最终成书时被删去，但是一些仍被保留在他的文集里，从中仍能窥测到其史学思想的一些崖略。例如，在王祎为元儒许衡所作的论赞中，王祎对这位以儒学影响蒙古统治者的大儒，给予了极高的评价。王祎说：

> 圣贤相传之道，自孟轲既殁，无所传受，至宋而程颢、程颐氏兄弟者出，乃有以续其不传之绪，及朱熹氏作，而其传复续矣。元兴，许衡继起，则又续所传于朱氏者也。当其被遇世祖，纯乎儒者之道，诸公所不及。……呜呼！使圣贤之学，大被于斯世而至于今，学术以正，而人心以一者，伊谁之功也？是其继往圣，开来学，功殆不在朱氏下，况乎程氏、朱氏未尝得君以行其道，而衡则盖遇圣君，居相位，而有以尧舜其君民矣。呜呼，盛哉！[3]

认为许衡是朱熹以后儒学道统的直接继承人，而且在以儒术说君干政，“使圣贤之学，大被于斯世而至于今，学术以正，而人心以一者”等方面，其地位及影响，更是远远超过了二程兄弟和朱熹，因此，许衡“其继往圣，开来学，功殆不在朱氏下”。给予了许衡极高的评价。王祎所拟

[1] 见《王忠文公集》卷十一《拟元列传二首》及《拟元儒林传》等。
[2] 赵翼：《廿二史札记校证》卷二十九《元史》条。
[3] 王祎：《王忠文公集》卷十一《拟元列传二首》。

的《元史·许衡传》论赞，不仅反映了其强调经世致用的儒学思想，而且缩影了他自己期遇圣君、涉世干政，“而有以尧舜其君民”的政治抱负和理想。

由于王祎的学术思想是从宋末黄溍以来，经何基、王柏、金履祥、许谦等所谓“北山四先生”一脉传承而下的“金华儒学”，所以他在《拟元儒林传》的论赞中，把这一系视为儒学道统的正脉，做了极突出的表彰。王祎论述说：

> 论曰：尧、舜、禹、汤、文、武、周公相传之道，至孔子乃集其大成。宋周、程氏者作，复续斯道之统。而道南之学，由杨时氏一再传为罗从彦氏、李侗氏，至朱熹氏又集其大成者也。然孔门群弟子，唯曾氏之传得其宗。曾氏以其所传，传子思，子思以传之孟子，一出于正焉。朱氏之徒亦众矣，得其宗者，惟黄榦氏。榦传何基氏，基传王柏氏，柏传为履祥、为谦。其授受之渊源，如御一车以行大逵，如执一籥以节众音，推原统绪，必以四氏为朱学之世嫡，亦何其一出于正，粹然如此也。程氏之道，至朱氏而始明；朱氏之道，至金氏、许氏而益尊用。使百年以来学者有所宗乡，不为异说所迁，而道术必出于一，可谓有功于斯道者矣。大抵儒者之功莫大于经。经者，斯道之所载焉者也。有功于经，即其所以有功于斯道也。金氏、许氏之为经，其为力至矣，其于斯道，谓之有功，非耶？[1]

王祎这里对“北山四先生”的学术地位，所拔之高可谓空前绝后，有些不太符合思想学术史发展的事实。但是王祎也提出了他的道理，曰：“大抵儒者之功莫大于经。经者，斯道之所载焉者也。有功于经，即其所以有功于斯道也”，而金履祥、许谦辈，都是经史研究深湛，著述丰富的学者，其中经学著作金氏曾著有《尚书注》《尚书表注》《大学疏义》《大学指义》《论孟集注考证》等经学著作，许氏的经学著作亦有《读四书丛说》《读书丛说》《诗集传名物钞》《春秋温故管窥》《春秋三传疏义》等。

---

[1] 王祎：《王忠文公集》卷十一《拟元儒林传》。

王祎《拟元儒林传》论赞的这一观点，很有后来明末清初顾炎武“经学即理学”及方以智“藏经学于史学”的意味。至于这二者前后是否具有思想的继承关系，不得而知，但是我们至少可以说，儒学（理学实质是新儒学）的发展本身，在明初就已存在着诱发后来思想发展的因子。

最值得注意的应是王祎所拟的《郭守敬传》及其论赞。在《郭守敬传》中，王祎以自己渊博的自然科学知识，对这位元代大科学家在天文学、水利学等方面做出的伟大科学成就作了详尽的记述。也正是由于有了这些科学成就的记述，才使此传较之后来经修改收入《元史》的《郭守敬传》的内容更加丰满。[1] 尤其是在《郭守敬传》论赞中，王祎表达了深刻的历史见解。王祎论道：

> 自古国家之兴，相与巩丕基而宏大业者，固资庞臣硕辅之力，而又必有博识特见之君子，通天人之学，而明于术数事功者出其间，以致夫弥纶之用，然后一代之治可得而成焉。观乎世祖之世，若镏秉忠、窦默、王恂、郭守敬是已。守敬视诸人虽稍后，其尤称宏博而杰特者乎！夫自金、宋以来，学者务攻辞章，以哗世而取重，鲜有措诸实用者，况乎天象术数、水利事功之故，当世不讲久矣。而守敬独能任其绝学，精神心术之所及，度越古人远甚，用能成一代之制，而示百王之法。元之为国，于是继古帝而无愧矣。呜呼，贤才之生，天实使之，夫岂偶然哉！[2]

在这篇论赞中，王祎给予郭守敬极高的评价，认为“守敬独能任其绝学，精神心术之所及，度越古人远甚，用能成一代之制，而示百王之法”，同时也对“自金、宋以来，学者务攻辞章，以哗世而取重，鲜有措诸实用者”，以至社会于“天象术数，水利事功”等实务“不讲久矣”的学风，表述了自己的批判意见。他明确提出“自古国家之兴，相与巩丕基而宏大业者”，不仅需要政治上的“庞臣硕辅之力”，而且需要“通天人之学，

[1] 《元史》成稿是将王祎《郭守敬传》中的一些有关天文、历法及水利方面的内容移入相关的各“志”之中。

[2] 王祎：《王忠文公集》卷十一《拟元列传二首》。

而明于术数事功”的“博识特见”等被当时人视为器用末节的具体科技人才。王祎认为，正是因为有了郭守敬这样伟大的科学技术人才，才使得元朝能够“继古帝而无愧矣”，在历史上留下光辉的业绩。

王祎这种对社会历史发展的精辟见解，在当时不能不说是相当突出的历史思想。这种思想的提出，事实上也正是王祎所承继的“婺学”的经世学术传统，是他所理解的史学经世致用的社会价值所在。王祎曾在一篇序文中表达了他对史学的这种认识，他说：

> 圣贤之道，所以致用于世也。礼乐典章、制度名物，盖实致用之具，而圣贤精神心术之所寓，故在学者尤不可以不讲。是故致用在乎经邦，经邦在乎立事，立事在乎师古，师古在乎随时。苟不参古今之宜，穷始终之要，则何以涉事耦变，而弥纶天下之务哉？[1]

王祎的这段议论，事实上阐述了他的思想逻辑：一、所谓圣贤之道的根本是经世致用，而具体的典章制度等则是其致用的器具，也是圣贤经世精神的寄托，所以学者必须研习讲求；二、致用的根本目的是经邦，经邦就必须落实在具体的事务之上，而从历史中学习是有效处理具体事务的重要途径；三、向历史学习的关键是要从现实出发，以客观现实的发展状况为师古的归依，决不能泥古不化。最终，王祎的结论是：“苟不参古今之宜，穷始终之要，则何以涉事耦变，而弥纶天下之务哉？”不研究、鉴借历史，了解事务发展的过程与关键，是决不能很好地经世致用、经邦治国的。

此外，王祎还认为，“秦汉以来，儒者之学，或泥于训诂，或沦于辞章，或淫于清虚，或滞于功利，其于圣贤致用之道，能通焉者鲜矣”。唯有到了宋代，“而有永嘉经制之学焉，盖自郑景望氏、薛士龙氏，以及陈君举氏、叶正则氏，先后迭起”；同时又有“金华唐与正氏帝王经世之术，永康陈同父古今事功之说，与之并出”，而这些学者“于井牧卒乘、郊邱庙社、章服职官刑法之类，靡不博考而精讨”，使其对这些事务发展的“本末源流，粲然明白”，又通过对这些事务的历史与现状“条分缕

[1] 王祎：《王忠文公集》卷四《王氏迂论序》。

析”，最终使其在现实中“可举而行”，从而恢复了“圣贤之所以为道”的根本。[1]

王祎《郭守敬传》论赞及其上述有关史学价值的论述，表明他对史学经世致用社会功能的深刻认识。

由于精于史学，且多有实践，所以王祎对史学本身很有一些深刻的见解。在王祎看来，史学的撰述是为文中最难的。对此，在《文训》一文中，王祎曾以华川王生与乃师太史公黄溍问答的形式阐述自己的史学观点说：

> 文之难者，莫难于史，故良史之才，古今或无。皇道帝德、王略霸图、运祚兴衰、治道隆污，将相卿士、武烈文谟、贤智忠孝、凶慝奸谀，天文、五行、地理、河渠、礼乐、兵刑、食货、赋租、选举、职官、冕服、车舆，蛮夷戎狄、遐方异区、恍惚诡变、俗怪习殊，凡一代之本末，皆史乎载。故曰：史者，一代之成书。是故事以实之，辞以给之，法以立之，例以律之。作史之要，必备乎此。然非其能足以通古今之体，明足以周万事之理，智足以究难知之意，文足以发难显之义者，曾乌得以称良史！[2]

认为史学之所以是文中最难的，是因为史是记述一代历史的著作，它必须要有：一、具体完备，囊括“一代之本末”的史实；二、恰当准确地表述这些史实的史文；三、谨严周密的体裁体例。“作史之要，必备乎此”三者，方能成为“一代之成书”。因此，这就要求史学家具备“能”“明”“智”及“文”几种品质，使之能“足以通古今之体”，“足以周万事之智”，“足以究难知之意”，“足以发难显之义”，即要求有对纵向历史趋向的了解，有对横向社会方方面面的广博知识，有洞悉历史表象之下真谛的见识，有表达这些历史事实及历史真谛的文才，才有可能称之为“良史”。

更重要的是，王祎认为史家必须具备刚直不阿、秉笔直书的史德，

---

[1] 引文均见《王忠文公集》卷四《王氏迂论序》。

[2] 王祎：《王忠文公集》卷十五。

能够通过自己的记述反映历史的公是公非。于此，他在谈到起居注官时，曾论及史官的品质说：

> 起居郎，古左史也，人君动则左史书之，是非之权衡，公议之所系也。禹不能褒鲧，管、蔡不能贬周公，赵盾不能改董狐之书，崔氏不能夺南史之简，公是公非，记善恶以志鉴诫，自非擅良史之才者，其孰能明公议以取信于万世乎？故人（主）极天下之尊，而公议所以摄人主；公议极天下之正，而史官又所以持公议者。[1]

将史视为公议的体现，而将其权置于君权之上，虽君亲不能为之讳。王祎对于史学的这一认识，显然较之刘知幾所谓“夫臣子所书，君父是党，虽事乖正直，而理合名教”[2]，“史氏有事涉君亲，必言多隐讳，虽直道不足，而名教存焉”[3]的史学观点，有明显挣脱名教藩篱的史学倾向，对后来晚明焦竑提出的“史之权与天与君并，诚重之也”，余继登提出的史学“非一人之书，而天下之公也”，于史“是非虚实之间，子不得私诸其父，臣不得私诸其君，而后可以言公”，以及胡应麟提出的史学必具“公心”之说等史学理论，有理论前导的意义。[4]

正因为良史必须具备这么多的主、客观的条件，所以王祎无限感叹地说：“故史所以明乎治天下之道，而为之者，亦必天下之才然后胜其任，兹其所为难乎？噫！史之为文，诚难乎其尽美矣；文而为史，诚极天下之任矣。”[5]

对于历史上的史学家，王祎最推崇的是司马迁和班固，认为“三代而下，史才如二子者，可谓特起拔出，隽伟超卓。后之为者，世仍代袭，

---

[1] 王祎：《王忠文公集》卷十二《唐起居郎箴》。按“故人极天之尊”句，人字后似缺一“主”字，今按文意补，然核明嘉靖元年张斋刻本、金陵丛书本等刊本，均无“主”字。

[2] 刘知幾：《史通通释》卷十四《惑经》。

[3] 刘知幾：《史通通释》卷七《曲笔》。

[4] 按焦竑说见其所著《澹园集》卷四《论史》，余继登说见《皇明经世文编》卷四三七余氏所上《修史疏》，胡应麟说见其所著《少室山房笔丛》乙部《史学占毕》。

[5] 王祎：《王忠文公集》卷十五《文训》。

率莫外乎其矩矱”，认为“迁、固之书，其与善也隐而彰，其惩恶也直而宽，其贱彝也简而明，其防僭也微而严，是皆合乎圣人之旨意，而非庸史之敢干”。相比之下，后世史家“及乎范晔、陈寿之流，则遂肆意妄纂，曲笔滥笺，暧昧其本旨，而义驳以偏，破碎其大体，而辞谫以纤”，至于后来“况乎范晔、陈寿之不若者，则又卑陋而无足观矣”。[1] 王袆的这种史学思想，虽然与当时文学的复古倾向有关，但是也反映了他对所谓“良史”的学术境界看得非常之高。

虽然认为“文之难者，莫难于史”，但是在经史的关系方面，王袆与宋濂的观念一样，也表现出相当浓重的尊经倾向。从思想本质上说，宋、王二人的经史观点如出一辙。王袆对经史关系的认识，同样是从文与道、体与用、道与器等范畴出发论述的。他说：

> 天地之间，物之至著而至久者，其文乎？盖其著也，与天地同其化；其久也，与天地同其运。故文者，天地焉相为用者也，是何也？曰：道之所由托也。道与文不相离，妙而不可见之谓道，形而可见者之谓文。道非文，道无自而明；文非道，文不足以行也。是故文与道非二物也。道与天地并，文其有不同于天地者乎？载籍以来，六经之文至矣！凡其为文，皆所以载夫道也。[2]

认为文是道的载体，道以文为用，道器相即，体用互恃，“道与文不相离”，“文与道非二物也”。而为文之至，是圣人所作的六经。其中“阴阳之变化载于《易》，帝王之政事载于《书》，人之性情、草木鸟兽之名物载于《诗》，君臣华彝之名分、人事之善恶载于《春秋》，尊卑贵贱以节文乎天理者则《礼》载焉，声容之美以建天地之和者则《乐》载焉”，皆“至著至久，与天地同化同运者”。六经既然如此崇高，“非圣人不能作”，那么“圣人不世作也，后世作者岂遂不足以言文也欤”？王袆认为并非如此。王袆认为“道在天地之间，万古一日无或敝也”，所以“苟载夫道，遂未至于圣人之文，其必不谬于圣人者矣”。所以后世之董仲舒、韩愈及

[1] 王袆：《王忠文公集》卷十五《文训》。

[2] 王袆：《王忠文公集》卷十六《文原》。

宋儒诸人，“盖其立言皆几于经矣”。而“由是论之，文不载道，不足为文”。[1]

王祎这些观点的核心，虽然仍是文以载道的陈词，但是王祎的经史观也正是以是否载道厘分经史价值的。王祎认为：世间之文有两种：一是纪事之文，一是载道之文，其中“史者，纪事之文，于道则末也。”[2]这里王祎显然违背了自己所谓“道与文不相离”，“文与道非二物”的观点，认为纪事之文的史，不具备载道的功能，而置史于为文的末流，从而暴露了其整个学术思想体系内有关史学观念中的内在矛盾和不完善性。

第二节　王祎的正统观

王祎一生曾经经历过两个皇朝的大规模修史活动：一次是元朝末年对辽、宋、金三史的修纂；一次是明朝初年对元史的修纂。在这两次大规模修史活动中，前者是一个少数民族政权对三个基本在时间、空间上并列的不同民族政权的历史修纂，后者是一个汉族政权对一个少数民族政权历史的修纂。所以这两次修史，都不可避免地涉及如何处理“正统”这一棘手的中国古代重要的史学理论问题，并都在当时一度引起激烈的学术争论。在这样的学术环境下，对史学理论和实践都十分重视的王祎，必然要卷入这些学术争论之中，发表自己对正统问题的学术见解。

王祎关于正统论的论述主要有两篇：一曰《正统论》，一曰《改元论》。其基本思想大致准欧阳修“正者，正天下之不正；统者，合天下之不一”的正统论观点，所以王祎夫子自道云：“吾之说，至公大义之所存，欧阳氏之所为说也。欧阳氏之说废，则吾之说不行于天下矣。”[3]当然，王祎的正统论也有他自己的思想特点。王祎认为“正统之论，本乎《春秋》”，“当周之东迁，王室衰微，夷于列国，而楚及吴、徐，并僭王号。天下之人，几不知正统之所在。而僭窃之邦，皆降而书子，凡

[1] 王祎：《王忠文公集》卷十六《文原》。
[2] 王祎：《王忠文公集》卷十五《文训》。
[3] 王祎：《王忠文公集》卷一《正统论》。

以著尊王之义也。故传者曰：君子大居正。又曰：王者大一统。正统之义，于斯肇焉”。但是王祎认为有关正统问题的争论的起因，是因为历史的发展，往往存在着政权的名分不正和天下不统一，且道德是非难以判定的政治局面，即“由不正与不一，是非有难明，故正统之论所为作也”。说明由历史的存在导致了历史问题的讨论。

所谓正统论问题，其关键是对正统评判的标准问题，或如何看待正统的问题。王祎在正统论中，对前人论正统的“妄”进行了无情的揭露。在王祎看来，以天文、天象的变化说人事辨统绪就是“妄”。他说：

> 呜呼！三代之下有天下者，大抵皆不正不一，而不能合乎至公大义之所在。是非之际，于是难明者多矣。盖当其难明之际，验之天文，则失于妄；稽之人言，则失于偏。是故荧惑守心，应乎魏文帝之殂，而吴、蜀无他故，若可以魏为正矣；然月犯大心，王者所恶，则蜀昭烈之殂实应之，而吴、魏无事也，是蜀亦可为正也，此非失于妄哉?!

同样，“稽之人言”，以主观的价值观念去判定历史是非及正偏统绪，决定历史正统的归属，同样是“失之偏”。对此王祎亦举例论述说：

> 自晋之灭，而南为东晋、宋、齐、梁、陈，北为后魏、后周、隋。私东晋者曰：隋得陈而后天下一，则推其统曰晋、宋、梁、陈、隋；私后魏者曰：统必有所授，则推其统曰：隋授之后周，后周授之后魏。此非失于偏哉?!

因此王祎一再强调：“论正统而不推天下之至公，据天下之大义，而溺于妄于偏，其亦不明于《春秋》之旨矣。”

那么，论述历史上的正统，怎样才能做到不妄、不偏呢？王祎认为不必拘泥统绪的授受，即“听其有绝有续而后可，不必猥以假人而使勿绝也”。王祎认为倘若“猥以假人而使勿绝，则至公大义，有所不行矣”。按照正统统绪的历史延展有绝有续，而非在时间中授受绵连不断的观点，王祎对历史上正统的排列是这样：

故正统之序，历唐、虞、夏、商、周、秦、汉，至汉建安而绝。魏氏窃取汉鼎，得之既不以正，刘氏虽汉裔，崎岖巴蜀，又未尝得志于中国，而孙氏徒保守江表而已，皆不可谓居天下之正，合天下于一者也。及晋有天下，而其统始续，故自泰始元年，复得正其统，至建兴之亡，正统于是又绝矣。晋氏既南，天下大乱，故自东晋建武之始，止陈贞明之终，二百余年，其间乘时并起，争夺僭窃者，不可胜纪。其略可纪者，犹十六七家。既而大小强弱，自相并吞，而天下犹为四，东晋、宋、齐、梁、陈，又自分为后梁而为二，后魏、后周、隋，又自分为东魏、北齐而为二。离合纷纭，莫适为正，皆不得其统，正统于是又绝矣。及后周并北齐而授之隋，隋并后周又并陈，然后天下合为一，而其统复续。故自开皇九年，复得正其统，而唐继之。自天祐之亡，正统于是又绝矣。梁氏弑其君，盗其国，以梁为伪固也。后唐之兴，藉曰名正而言顺，实非所以复唐。晋氏受国于契丹，尤无足议。而汉、周亦皆取之以非义，况此五代者，皆未尝合天下于一，则其不得以承正统，夫复何疑？及宋有天下，居其正，合于一，而其统乃复续。故自建隆元年，复得正其统。至于靖康之乱，南北分裂，金虽据有中原，不可谓居天下之正，宋既南渡，不可谓合天下于一。其事适类于魏、蜀、东晋、后魏之际，是非难明，而正统于是又绝矣。自辽并于金，而金又并于元，及元又并南宋，然后居天下之正，合天下于一，而复正其统。故元之绍正统，当自至元十三年始也。由是论之，所谓正统者，自唐、虞以来，四绝而四续。惟其有绝而有续，然后是非公，予夺当，而正统明矣。[1]

王祎这里阐述的正统论，基本就是欧阳修“正者，所以正天下之不正也；统者，所以合天下之不一也”正统论的翻版，只是将欧阳修提出的尧舜以来正统三绝三续，扩充为四绝四续，以元接续宋而复得正统。然而王祎所持的正统论既然承继了欧阳修的观点，也就必然地要继承欧阳氏正统论的理论缺陷。

[1] 以上引文均见《王忠文公集》卷一《正统论》。

欧阳修正统论的理论出发点，是以空间的一统作为是否为正统的标准。这样就使他所提出的“正”和“统”二个所谓正统论的标准失去其中一个，即仅仅强调了空间意义的“统”，而忽略掉道德判断意义的“正”。因此王祎所谓“惟其有绝而有续，然后是非公，予夺当，而正统明矣”的自负，貌似圆融，实际仍是一句理论上的空话。也正是因此，后来的方孝孺诘问道：“正统之说何为而立耶？苟以其全有天下故以是名加之”，则王莽等同样是“固有天下矣，何不加以是名也”？[1] 更何况王祎所予之正统之名的北宋，也并不是统天下而为一的皇朝，当时的辽、金、西夏等政权，仍占据着大片的北部及西部的领域，依据其理论，并不足以担当“正统”之名。因此，从王祎《正统论》的行文思想倾向看，此文很可能作于元皇朝末年，所以才会表现出站在元皇朝的立场，既强调元的一统，又强调元承接宋的统绪地位论述正统论的问题。

除《正统论》外，王祎亦沿接欧阳修《五代史记》对改元问题的讨论，撰述了《改元论》一文，对欧阳修谓史书记述曰初始之年为元年是理之自然，未尝是什么有深意的历史表述法的观点表示赞同。王祎说：

> 古有改正朔，而未尝有改元。非无改元也，弗以是为重事而弗之异也。夫有国者，将以明一代之制度也，于是乎有改正朔。若称元年而后累数之者，是盖史官纪述之常体，所以志夫人君在位之久近者也。

指出谓一为元乃是古人的习语，并不像有些研究《春秋》的学者所说的那样，谓孔子书元年是《春秋》大法，“所谓诸侯不得改元，非王者不改元”，含有孔子褒贬予夺的深意。王祎列举周、秦、汉以来改元的事例说：“奈何周之诸侯、汉之臣子，不皆袭称王者之年而辄自改元？而《春秋》《史记》顾又因其僭而书之耶？故曰，古未尝有改元矣。”而以后的史实说明，“其所以改元者，盖亦曰称王于是始也”，毫无“以为重事而异之”的迹象。只是“自汉以后，一变于文帝之称后元，再变于武帝之名年以建元，后世因之，遂重于改元矣”。于是“既已称元，而又改元，

---

[1] 方孝孺：《逊志斋集》卷二《释统上》。

不惟改元，而又名年以建元，说注繁芜，莫之胜纪，是以弗可革矣。”结论是：“人君即位，欲其体元而居正，故不曰一年一日也，曰元年元日，此唐、虞、三代之常称，何足以为异乎?”[1]

王祎的正统论，反映了宋明以来一些史学家史学观念的状况，也是我们探讨王祎史学思想的一个重要方面。

第三节　《大事记续编》的撰述及思想

《大事记续编》共77卷，是王祎的史学代表作，也是王祎史学思想的集中体现。

如前所述，王祎所授受的学术渊源是讲求心性，不废史学，且重视经世致用的“婺学”，而王祎于吕学尤心仪向往之。关于王祎对吕祖谦学术的倾慕和重视，以及他欲以吕学传人自任的思想，亦可从他的一些言论窥得。如在《宋太史传》中王祎云：

> 初，宋南渡后，新安朱文公、东莱吕成公，并时而作，皆以斯道为己任。婺实吕氏倡道之邦，而其学不大传。朱氏一再传为何基氏、王柏氏，又传之金履祥氏、许谦氏，皆婺人，而其传遂为朱学之世嫡。景濂既间因许氏门人而究其说，独念吕氏之传且坠，奋然思继其绝学，每与人言而深慨之，识者又足以知其志之所存，盖本于圣贤之学，其自任者益重矣。[2]

在《宋景濂文集序》中王祎亦云：

> ……宋南渡后，东莱吕氏绍濂、洛之统，以斯道自任，其学粹然一出于正。说斋唐氏，则务为经世之术，以明帝王为治之要；龙

[1] 以上引文均见王祎《王忠文公集》卷一《改元论》。
[2] 王祎：《王忠文公集》卷十七。

川陈氏，又修皇帝王霸之学，而以事功为可为……。[1]

这些议论虽然都是王祎为述他人学术所发，但也相当程度反映了他对学术思想史的认识，反映了他对吕祖谦学术“粹然一出于正”的推尊和其欲以续“吕氏之传”为己任，“奋然思继其绝学”的学术思想。

《大事记》是吕祖谦的重要史著，原书共计27卷，其中正文12卷，附《通释》3卷，《解题》12卷，以编年体简要地记述了《春秋》以后的历史。其断限起于周敬王三十九年（公元前481年），迄于汉武帝征和三年（公元前90年）。吕祖谦本打算写至五代，但是因病未能实现原写作计划。该书的特点是对所引述的史实，皆说明出处；对于历史事件发生的先后、地理的历代沿革、典章制度的兴废等，多有考订，有些可以补司马光《资治通鉴》不备之处。所附《通释》主要收录的是些经典要义及相关的历代名儒议论，《解题》则是简述事件本末或自己对事件的评论。王祎《大事记续编》的编纂格局，基本上是准吕祖谦的原书，只是将解题附于各条之下，而不另作一书。因此王祎《大事记后记》云：

东莱先生吕成公，躬任斯道之重，诸经既皆有所论著，而于史学尤长。其用古策书遗法，作《大事记》，诚史家之大法也。当时朱文公盖深服之，谓自有史以来，无如此书之奇者。初，公以为是书务存古意，故其与解题各自为书。今则《春秋》经传相附之例，以解题附见于各条之下。虽知非公之本意，而庶几习其书者，获便于观览。间窃以臆见复加搜辑，而补其一二，不讳之罪，则固所不敢逃也。[2]

此外王祎《大事记续编》的史实，也是接续吕书，起于汉武帝征和四年（公元前89年），但是下限据俞恂谓迄于宋德祐二年（1276年），计1365年，而今所见传本却仅止于五代周世宗显德六年（959年）。对此，《四库全书总目》认为，“或是书钞本仅藏蜀王府中，至成化始刊版，传写有所

[1] 王祎：《王忠文公集》卷二。
[2] 王祎：《王忠文公集》卷五。

佚脱”所致。[1]

《大事记续编》的纪年以及对一些历史事件的予夺褒贬，与朱熹《通鉴纲目》有很多不同，表现了王祎自己对历史的见解。

首先，在纪年方面，王祎对于“以为王莽本传但应载篡事而已，至于编年月、纪灾祥，宜为元后本纪”的观点及做法，很不以为然。因此他采取“据《通鉴》以莽年接汉统书之”的书法，以大字书新莽纪元，以“从其实也”。[2] 另外，在对待三国纪年的处理上，王祎也认为汉延康元年（220年），魏文帝曹丕废汉献帝而自立，之后刘备、孙权相继称帝称王，实标志着汉皇朝的灭亡和中国之统的绝绪。因为从当时的局势看，魏、蜀、吴三国均未能并而统有整个中国，所以王祎对朱熹的《通鉴纲目》以昭烈帝刘备绍汉统，将蜀章武纪年直接汉献帝建安之年的书法表示不能认同，认为只能采用无统的方式处理这段历史。王祎说：

> 朱熹曰：自古亦有无统时，如周亡之后、秦未帝之前，三国、六朝、五代，天下分裂，不能相君臣，此谓无统。司马光《编年书》止合书甲子，而附年号于其下，如蜀建兴年、魏黄初年、吴黄武年，方是。今按《通鉴纲目》乃以刘备接汉统，又似抑扬太过，故用无统之例书之。[3]

同时，在实际纪年的具体操作上，王祎则是将魏、蜀、吴三国的纪年以小字并列书之，以视在对待三国上一视同仁，同等对待。这种并列纪年的表述形式，直至司马炎篡夺魏祚，即皇帝位，改元泰始那一年，才复以晋朝大字纪年。但仍是以东吴年号小字附于其下，至晋灭吴统一。对此，王祎于“晋世祖武皇帝泰始元年”条下，继续解释说：

> 论三国之正统者，以魏受汉禅，则推而属之魏，以蜀为汉裔，则推而属之蜀。以其莫相统一，故以无统之例书之。以及晋武既受

[1]《四库全书总目》卷四七《大事记续编》提要。

[2] 王祎：《大事记续编》卷六，上海古籍出版社影印四库全书本。

[3] 王祎：《大事记续编》卷二十一。

魏禅，而蜀汉亦以前年亡，于是天下之统复合，故自泰始元年复大书之，明正统也。[1]

王祎《大事记续编》的这种安排体例，实际也是其对自己提出的所谓“四绝四续”、以空间的一统论正统的史学思想在史书编纂中的具体实践。

关于王祎《大事记续编》与朱熹《通鉴纲目》在纪年方面的突出不同，还表现在对武周的纪年上。在对武周的纪年上，王祎没有采用朱熹只顾附会所谓“公在乾侯”的“春秋笔法”，不顾客观史实，仍用唐中宗的纪年，每岁必书“帝在某地”的记注形式，而是根据客观史实，直书武周的年号。王祎在“唐则天顺圣皇后武氏垂拱元年春正月丁未朔，庐陵王出居于均州，改元”条的解题中解释云：

唐史臣沈既济曰：中宗以始年登大位，季年复大业，虽尊名中夺，而天命未改，是以首事表年。昔鲁昭公之出，《春秋》书其居，曰公在乾侯。君虽失位，不敢废也。今请并太后纪合中宗纪，每于岁首，必书中宗所居，曰：某年春正月，皇帝在某，太后某事改某制。则纪称中宗，而事述太后，名不失正，礼不违常矣。按此盖朱熹所祖以为《纲目》者也。然吕祖谦《大事记》之作无所褒贬，若用既济之法而黜武氏，是用褒贬也。故每岁正月，惟书庐陵王皇太子居于某，而表年则因史之旧文。昔孔子作《春秋》而乱臣贼子惧，其于弑君篡国之主皆不黜绝之，岂以其盗而有之者，莫大之罪，不没其实，所以著其大恶而不隐欤？司马迁、班固皆作《高后纪》，吕氏虽非篡汉，然盗执其国政，遂不敢没其实，岂其得《春秋》之意欤？唐之旧史因之列《武后纪》与本纪，盖其所从来远矣。[2]

在王祎看来，只有不拘泥于所谓的“春秋笔法”，真实地反映历史事实，虽“莫大之罪，不没其实”，才能真正起到彰恶扬善的作用。这也是王祎不采用朱熹《通鉴纲目》对武周时期纪年的处理方式，而以实录为归依

[1] 王祎：《大事记续编》卷二十四。

[2] 王祎：《大事记续编》卷五十三。

之史学思想的表现。

王祎《大事记续编》对五代诸朝的纪年，同样体现这种史学思想。朱熹《通鉴纲目》为贬抑后梁为伪，不顾史实，在叙述顺序上置后晋于后梁之前；王祎则从历史事实出发，先叙最先改元即位的后梁政权，于后梁建元之年，一如刘宋代晋后的南北朝纪年，以小字并书同时并立的分立政权之纪年曰：梁太祖朱晃开平元年、晋王李克用岐王李茂贞淮南杨渥并天祐四年、蜀高祖皇帝王建天复七年、楚王马殷、南平王高季兴、吴越王钱镠、岭南王刘隐、闽王审知、契丹耶律安巴坚等，既以此反映当时的实际历史情况，又表示此时的正统统绪业已中断。

王祎《大事记续编》对五代纪年的安排，与北宋欧阳修的编纂思想有着明显的继承关系。欧阳修《五代史记》即以后梁在先而首叙《梁本纪》，其《纪》论曰："呜呼，天下恶梁久矣！自后唐以来，皆以为伪也。至予论次五代，独不伪梁，而议者或讥予大失《春秋》之旨，以谓梁负大恶，当加诛绝而反进之，是奖篡也，非《春秋》之志也。予应之曰：是《春秋》之志尔……《春秋》之于大恶之君，不诛绝之者，不害其褒善贬恶之旨也。惟不没其实，以著其罪，而信乎后世，与其为君而不得掩其恶，以息人之为恶，能知《春秋》之此意，然后知予不伪梁之旨也。"这也说明王祎并不是不讲对历史之善恶褒贬的道德评判，只是在对通过怎样的史学形式来表达对历史的道德评判与朱熹等人的观点有所不同。

当然在如何处理历史上之统绪的问题，王祎的《大事记续编》也不是如《四库全书总目》的提要所说，完全依照欧阳修而悖于朱熹的观点。例如在对待南北朝时期政治统绪的处理，王祎便不取欧阳修而取朱熹的观点。其于刘宋永初元年的"解题"中论道：

> 欧阳修《正统论》绝晋于建兴而复不与魏。阮逸作《元经》绝南于齐之初，进魏子孝文太和五年。司马光《通鉴》以宋、齐、梁、陈为正统，及隋灭陈，然后以统归之。宋庠《纪年通谱》绝南于晋亡，进魏子明元帝泰常五年。朱熹曰：刘聪、石勒诸人皆晋之故臣，故东晋以君临之，宋、齐何可比东晋？自古亦有无统时，南北止当

并书。今从朱氏及《纪年通谱》。[1]

因此《大事记续编》在这时的书法上，是对南北各政权等量齐观，并以小字并书各国纪年。

王祎的《大事记续编》，不仅以纪年的形式表达自己的历史观点，而且还通过其他不同的形式表述自己对历史的认识。

王祎的历史思想相当正统，基本上没有跳出传统儒家思想的窠臼。例如，在汉孝宣帝针对太子“宜用儒生”的建言回答“汉家自有制度，本以霸王道杂之，奈何纯任德教用周政”之事，王祎“解题”评论说：

张栻曰：王者之政，皆无所为而为之，霸者则莫非有为而然也。无所为者天理，义之公也；有所为者人欲，利之私也。汉自高祖，取天下固非若汤武吊民伐罪之心，其立国规模大抵皆因秦旧，而无复三代封建井田公天下之心。其合于王道者，如约法三章、为义帝发丧，要亦未免有假之之意，其实不孚也，则其杂霸固有自来。惟文帝天资为近之，然亦杂于黄老刑名，考其设施，动皆有术，但其资美而术高耳。至于宣帝，则又霸之下者。西京之亡，自宣帝始，盖文景养民之意，至是消靡尽矣。且帝岂真知所谓德教者哉？王者之政，本乎天理。建立人纪，施于万事，仁立义行，而无偏弊不举之处。此古人之所以制治保邦，而垂裕乎无疆者。后世未尝真知王道，顾曰儒生之说迂阔而难行，盖亦未之思矣。[2]

这种站在正宗儒家立场的历史评论，虽然包含着儒家学者所希望建立的天下至公无私、高尚无欲之社会的美好愿望，但是也不能不反映王祎的历史观中迂腐的一面。

当然，王祎《大事记续编》的历史思想也有一些值得注意的、有价值的思想。其中，批驳所谓天人感应等符箓迷信的，如于卷之三“丙午婕妤王氏为皇后，封其父禁为阳平侯”条下，王祎“解题”说：“夫王莽

[1] 王祎：《大事记续编》卷三十六。
[2] 王祎：《大事记续编》卷二。

变天下以陷伪，自谓裔出黄虞，其详不可致诘。然则沙麓梦月之类，皆假神怪以诳愚俗耳。班固乃从而尽记之，柳宗元作《贞符》，如玄鸟巨迹、白鱼流火之异，一切系排诋之，以扶正道，固安足以语此！”卷之四“刘向奏《洪范五行传》”条下，“解题”以客观之天不可测而认为那些“为灾异之学者”，“莫不指事以为应，及其难合，则旁引曲取而迁就其说”，而这些“盖自汉儒董仲舒、刘向与其子歆之徒，皆以《春秋》《洪范》为学，而失圣人之本意，至其不通也，父子之言自戾，可胜叹哉！”表现出王祎一定的重人事的理性精神。

对于历史治乱兴衰相反相成的辩证认识，也是王祎历史思想中比较值得重视的一个方面。在王祎看来，历史的发展，往往盛中孕育着衰的趋势，衰中亦存在着盛的因素；当主观极力想抑制某种情况发生的时候，其他某种新的情况又会不期然出现。例如在卷九“降赵王良等十一人为公侯”条下，王祎“解题”引苏轼论说：

> 苏轼曰：高帝既平天下，所忧者韩、彭、英、卢而已。此四王皆相继仆灭而不复续，及吕氏之祸则由异姓也。吕氏灭而吴楚之忧几至于亡国。方韩、彭、吕氏之祸，惟恐同姓之不蕃炽昌大也，然至其为变，则又过于异姓矣。文、景之世以为诸侯分裂破弱，则汉可以百世无忧，至于武帝诸侯之难少衰，而匈奴之患方炽，则又为天下之忧止于此矣。及昭、宣、元、成之世，诸侯王既无足忧，而匈奴又破灭臣事于汉，然卒至于中绝而不救，则其所不虑之王氏也。世祖上惩韩、彭之难，中鉴七国之变，而下悼王氏之祸，于是尽侯诸将，而不任以事，裁减同姓之封而黜三公之权，以为前世之弊尽去矣。及其衰也，宦官之权盛而党锢之难起。士大夫相与扼腕，而游谈者以为天子一日诛宦官而解党锢，则天下犹可以无事，于是外召诸将而内胁其君。宦官既无遗类，而董卓、曹操之徒亦因以亡汉。汉之所忧者凡六变，而其乱与亡辄出于其所不忧，而终不可备。[1]

从王祎所引述的这段议论可以感到，王祎面对历史变动无常，“乱与亡辄

[1] 王祎：《大事记续编》卷九。

出于其所不忧，而终不可备”的不理解与无奈。这种不理解与无奈，说明王祎在认识中排除了神秘粗糙的天人感应后，又不能找到新的理论来解释历史变化的思想状况。最终王祎只能在旧的思想武器库中，寻找解释历史治乱兴衰的思想武器，这就是传统儒家学说中关于君臣明贤庸佞的理论。

王祎《大事记续编》中许多史论论述到君臣是否明贤庸佞，对于历史治乱兴衰的影响。整体看，王祎虽然也有一些从统治者盘剥百姓失去民心民本的角度，去揭示历史治乱兴衰变化的原因，如王祎批判汉武帝一再征伐“扰劳天下”，几致国家危殆，而轮台罪己，改变政策，“始亲耕钜定”，方使汉家未蹈秦辙；指斥“隋之所谓富者，独其仓廪府库，而余食遗货之在天下者殆无几尔，为富不仁”，招致速亡等等方面。但是其史论的绝大部分史学思想内容，仍是从儒家纲常名教的角度强调君臣明贤庸佞对历史兴衰的影响，从而说明王祎史学思想的局限性。史学思想发展的大突破，从社会历史发展的情况看，仍有待于一个相当大的政治、经济上的变动来推动。

第四章　丘濬的正统观与历史观

丘濬字仲深，号琼台，广东琼州府（今海南）琼山县人，生于永乐十八年（1420年）。丘濬幼孤贫，以力学拔正统九年（1444年）乡贡第一，卒业太学。景泰五年（1454年）猎取清华，选翰林庶吉士。[1] 先后历仕景泰、天顺、成化、弘治四朝，官至户部尚书、武英殿大学士，兼太子太保。弘治八年（1495年）卒于职，年75，特进太傅左柱国，谥文庄。

丘濬的宦程多与史学有关，一入仕就担任史官，以后“六迁皆掌文墨”[2]。对于丘濬来说，虽曾以文渊阁大学士兼礼部尚书柄掌机要，但更多的时间是在从事史学工作，先后参与了一系列重大的国家修史活动。他不仅参与修纂《寰宇通志》《英宗实录》《续资治通鉴纲目》等大型史著，还以副总裁的身份组织领导了《宪宗实录》的纂修，对于明代前期的史学发展颇多贡献。

丘濬生活的时代，学术思想尚未发生重大变化，仍是“所谓此亦一

[1] 关于丘濬殿试之事，有不同的说法。据清刊《丘文庄公集》卷首附明何乔远《丘文庄公传》云：“景泰五年试，礼部学士商辂阅策，意为濬揭之，果然。廷试以貌寝置二甲第一。”所附清焦映汉《丘文庄公传》则曰：“廷试，因策中微触时讳，置二甲第一。”

[2] 丘濬：《大学衍义补》卷首《上大学衍义补表》，清刻本。

‘述朱’耳，彼亦一‘述朱’耳”[1]，程朱理学一统天下的时期。受时代影响，丘濬思想及学术也大多出入程朱之学，例如其“尝汇朱子微言，仿《论语》作《（朱子）学的》”，又以“朱子《家礼》崇本敦实，然仪节略焉，为作《家礼仪节》”，“以扶世教大纲”等。[2] 丘濬这一思想特点，也使他的史学浸润程朱理学颇深，甚至是他史学思想与史学实践的理论渊源。

丘濬一生显赫的政绩不多，对于当时政局和社会的影响，主要来自他的著作，尤其是他的史学著作。明代季世之相叶向高，在明庙将倾之际，曾以其特有的感受评价丘濬说：“三代以后，以经国之业为文者寥寥罕见，而相臣以文经国者尤不多得，至昭代而有丘文庄公”，其“好议论上下千古，尤熟悉国家典故。政事与否，反复与大臣、言官争是非”，举当时“博古综今，明体适用，亦未能逾胜公也”。[3] 丘濬自己也说：“臣濬下愚陋质，荒陬孤生，生世无寸长，颇留心扶世，读书有一得，辄妄意著书。”[4] 且其“指事陈言，恳恳焉为忧盛明之计”[5]。因此可以说，“以文经国”“经世正朝”是丘濬的史学实践及思想的突出特点。

第一节　《世史正纲》与丘濬的正统史观

《世史正纲》是丘濬的史学代表作。据称，早在成化十三年（1477年），丘濬参与“续修《宋元纲目》成，升翰林院学士”后，便着手“始自出己见”，“稽世运升降、治乱大端与国统偏全，作《世史正纲》”。自此越四年，至成化十七年二月，该书即已全部完成，但是迟至弘治元年

[1] 黄宗羲：《明儒学案》卷十《姚江学案叙录》。
[2] 参见何乔远《丘文庄公传》、焦映汉《丘文庄公传》、叶向高《琼台集序》及李贽《续藏书·丘濬传》等文献。
[3] 叶向高：《琼台集序》，清刊《丘文庄公集》卷首附。
[4] 丘濬：《大学衍义补》卷首《上大学衍义补表》。
[5] 邵元冲：《世史正纲》卷首《序》。

(1488 年)，在他的学生费訚一再地要求之下，丘濬才同意付诸刊刻版行。[1]

朱熹曾经说："读史当观大伦理、大机会、大治乱得失。"[2] 作为深受理学思想浸润的史学家，丘濬《世史正纲》就是这样一部按照被程朱理学强化了的《春秋》大义来揭示大伦理、大机会、大治乱得失的史学著作。《世史正纲》共 32 卷，为编年大事记式通史，体例"本朱文公(熹)《通鉴纲目》、吕成公（祖谦）《大事记》"，内容则"增二书而显其所难明，续其未尽者也"，[3] 间或加以论断，"随事为文，无有义例"，而"凡非所据而据者，虽不明立变统，乃分注甲子、帝年，国号、名谥、死殂，无不依仿逊志（方孝孺）所论撰故事"。[4] 即在书法上采用《通鉴纲目》的褒贬笔法，上溯《春秋》大义；体裁形式上仿吕祖谦《大事记》，简括史事；然后在各条史事之下附加评论以抒发己意，而其核心思想，则取方孝孺《释统》《后正统论》的"正统"之义，予以"熔裁"历史。这也就是说，所谓《世史正纲》，就是要以《春秋》大义，匡正纲常名教秩序，裁量历史的道德价值，"若《春秋》者，可谓能明人心矣"，严正统，而"此史之准也"。

"正统论"作为中国古代政治学说中的重要论题，也是古代史学中的重要理论问题。虽然由来已久，但是宋代却是其发展的重要时期。当时，在《春秋》学的复兴、民族关系的紧张、学术思想发展趋于理学化，以

---

[1] 关于《世史正纲》的撰写，李贽《续藏书》卷十一《内阁辅臣·太傅丘文庄公》载："（成化）十三年，续修《宋元纲目》成，升翰林院学士，濬自出己见，撰史略……乃作《世史正纲》。"费訚《世史正纲后序》云："先生在翰林时已属笔，及来太学始脱稿。"据何乔远及焦映汉《丘文庄公传》，丘濬是在成化十三年，因续修《宋元通鉴纲目》之功升翰林院学士，成化十六年加礼部侍郎掌国子监事。又《世史正纲》丘濬《自序》题："成化辛丑春二月丁未琼山丘濬序"云。又费訚《世史正纲后序》作于"弘治元年，岁次戊申秋八月既望"，其中说到费氏曾与丘濬说："先生在太学逾十年，多所著述，其所著《大学衍义补》，圣天子已诏书坊板行天下矣，请留《世史正纲》于太学为板本，以传天下后世。先生曰：诺哉。遂请其稿刻之梓。"

[2] 黎靖德编，王星贤点校：《朱子语类》卷十一，中华书局 1986 年版。

[3] 费訚：《世史正纲后序》。

[4] 孙应鳌：《世史正纲序》。

及因对前代史书编撰所涉及本朝统绪地位等问题的刺激下，有关“居正”与“一统”问题的正统论之相关讨论也达到了高潮。但是总的来说，当时大多数的学者还是基本认同欧阳修《正统论》中提出的“正者，所以正天下之不正；统者，所以合天下之不一也”，以一天下的皇朝为正统的思想。然而到了宋元之际，汉族政权更加暗弱，甚至干脆完全丧失了国土的统治权，沦为被统治的民族，在这种情况下，正统论的核心议题再次发生演化，所谓“华夷之辨”突出发达，并且促使原始的夷夏观发生重要转变，从仅仅强调文化上先进与落后的区别，转而愈加强调文化与国家的关系，不再强调“一天下”于正统的绝对意义，而将正统强调的重心，除了置于道德意义上的“得天下之正”外，更格外地突出强调大汉族主义的“华夷之辨”，认为：“中国之事，系乎正统，正统之治，出于圣人，后世中国正统帝王之取法者，亦以教后世天下之人所以为臣为子者。”因而“君臣、华夷，古今天下之大分也，宁可紊哉”！故“夷狄行中国之事曰僭，人臣簒人君之位曰逆，斯二者，天理必诛”！[1] 形成极端的唯道德主义，极端的大汉族民族主义的正统论。

明兴，逐元于塞外，恢复了汉族人的政权，“除腥膻之旧秽，布文明之新化”，“修明三纲五典既坠之彝伦”，致“中国之统既失而复得”。而这些在激发明代人自豪感的同时，也使宋元以来正统论中极端的纲常名教及大汉族主义的思想倾向愈加凸显。例如明初的胡翰《正纪》便立天地人三纪，严受命之正和夷夏之防，云：“何谓天纪？天子无所受命者也。其所受命者，天也。故国君受命于天子，天子受命于天，义至公也。”云：“何谓地纪？中国之与夷狄，内外之辨也。以中国治中国，以夷狄治夷狄，势至顺也。”[2] 其后，又有人称“程朱复出”的方孝孺撰述《释统》《后正统论》等论文，明确表示不同意欧阳修“居天下之正，合天下于一，斯正统矣”的观点，提出“天下有正统一，变统三”的观点，认为“取以不正”，“使全有天下，亦不可谓正矣”，“夷狄而僭中国，

[1] 郑思肖：《古今正统大论》，转引自饶宗颐《中国史学上之正统论》附资料一。
[2] 胡翰：《胡仲子集》卷一《正纪》，转引自饶宗颐《中国史学上之正统论》附资料一。

女后而据天位”，“亦不可继统矣”。[1]

胡、方等人的这些正统论观点，对整个明代的有关论述产生巨大的影响，很多史著都是按照这种正统论的观点进行撰述的。在这些史著中，史学成就和影响最突出的是丘濬的《世史正纲》。故孙应鳌《世史正纲序》称：(《世史正纲》)“凡非所据而据者，虽不明立变统，乃分注甲子、帝年，国号、名谥、死殂，无不依仿逊志（方孝孺）所论撰故事。”[2] 但是不同的是，丘濬《世史正纲》的正统论，除了一般地强调纲常名教之外，其所表现的华夷之辨思想，较之以往更为突出，也更为激烈。究其原因，就是这时的政治形势，较之明初又有了新的变化。

明永乐以后，皇朝对北方的蒙古部落势力，一直缺乏有效的积极措施，至正统时期，更逐渐陷入消极防御的地步，以至边防军事力量日趋滮漫，几近废弛。相反，与此同时，北方蒙古部落势力却逐渐地发展起来，尤其是其中的瓦剌也先部，于正统初年，西破哈密，联姻沙州、赤斤蒙古，东攻兀良哈三卫，进窥皇朝的蓟、辽、宣、大诸边，给皇朝的北方防御造成极大的军事压力。正统十四年（1449年），瓦剌分兵四路南下进攻皇朝，在土木堡大败前来应战的明军，生俘率军亲征的英宗皇帝，并乘势围困北京。这次军事危机虽然在于谦等人的指挥下安然度过，但是构成了皇朝军事盛衰易势的转折，对明皇朝的历史产生了深远的影响。而这一系列事件发生之时，丘濬正为京师国子监生，当时的所闻所见，给他的思想造成了极大的震动。于是，从“以文经国”的立场出发，在强调理学化的纲常名教伦理之外，极端地强调“夷夏之防”，严行“华夷之辨”，以唤起世人对此问题的重视，便很自然地成了丘濬《世史正纲》的重要思想内容。

《世史正纲》的撰述之义，在于明《春秋》“居正”与“一统”的正统思想。即所谓“稽世运升降，治乱大端，与国统偏全，作《世史正纲》”。[3] 这点，丘濬在《自序》伊始便有所点明。丘濬说：

[1] 方孝孺：《逊志斋集》卷二《释统上》。

[2] 孙应鳌：《世史正纲序》。

[3] 叶向高：《丘文庄公集序》。

《世史正纲》曷为而作也，著世变也，纪事始也。其事则记乎其大者，其义则明夫统之正而已。

为了突出“著世变，纪事始”以“明夫统之正”的极端正统论，丘濬无论是在《世史正纲》的形式上，还是在其内容的断限上，都做了精心的安排。形式上，丘濬创立新例，“以规圆为圈于甲子下、年号上，而即其中以书国号也。然其所书之号，则有朱墨之异焉……以其圈之或白或黑，各有取义，非但朱墨之也，盖寓太极阴阳之理”，至元代则干脆施以黑圈，迨至正十五年，明太祖起兵则又恢复为白圈，以这种形式来表示夷夏之变和阴阳消长。断限上，丘濬是“始嬴秦庚辰之岁灭国，讫于齐世道之始变也；终皇明戊申之春，彗出扫于昂，天道之终定也”，即将《世史正纲》的叙事，始于秦始皇二十六年（公元前 221 年）统一中国，终于明皇朝洪武元年（1368 年）建国。以秦始皇统一中国作为通史断限的开始，是以往史学史中所没有的。

丘濬之所以将《世史正纲》的上限，断自“始嬴秦庚辰之岁灭国，讫于齐世道之始变也”，也是他贯彻《春秋》“明夫统之正”之大义的史学思想的重要表现。儒家学者向来重视事物发展的起始，即所谓“慎始”也。《春秋公羊传》释《春秋》始于鲁隐公元年云：“元年者何？君之始年也。春者何？岁之始也。”《春秋谷梁传》亦释云：“虽无事，必举正月，谨始也。”因此，以秦始皇灭齐统一中国，作为《世史正纲》断限的开始，就是丘濬发挥《春秋》大义史学思想的体现。这点他在《世史正纲》的开篇便解释说：

《史纲》而始于秦者何？志世变也。何则？前三代夏、商、周也，后三代汉、唐、宋也。前三代之制，讫于秦而尽；后三代之制，至于秦而起。是盖天地间世变之大机会、大界限也，《史纲》于是乎托始。其慨古道之不可复，而世道之日以降也夫，噫！[1]

[1] 丘濬：《世史正纲》卷首。

丘濬的学生费訚，也发明《世史正纲》“著世变、纪事始”的旨趣说[1]：

> 然（司马光）《治鉴》始周威烈王之二十三年，（吕祖谦）《大记》始（周）敬王之三十九年。《史纲》托始不本于二书，而起于秦始皇二十六年之灭齐者。盖《治鉴》接《左氏》之终篇，《大记》续获麟之绝笔，是时虽曰末季，然犹三代封建之余也。秦罢侯置守以来，自汉魏讫于今日，更十数代，阅千数百年，其建立规模、称谓名号、维持法制，皆自此权舆之也。前乎此而为夏、商、周，后乎此而为汉、唐、宋，是盖天地间世道一大变也。[2]

说明丘濬之所以将《世史正纲》的上限断于秦始皇统一中国，是因为他从程朱理学的历史观点出发，认为这是中国历史上“天地间世道一大世变”，也是“大伦理、大机会、大治乱得失”的转折点，从此历史开始形成新的局面，呈现新的历史特点。

对历史起始的断限不同，反映史学家对历史的认识不同。这点，丘濬是有清楚认识的。他曾说：“司马氏编历代史，而托始于周威烈王始命三晋为诸侯，故为此名分之论，而统宗于礼，其示后世人主以谨微之意至矣。”即对于是年所发生的周威烈王承认韩、赵、魏三大夫裂晋而各为诸侯的事件，司马光认为是万世纪纲之“礼”的溃坏，是世乱时变的开始。至于吕祖谦《大事记》起始于周敬王三十九年（鲁哀公十四年，即公元前 481 年），是因为这年春天，鲁人获麟，孔子《春秋》至此绝笔。《大事记》断限始于此，表明他要踵事孔子作《春秋》的遗意。而他自己的《世史正纲》断限于秦始皇二十六年灭齐统一中国，则是因为他认为“前三代之制，讫于秦而尽；后三代之制，至于秦而起”。尤其是秦统一以后，“五帝三王已远，遗教既衰，人竞其私智，家图其私利，相轧以势，相争以力”，王道不再，纲常淆乱。因此丘濬在卷一之“灭齐”条下评论说：

---

[1] 按费氏为丘濬执掌太学时的太学监生。据费氏云，当时丘濬常对太学学生讲述其《世史正纲》的作意，故费氏对丘濬编纂《世史正纲》的旨趣，有相当的了解。

[2] 费訚：《世史正纲后序》。

呜呼！三代建制之大者，莫大于封建，至是扫荡无余矣。武王承夏、商之后，分封八百国。春秋之世，惟余十二诸侯，至于战国，存者仅七，而三晋、田齐，已非初封之旧。当是时，虽曰气势卑陋，政令庞杂，然而先王封建之微意，犹有一线之存也。至始皇立，首灭韩，次灭赵，次灭魏，次灭燕，次灭楚，至于是又灭齐。呜呼！此天地开辟以来，圣帝明王所以建万国、亲诸侯之制，自是以后，永无可复之期矣。是盖世道大变之端也。

在卷一“始称皇帝”条下评论说：

呜呼，帝王称号之盛，至是更无以加矣！盘古以来之君，称皇者三，称帝者五，称王者三，始皇初并天下，自以为德兼三皇，功过五帝，乃兼用之，以为称号。后世袭而称之，而以王封其臣子，遂为万世不可易之制。噫，自有此名称以来，古道日以湮微，世道日以沦降，名虽尊于古，而实不及之远矣！遂使君道日尊，臣道日卑，上下遂至于悬绝。师臣之礼，世不复闻，格心之学，竟莫能施。呜呼！是亦世道大变之一初也欤。

即认为春秋战国之时，虽然已开始“礼崩乐坏”，但是“先王封建之微意，犹有一线之存也”，而秦始皇废除封建制度之后，导致“圣帝明王所以建万国、亲诸侯之制，自是以后，永无可复之期矣”，所以秦始皇灭六国统一中国，“是盖世道大变之端也”。丘濬的这些观点，一方面反映了他洞悉历史变化的史识，认识到“自汉魏讫于今日，更十数代，阅千数百年，其建立规模、称谓名号、维持法制，皆自此权舆之也”；一方面也表现了他所谓“著世变，纪事始”史学思想在理学影响下而形成的局限，即将秦始皇统一中国作为从天理流行到人欲横行的世道变化的转折点。

丘濬正是通过以“始嬴秦庚辰之岁灭国，讫于齐世道之始变也；终皇明戊申之春，彗出扫于昂，天道之终定也”的历史断限，表述自己正统史学思想及其对历史的纲常名教裁决，从而“申乎《春秋》大一统之义”，达到“明夫统之正而已”的史学目的。对于《世史正纲》这一撰述目的，丘濬《自序》中表白说：

……然则其宏纲大旨果何在哉？曰在严华夷之分，在立君臣之义，在原父子之心。夫华夷之分，其界限在疆域：华华夷夷，狄也；华不华、夷不夷，则人类淆，世不可以不正也。君臣之义，其体统在朝廷：君君臣臣，正也；君不君、臣不臣，则人纪隳，国不可以不正也。父子之心，其传序在世及：父父子子，正也；父不父、子不子，则人道乖。家不可以不正也。本家以立国，正国以持世，而一归于人心。道义之正，则人极以立，天地以位，夷狄不敢以乱华，禽兽不敢以侵人。上天所以立君之意，圣人所以立教之心，或其在此乎？

这里，丘濬对《世史正纲》撰述目的的表白，表明其所竭力阐明的《春秋》大义，包括三个方面：一、严华夷之分；二、立君臣之义；三、原父子之心。三个方面分别属于世也、国也、家也三个社会层次。而概括这三个方面，则主要为两个问题，即：一是严辨纲常伦理、正统僭伪之序；一是严辨华夏、夷狄之防。

——关于严辨纲常伦理、正统僭伪之序。丘濬《世史正纲》基本是依循方孝孺《释统》及《后正统论》的观点，将汉、唐、宋视为正统，秦、晋、隋以及女后、夷狄视为变统，并且按照严格的儒家纲常名教裁量评价历史，“正其谊不谋其利，明其道不计其功，非道非义，功利虽大，弗取也”。按照严格的儒家名教纲常思想，丘濬认为君臣、父子、夫妇男女的尊卑秩序，是天理天则，必不能乱。他说：

君必统夫臣，臣决不可萌非分之望；男必统夫女，女决不可当阳刚之位。臣非有舜、禹之圣，决不可以言禅；君非有桀、纣之暴，决不可以言伐；君虽不及太甲，臣非有伊尹之志，决不可以言放。非为天吏，决不可兴问罪之师；非奉天讨，决不可清君侧之恶。事虽至于无可奈何，非济天经，决不可用权宜之策。天冠地履之分必严，水源木本之心必笃。如是，则大义立矣。虽然，天下之本在国，国之本在家，家必正而后国定，其本乱而末治者，否矣。是故父有天下，必授之于子；子居大位，必受之于父。父非真尧、舜，子非真朱均，必不可以与舜、禹。子非真武王，父非真西伯，必不可以舍伯邑考。隐摄桓位，不可也；宣传缪位，不可也。父之所予，必子心之所安；子之所承，必父心之所愿。非的见夫大义之决，不可以行权；非真有夫必归之诚，不可以言假授受。[1]

丘濬的这些观点，反映出明前期程朱理学思想对于史学思想的渗透。孙应鳌《世史正纲序》云："作史者，大要在明人心乎！不能明人心，非史也。"以纲常名教思想裁度历史，"览睹得失之林，今昔之故"，"三致意于正心之学，其期以《春秋》经世，庶于帝王之道之治，不苦于蹊盭"，正是丘濬《世史正纲》的基本特色，所以丘濬在《序》中又称："愚惟录其大而已，细小不屑及也；取其正而已，统否不暇计也。"

《世史正纲》处处表现出丘濬极端的名教纲常思想，凡历史中所谓篡夺、僭伪、女主当政等，不仅在纪年上"虚其中不书"以视"无统之世"，而且均竭力予之抨斥，并借机以发挥所谓的《春秋》大义、正统之论的史学思想。例如卷十一"晋世史"丘濬论曰：

呜呼！民生有欲，无主乃乱，天必立君以主之，使之建其有极，以为天下臣民之所视效。善者有所恃，而安于为善；恶者有所忌，而惮于为恶……是故人君之道，在乎建极。非道非义而得天下，则是惟皇之极不建矣。皇极不建，徒以其能，运智力而攘夺人之所有，立法制以驱率人之必从，则谓之曰：彼能混四海九州于一统，致朝觐讼狱之皆归，即以正统予之。但计其所见，有而不究其所从来，则是儒者作书以教天下后世之乱臣贼子，使之必为窃国之侯，而不窃方寸之钩以取诛，枭獍豺狼，接迹于天下矣，迹晋之所以得天下，始于司马懿，继以师、昭，而终之于炎，凡弑一帝，废一帝，又弑一后。一时王公士夫为所杀害者，非可一二数。则其所以处心积虑，以谋魏人之家国，期于必得，不复知有天理人伦者，父子祖孙，历四世矣。一旦幸中其计，死者抱千载不报之冤，生者含没世不平之愤，人众胜天，卒莫如之何也已矣！后世秉史笔者，又复以成败论事，而不复诛其心，发扬其奸恶，芟除其不义之为，则天理人伦于

[1] 丘濬：《世史正纲序》。

> 是乎息灭矣。世道将安赖哉？世又何用儒者为哉？《史纲》墨书“晋”字于圈中，而分书其年于下，著其虽能得天下，而其所得者乃所不当得，虽得之犹不得也，使后之乱臣贼子知奸谋诈力虽可以快于一时，而公道正论终不能掩于后世，庶乎国家祸乱其少弭哉！

又如同卷“刘聪兵寇洛阳”条下，丘濬议论说：

> 凡僭伪之国及其国之臣子，不书其国号，所以绝奸雄之念，杜祸乱之原也。故《史纲》于旧史所书之国号，如汉、赵、秦、燕之类，一切削之，惟于初起之时，一书其所称之号，其后率以名称，使后世倡乱干纪之徒，知其所为弗出于正，今虽伪立其名，僭为之号，后世秉史笔者，亦不吾与也，徒取灭绝门户之祸，贻笑后世，遗臭无穷，庶几祸乱少息乎？

丘濬正是通过这些历史评论，表述他所谓《春秋》大义及极端的纲常名教的史学思想。其他如对吕后专权的处理及评论、对王莽新朝的处理及评论、对武周朝的处理及评论等，莫不体现这种名教纲常的思想观念。

——关于严华夷之辨、夷夏之防。正如前文所述，丘濬之所以如此强调严华夷之辨，一是与宋元之际以来史学正统观转变后的思想传统有关，一是与当时北方严峻的民族形势有关。如此的思想背景，以及丘濬所亲闻亲见的一系列的政治、军事事件，很自然地使他把民族关系问题视为最重要的问题，不仅仅是政治和军事问题，更是生死攸关的文化与国家问题。所以，在丘濬看来，“华必统夫夷，夷决不可干中国之统”。从而在《世史正纲》的民族问题上表现出他极端的大汉族主义，他在《世史正纲》的《自序》中称：

> 天，位乎上者也；地，位乎下者也。天地之所以生生者，物也。物之动者有三焉：人也、夷狄也、禽兽也。天生人，而于人之中命一人以为君，以为人类主，阐教以立人极，修政以安人生。然必其生安，然后其极可立也。彼其所以为生人害，而使之不得安者谁欤？夷狄也，禽兽也。为生人主，必攘夷狄，必驱猛兽，使吾一世之民，

各遂其生，而不罹其害焉，于是乎吾政行而教施，而世底乎雍熙泰和矣。

竟然将夷夏之间在文化发展上的差异，说成是人类与禽兽之间的差异，把攘夷狄视为治平的先决条件，认为“为生人主，必攘夷狄，必驱猛兽，使吾一世之民，各遂其生，而不罹其害焉，于是乎吾政行而教施，而世底乎雍熙泰和矣”。丘濬的这种观点可以说已把理学家严华夷之辨的激进正统史观发挥到了极致。

丘濬这种极端大汉族主义的正统论，在《世史正纲》中的很多史论里都有所发挥。例如卷三十二“洪武元年春正月，我太祖即皇帝位，复中国之统，国号大明”条下，丘濬论道：

> 呜呼！上天下地，而人处乎其中。人所处之处，是则所谓世也。天道有阴有阳，世道有治有乱。世道之治乱，本乎天道之阴阳，各以其类而应，是故阳之类，中国也，君子也，天理也；阴之类，夷狄也，小人也，人欲也。阳明用事，则中国尊安，君子在位，天理流行。如此则为治世。阴浊用事，则夷狄僭乱，小人得志，人欲恣肆。如此则为乱世……夫以中国之人，为中国之主，苟用小人，纵人欲，且不足以制伏夷狄，矧以夷狄之人而为中国之主哉？以夷狄之人为中国之主，是天地翻覆也，是首足倒置也。地上乎天，则天非天矣；足反为首，则人非人矣。噫！天而非天，人而非人，兹何等时世哉？……自有天地以来，中国未尝一日而无统也……未有中国之统尽绝，而皆夷狄之归如元之世者也。三纲既沦，九法亦斁，天地于是乎易位，日月于是乎晦冥，阴浊用事，迟迟至于九十三年之久……中国不得为中国，则凡天之所覆者，皆腥膻侏㑇之类，犷恶鸷悍之徒。斯世斯民，无复所谓衣冠礼乐仁义道德者矣！

这里，丘濬把“华必统夫夷，夷决不可干中国之统”的夷夏观，与纲常伦理相糅合，一起上升到必然法则的高度予以论证，说明夷夏之防、华夷之辨的绝对意义。这一思辨的逻辑轨迹，实际也是二程、朱熹等理学家以必然说应然、以物理说伦理的思想方式及途径在正统论方面的体现。

丘濬在《世史正纲》中，对当朝一些史家，因元朝曾得中国之地而统一之的原因，遂认同元朝的统治统绪，“进之汉、唐之间”，深表不满，故在该书卷三十一“元世祖”条下议论说：

> 鞑靼远在朔漠不毛之地，衣皮而不布帛，茹肉而不菽粟，无宫室之居，无彝伦之理，其去禽兽也者几希。一旦恣其狼虎之毒，戕我中国之主，据我帝王所自立之地，统我华夏衣冠礼义之民，彼自称曰皇帝，吾亦从而皇帝之。生其时者，在其陷阱之中，刀锯之下，固无如之何也已矣。后世之史臣，又背吾孔子之家法，而忘我圣人《春秋》之大戒，世道之责将焉赖哉？

对于当朝那些意欲认同元朝正统地位的观点，丘濬诘问说.“世儒以其一世之微功，而忘万世之大戒，是岂上天立君之意哉？是岂圣人立教之心哉”？[1] 认为那些“徒以其得地广狭而高下之”的人，“是以功利论事也”，而非《春秋》之义。[2]

此外，丘濬《世史正纲》对于历史的运动发展问题，也有他自己的见解与概括。这见解与概括同样是与他的正统论思想相一致的。例如他在卷一“（秦始皇）初并天下”条下论道：

> ……愚尝因是而通论天下分合之势矣。孟子曰：天下之生久矣，一治一乱。乱之极矣，天必厌之而生治。治之将生，必有驱除之人，以扫其祸乱之余烈，以迓夫反正之君，俾其开一代之治端，基数百年之全盛。历考前代，莫不皆然。周之衰也，分而为春秋战国，终而收拾之以秦，于是乎汉兴焉。汉之衰也，分而为三国、南北朝，终而收拾之以隋，于是乎唐兴焉。唐衰而五季纷乱，世宗于其间以治易乱，气势将合矣，有宋继而阐以文。宋衰而女真分裂，蒙古乘其后，以夷混华，坏乱已极矣，我朝拨而反之正。噫！自唐虞之后，帝王之兴，代必以三者，三才之道也，天、地、人之异统，忠、质、

[1] 丘濬：《世史正纲》卷三十一。
[2] 丘濬：《世史正纲》卷二十二。

文之迭尚，始之以夏、商、周，继之以汉、唐、宋，终而复始，而我朝之兴，其视商、周之夏，唐、宋之汉乎?!

可以看出，这虽依然是“一治一乱”古代循环史观的老调重弹，却杂糅进了正统论的内容。

与一般的史著言“朝”、言“代”不同，丘濬的《世史正纲》始终称“世”。世也，天下也，是超乎朝与代的人类社会。丘濬说：“史而谓之世者何？举一世言之也。天处乎上，地处乎下，人处乎中。人所处之处，是则所谓世也。世即所谓天下也。”[1] 在丘濬看来，理想的社会应是华华夷夷、君君臣臣、父父子子，各安其分，各守其位，严格恪守儒家纲常伦理的社会。所谓的“华华夷夷、君君臣臣、父父子子”的纲常秩序就是世道，也是天道。他说：

大而一世所以纲维之者，国也；中而一国所以根本之者，家也。家则内和而外顺，国则上令而下从。极乎一世之大，则华夏安乎中，夷狄卫乎边，各止其所而不相侵凌，则人之所以为人者，相生相养，各尽其性，各全其命，而一顺于道义之正，而不徇于功利之私，是则所谓雍熙泰和之世也。人既得其所以为人，物亦得其所以为物，天由是而得以为天，地由是而得以为地，则人君中天地而立为人、物之主者，其责尽矣。上天立君之意，于是乎为无负。[2]

因此丘濬认为：“本家以立国，正国以持世，而一归于人心。”而这也正是理学家所一再强调的《大学》八条目中的后四目——“修身、齐家、治国、平天下”的修齐治平的逻辑途径。

丘濬《世史正纲》，虽然在清代因其对夷夏之防的极端强调而很少被人提起，但是在明代及明清之际，却很受一些人的推崇。例如王士祯《池北偶谈》说：“丘文庄公濬，著《世史正纲》，持论严正。”陶辅《桑榆漫志》称：其“义严理到，括尽幽隐，深得麟经之旨”。而胡应麟《史

[1] 丘濬：《世史正纲》卷三十一。
[2] 丘濬：《世史正纲序》。

书占毕》甚至说："丘文庄之续《史纲》也，紫阳之法有所局焉未竟者，引而伸之矣；有所蓄焉未发者，曲而体之矣；其矛盾之小者，其符节之大者也。故吾常谓《春秋》之后有朱氏，而《纲目》之后有丘氏也。"[1]尤其是其中的严华夷之辨、夷夏之防的思想，更为王夫之、顾炎武等大思想家所称许和吸收。近世邵元冲先生更于1935年"九一八"国耻纪念日评述说：

> 《世史正纲》则作于成化之时，自称以著世变而纪事始，其于华夷之辨、复仇主义，不惮反覆陈述，语重心长。呜呼！何其忧患之深一至如此也？盖明至宪宗之时，鞑靼之势渐炽，边患日棘，而远则哈密之变、固原之扰，近则苗瑶之叛、荆襄之乱，纷然继起；内则奄侍窃权，兴作频仍，政本渐隳。此公之所忧。故欲援《春秋》之义，著书垂世，以示鉴戒，且示后人以立国保民之道。故其言深切反覆，发乎衷诚而不容自已焉。[2]

透过这些评论，我们亦可感受到丘濬著《世史正纲》，之所以要一再强调所谓极端的正统论，其现实目的，不外是使人们于"开卷之际，上下数千百年间，兴亡治乱之迹，是非邪正之辨，了然于心目之间，使夫天下后世之人，知善可鉴而恶可戒，销僭窃者之非望，启幽愤者之善念"，从而达到"扶持世教，警省人心""以文经国"的史学目的。

如何评价丘濬《世史正纲》的正统史学思想，涉及极其复杂的历史哲学与政治道德的问题。一方面史学的目的是求真，另一方面史学家亦不能逃避对历史是非判断的责任。史学家应该主持正义，而不能只以成败论英雄。丘濬说："百官所任者，一时之事；史官所任者，万世之事……是职也，是非之权衡，公议之所系也。禹不能褒鲧，管蔡不能贬周公，赵盾不能改董狐之书，崔氏不能夺南史之简。公是公非，纪善恶以志鉴戒。自非得人如刘知幾所谓兼才、学、识三者之长，曾巩所谓明

---

[1] 参见《池北偶谈》卷七《谈献三》，《少室山房笔丛》乙部《史学占毕一》及《四库全书总目》卷四八《世史正纲》提要。

[2] 邵元冲：《世史正纲跋》。

足以周万事之理，道足以适天下之用，智足以知难知之意，文足以发难显之情，不足以称是任也。虽然此犹非其本也。若推其本，必得如元揭傒斯所谓有学问文章，知史事而心术正者，然后用之，则文质相称，本末兼该，而足以为一代之良史矣。"[1] 那么，什么是历史的公是公非的标准呢？从《世史正纲》所反映的思想来看，显然丘濬认为是儒家的纲常名教，是《春秋》所谓道名分、严夷夏之防的史学观。在一定意义上来说，《世史正纲》也正是这种史学思想的具体贯彻。

第二节 《大学衍义补》的历史思想

丘濬撰述完《世史正纲》后，并没有立即刊刻，而是又鼓余勇，继续进行更宏大的学术活动，先后写作了《盐法考略》一卷、《钱法考略》一卷、《平定交南录》十卷等一系列意在"以文经国"的史著。成化十六年（1480年），当丘濬加礼部侍郎、掌国子监事时，便开始着手进行《大学衍义补》的撰述。

在《世史正纲》的自序中，丘濬曾提出著述有"圣贤书"和"学者书"之别，其中"圣贤之书婉而正，学者之书显而直。婉而正，所以待后世贤人君子也；显而直，所以晓当世之学生小子也"。如果说《世史正纲》是"直述其事，显明其义，使凡有目者所共睹，有耳者所共闻，粗知文义者，不待讲明思索皆可与知"的史著，那么，《大学衍义补》则完全是针对现实而为帝王撰述的帝王政治读本。

原作为《礼记》中一篇的《大学》，自晚唐韩愈特别引出后，日益受到儒家学者的重视。到了宋代以后，更与《中庸》《论语》《孟子》等合称"四书"，被士子奉为"初学入德之门"的教科书之一，尤其是《大学》首章提出的"《大学》之道，在明明德，在亲民，在止于至善"的所谓"三纲领"，及格物、致知、正心、诚意、修身、齐家、治国、平天下的所谓"八条目"，更是理学家讲求伦理、政治、哲学的基本纲领，对宋代以后的伦理思想、政治思想以及哲学思想等，均产生了重大的影响，

[1] 丘濬：《大学衍义补》卷七。

是当时“为学、为教、为治之道”的基本依据。

由于《大学》在理学思想体系中的重要地位，很多学者都对它进行过义疏与阐释。其中南宋大儒朱熹曾为之章句，至南宋末年，真德秀更推广其义撰述了《大学衍义》，“首曰帝王为治之序、帝王为学之本，次以四大纲：曰格物致知、曰正心诚意、曰修身、曰齐家，各系以目”，各纲目“皆征引经训，参证史事，旁采先儒之论，以明法戒，而各以己意发明之。大旨在于正君心、肃宫闱、抑权幸”等，[1] 受到统治阶级及士大夫的普遍重视。据《明史·宋濂传》载：初，明太祖朱元璋“尝问以帝王之学，何书为要。濂举《大学衍义》。乃命大书揭之殿之两庑壁。顷之御西庑，诸大臣皆在，帝指《衍义》中司马迁论黄、老事，命濂讲析”。此后，《大学衍义》就一直是明代诸帝经筵讲学中的主要教材之一。如丘濬在“缀班经筵讲席”时，就“亲睹儒臣以真之书进讲”，说明《大学衍义》在明代政治思想中的重大影响。

但是在实践中，丘濬深感真德秀对《大学》所衍之义有所缺陷：“观《衍义》之要，尚遗治平之二条”，即所论“止于格致、诚正、修齐，而阙治国、平天下之事”。这使他“每当翻阅时，辄起编劘之念”，于是“为酌古道而施之于今政，衍先儒之余义，补圣治之极功”，丘濬遂“因其所余而推广之，补其略以成其全”，编撰了《大学衍义补》一书。

真德秀《大学衍义》原书只有 43 卷，而经丘濬增补的《大学衍义补》，加上附于卷首的“审几微”3 卷，则全书多达 163 卷，远远超过了真氏之书。这部著作不仅是丘濬的学术代表作，也是明代中叶最有影响的著作之一。此书完成奏上后，立即受到明孝宗的嘉许，并且诏付内阁，命择选内容可行者议论施行。此后，一直到清末，都是皇廷经筵进讲的必读之书，对明清时期的政治思想产生过相当大的影响。

丘濬《大学衍义补》既是真德秀《大学衍义》的推广之作，真氏原书的著述思想、旨趣与形式，就必然直接影响丘濬的续作。如前所述，真氏之著《大学衍义》，“大旨在于正君心、肃宫闱、抑权幸”，究其原因，则是由于当时在位的宋理宗，“虽浮慕道学之名，而内实多欲”，致使当时“权臣、外戚交煽为奸，卒之元气凋敝”，国家日益衰颓，所以真

[1]《四库全书总目》卷九二《大学衍义》提要。

氏所述，“皆阴切时事以立言”，有为而作。这也就是说，真氏撰述《大学衍义》具有非常明确的现实意义。而与真德秀一样，丘濬撰述《大学衍义补》，同样具有明确的现实意义。不同的是，丘濬续补的现实目的更为明确与强烈，讨论的问题更实际、更广泛。

丘濬生活的时代，正值明皇朝由盛及衰的转折时期，对于皇朝未来的命运，具有关键性的意义。当时，从表面来看，政治仍在继续皇朝初期的繁盛局面，但是，以“土木之变”为标志，明皇朝的政治，已结束了它的极盛期，开始明显向下坡滑落。此后，除孝宗外，英宗、宪宗诸帝，都是长期不问政事，沉溺于荒淫逸乐的君主，而宦官弄权也正是从这时开始突出。且不说佞宦王振诱使英宗率师亲征鞑靼，酿成“土木之变”给丘濬留下的深刻印象，仅丘濬身任阁臣的宪宗之朝，就令他难以释怀。史载：时宪宗“怠于政，（彭）时与万安在阁，而安内结中官戚畹，大臣希得进见”[1]。宪宗贪好女色，宠溺万贵妃。于是一时间奸宦佞臣纷走石榴裙下，献奸邀宠，不惜奔走各地，搜罗珍宝，采办异物，借以得到宠信。这时许多奸宦，如梁芳、钱能、韦兴、韦眷、王敬、汪直等，都凭借给万贵妃办事或附其炽焰而升腾得势。虽然他们到处扰民，宪宗却因万贵妃故，纵之不问。宪宗亦喜方术，很多所谓术士、番僧如李孜省、继晓之徒，纷纷被封为圣师、法王等封号，赐以厚禄，环侍左右。而引见这些术士、番僧及怀奇异术之人的奸宦佞臣，亦因此而得到种种利益。于是各种妖术小人，纷纷被从各地搜罗引入，名曰“传奉官”而充斥宫中。《明史·佞幸传》载：当时“群奸中外蟠结，士大夫附者日益多。进士郭宗由刑部主事，以篆刻为中人所引，擢尚宝少卿，日与市井工技伍，趋走阙廷。兵科左给事中张善吉谪官，因秘术干中官高英，得召见，因自陈乞复给事中，士论以为羞。大学士万安亦献房中术以固宠。而诸杂流加侍郎、通政、太常、太仆、尚宝者，不可悉数”。

当皇朝的君主们沉溺于荒淫嬉戏的同时，宦官弄权这个中国封建专制制度的赘疣，也开始发作，不断出现权倾人主的大珰。英宗时的王振，酿成了“土木之变”的惨祸。宪宗时又有汪直，于原东厂之外，兴建西

[1] 夏燮著，沈仲九标点：《明通鉴》卷三十三，中华书局1959年版。又见《明史》卷一百六十八《万安传》。

厂，“所领缇骑倍东厂”，其侦刺异己，“下至民间斗詈鸡狗琐事，辄置重法”，几年之间，“冤死相属，廷臣莫敢言”。[1] 其气焰之嚣张，竟达到时人“只知有汪太监，不知有天子”的地步。大臣们亦多慑其势，缄口不言。谣称当时是“纸糊三阁老，泥塑六尚书”。[2] 皇朝政治迅速腐败。

统治阶级的腐败，在社会经济中所造成的直接结果，是皇家本身及大官绅地主对纳税土地的大量侵吞，使得土地兼并日益剧烈，土地集中的现象日益严重，其结果一方面是使国家田赋急剧减少，“自洪武迄弘治百四十年，天下额田已减强半”[3]；一方面是使大批农民丧失土地，逃亡他乡成为流民，骤然使明初已相对缓和下来的阶级矛盾再度紧张起来。仅丘濬亲历的大规模的农民起义就有多起，如正统十三年（1448 年）的赣浙闽山区农民起义、天顺八年（1464 年）的郧阳流民起义以及成化年间的福建佃农起义和广西大藤峡瑶、僮起义等。尤其是在对成化年间的几次农民或少数民族起义的镇压期间，丘濬曾多次进策，史称：朝廷“虽不尽用其策，而濬以此名重公卿间”。[4]

以上的一切，不仅加深了丘濬对于皇朝命运的忧患意识，也为他撰述《大学衍义补》提供了思想动力。

《大学衍义补》的内容，按丘濬《自序》的话说，是“窃仿真氏所衍之义，而于齐家之下，又补以治国、平天下之要，其为目，凡十有二个”，曰：正朝廷、正百官、固邦本、制国用、明礼乐、秩祭祀、崇教化、备规制、慎刑宪、严武备、驭夷狄、成功化等十二个方面，由内及外，“无一而非古先圣贤经书史传之前言往事也，参以本朝之制，附以一得之愚”，从治国平天下的角度，广泛地探讨了政治、经济、军事、礼法及民族关系等现实问题，为君主帝王提供了一部有关统治术的“百科全书”，使之“遇用人，则检‘正百官’之类；遇理财，则简‘制国用’之类；与凡臣庶有所建请，朝廷有所区处，各随其事而检其本类，则一类之中，条件之众，必有古人之事合于今时之宜者矣。于是审而择之，酌

[1] 夏燮：《明通鉴》卷三十三。
[2] 《明史》卷一百六十八《刘吉传》。
[3] 《明实录》卷一九四。
[4] 《明史》卷一百八十一《丘濬传》。

古准今，因时制宜，以应天下之变，以成天下之务”。[1] 十二个方面之外，丘濬又针对真德秀的《大学衍义》所推衍的《大学》正、诚、修、齐等前几目，补撰了“审几微”三卷置于全书之首，自称全书之“大要，则尤在于审察其几微之先焉”。总之，《大学衍义补》全面地反映了丘濬的政治、经济、文化及军事思想，也相对集中地反映了丘濬的历史思想，这些思想包括：

——“正朝廷、正百官、固邦本”，以人为本的兴衰观

正朝廷、正百官及固邦本，是《大学衍义补》所述“治国平天下之要”的前三目内容，所依次讨论的分别为君、臣、民三方面的问题。丘濬在《大学衍义补》中将此三目置于其“治国平天下之要”所首先讨论的内容，虽然与他浓重的纲常名教思想有关，但也集中体现了他重人事的政治思想和对历史兴衰认识的史学思想，反映了他对现实问题症结的认识，以及需要解决的政治途径。

所谓“正朝廷”，按照丘濬的思想逻辑，首先就是要正君主，而正君主的关键则是正君心。丘濬认为这是振奋朝纲进而治国平天下的根本，也是导致历史兴衰的枢机。对于这个问题，丘濬除了因目睹英宗、宪宗等统治者的劣迹败行对现实政治的影响外，可以说更是对宋代以来，君主为朝廷核心的专制制度不断加强，致使一些史学家及理学家如欧阳修、司马光，将“君心”之邪正视为历史盛衰关键之历史思想的继承。丘濬在其《大学衍义补》的序中说：

> 臣惟《大学》一书，儒者全体大用之学也。原于一人之心，该夫万事之理，而关系乎亿兆人民之生。其本乎身也，其则在乎家也，其功用极于天下之大也。[2]

因此，丘濬将“正朝廷”立为治国平天下第一目，把君主的道德品质、才能素质视为“关系乎亿兆人民之生”，影响历史兴衰的第一要素或前提。但是毕竟丘濬论述的是治国平天下的问题，且有关问题真德秀《大

[1] 丘濬：《丘文庄公集》卷之一《进大学衍义补奏》。
[2] 丘濬：《丘文庄公集》卷之二《大学衍义补序》。

学衍义》已有所讨论，这就决定了丘濬在正君心的前提下，更多地注重对具体事物的论述。在《大学衍义补序》中，丘濬曾谈到他的编撰旨趣说：

> 臣尝读真氏之《序》，有曰："为人君者不可以不知《大学》，为人臣者不可以不知《大学》。"而继之以"为人君而不知《大学》，无以清出治之源；为人臣而不知《大学》，无以尽正君之法"，是盖就其本体而言尔。若即其功用而究竟之，君臣所当知者，则固有在也……故臣之此编，始而学之，则为格物致知之方；终而行之，则为治国平天下之要。宫阙高深，不出殿廷，而得以知夫邑里边鄙之情状；草泽幽遐，不履城闉而得以知夫朝廷官府之政务。非独举其要，资出治者以御世抚民之具，亦所以明其义，广正君者，以辅世泽民之术……前书主于理，而此则主乎事……臣之此编，较之前书，文虽不类，意则贯通。第文兼雅俗，事杂儒吏，其意盖主于众人易晓，而今日可行。[1]

所以丘濬在"总论朝廷之政"下，依次论述了"正纲纪之常""定名分之等""公赏罚之施""谨号令之颁"及"广陈言之路"等具体事务，依次讨论了人君的为治之道和为治之方，来补充真氏《大学衍义》对具体实用之学的缺失，这实际也反映了丘濬较真德秀对历史兴衰、政治治平问题的认识上的进步，即仅仅从道德的角度去正君心是远远不够的，还必须"得以知朝廷官府、知政务"，"事杂儒吏"，才能有效地达到平治天下的目的。

所谓"正百官"，包括"总论任官之道""定职官之品""颁爵禄之制""敬大臣之礼""简侍从之臣""重台谏之任""清入仕之路""公铨选之法""严考课之法""崇推荐之道""戒滥用之失"等，而其主旨，仍不外是为君主论述平治国家、天下之道。但是丘濬提出平治国家天下，"在于用人，用人之道，在于任官"。认为任官是用人的具体体现，任官的贤否，直接关系着国家的治乱兴衰。丘濬论道：

---

[1] 丘濬：《丘文庄公集》卷之二《大学衍义补序》。

臣按：蔡沈谓庶官治乱之原，盖以为治乱皆本于此也。夫人君用人以图治，惟其贤能而用之，则国家之治原于此矣。苟舍其贤者能者，惟己之所亲爱者是用，虽有可恶之德不问也，如此则列之五等、布之庶位者，皆不仁不义之人，无礼无智之士，天下岂有不乱者哉。[1]

从历史兴衰、国家治平的高度对用人任官行使国家管理职能的重要意义予以论证。

在强调用人任官重要意义的同时，丘濬还对统治者封爵之滥、随意轻辱大臣、任命迁除拘于资格、重官轻吏等等进行了尖锐的批判，并且时时流露出对君臣相与相得，交相亲近而不亵的向往。丘濬告诫统治者虽盛世也必须惕厉不懈，时时注意用人任官的问题，因为这是与国家盛衰治平密切相关的大事。他在引述《尚书·益稷》和《诗·大雅·卷阿》后评议说：

臣按：本朝学士朱善曰，天下之可乐者莫如泰和盛治之时，而可虑者亦莫如泰和盛治之时。曷为其可乐而又可虑也？盖泰和盛治之时，以三光则得其明，以四时则得其序，以庶类则得其所，是诚可乐也。然治极而不戒，则乱亦于此乎兆！天地盈虚，与时消息，而谓治可保其常不乱乎？此其所可虑也。夫惟虑之于极治之时，此有虞所以有皋陶之《赓歌》，有周所以有召公之《卷阿》也。[2]

认为社会发展的极盛极治之时，往往也是衰乱的开始，由于天下不可能保持常治不乱，尤其是“治极而不戒，则乱亦于此乎兆”，所以这时的君主尤其需要惕厉警觉。也正是“虑之于极治之时”，才有虞舜感于“惟时惟几，乃歌曰：股肱喜哉”的感慨，与皋陶“元首明哉，股肱良哉，庶事康哉”的“乃赓载歌”，才有召康公戒周成王求贤用吉士的《卷阿》之咏等君臣安不忘危、相与融融、各敬其职事的佳话。这也就是说，安不

[1] 丘濬：《大学衍义补》卷五《正百官·总论任官之道》。

[2] 丘濬：《大学衍义补》卷六《正百官·敬大臣之礼》。

忘危，用贤选能，各尽其职事，对于国家职能的健康运行、国家的长治久安具有重要意义。

值得注意的是《大学衍义补》"固邦本"一目及其重民本的历史思想。"本"者，根也、基也。丘濬虽将有关"民"的论述，置于"正朝廷"和"正百官"之后，实际是将"民"视为"治国平天下"的根本。在"固邦本"中，丘濬首先阐述了民为邦本的思想。在引《易·泰·象》"天地交，泰。后以财成天地之道，辅相天地之宜，以左右民"之论，及程颐、朱熹等人的论述之后，丘濬以按语论道：

> 臣按：天地交而阴阳和，万物遂其茂育者，天地所以为泰也。上下交而心志通，万民遂其生育者，世道所以为泰也。世道之所以泰者何也？盖由上之人于凡下之人心志之所欲、身命之所关、日用饮食之资、养生送死之具，所恃以为生生者，无一而不得以通于上上之人……民之心志无有不通达于上者矣，下之情通乎上，亦犹地之气通乎天，此世道所以为泰欤。[1]

又在所引《易·剥·象》"山附于地，剥。上以厚下安宅"之语后，发挥说：

> 臣按：山高出于地，而反附着于地，犹君居民之上，而反依附于民者，何也？盖君之所以为君者，以其有民也。君而无民，则君何所依以为君哉？为人上者，诚知其所以为君而得以安其位者，由乎有民也，可不思所以厚民之生，而使之得其安乎？民生安，则君得所依附，而其位安矣。

在这些论述中，丘濬对原始儒家的民本思想进行了发挥，形象地阐述了"民惟邦本"，君对民的依赖，君不可以无民的政治思想和历史思想。所以丘濬激赏《尚书·五子之歌》"民可近，不可下，民为邦本，本固邦宁"的经训，认为："民惟邦本，本固邦宁之言，万世人君所当书于座

[1] 丘濬：《大学衍义补》卷十三《固邦本·总论固本之道》。

隅，以铭心刻骨也。”并且声称：人君若“以一人肆于民上以纵其淫虐”，就是“弃天地之性”，是违背天意，天必诛之的行为。其结果必将是失去民心，而“失民心者失天下”，“殴民如所趋”，为新的皇朝所取代。历史就是这样：“为汤、武殴民者桀与纣也”；“秦为汉殴，隋为唐殴，季世之君肆于民上，施施然自以为安，而不知其为人殴，哀哉！”丘濬因此而告诫说：“呜呼，有天下国家者，尚鉴诸此，其无为人殴民哉！”

如何才能安民而固邦本？丘濬认为首先就要保证人民的基本生存要求。在陈子昂“天下有危机祸福，因之，而生百姓是也。百姓安，则乐其生；不安，则轻其死。轻其死，则天下乱矣”之论下，丘濬评论说：

> 臣按：子昂此言警切痛至，人主之于百姓，要必使之皆乐其生而重其死，则祸乱无从作矣。然则所以使之乐生重死者其道何由？曰圆颅方趾之民，莫不爱其身体气力也，莫不爱其父母妻子也，莫不爱其田庐赀产也。上之人，不以兴作疲其筋力，不以刑法残其体肤，不以征役散其父母妻子，不以诛求耗其田庐赀产，则凡民之所爱皆为其所有。民不幸而死，犹不忍舍去，况舍去而死哉？为人上者，诚能省刑罚薄税敛，不穷兵以黩武，不营作以劳人，则民咸有乐生之愿，而无轻死之心。祸乱不作，而君位永安，国祚无穷矣。

所以丘濬认为：“古之明主所以孜孜焉，务民于农桑，薄税敛，广储蓄，以实仓廪、备水旱，使天下之民无间，丰凶皆得饱食暖衣以仰事俯育，则常有其民，而君位安、国祚长矣。”[1] 所以丘濬在“总论固本之道”之下，具体讨论了“蕃民之生”“制民之产”“重民之事”“宽民之力”“愍民之穷”“恤民之患”“除民之害”“择民之长”“分民之牧”和“询民之瘼”等有关国计民生的问题，详细地讨论它们对固邦本的意义。

可以看出，《大学衍义补》“正朝廷”“正百官”和“固邦本”三目，是分别就君、臣、民不同历史主体在国家治乱兴衰中不同意义的讨论。在丘濬的观念中，三者之间君主是导致国家治乱兴衰变动的关键，这不仅是因为君主的个人道德品质对此具有直接影响，而且一切朝政也都由

[1] 以上引文均见《大学衍义补》卷十三。

此导出。百官是三者的中间环节，“庶官治乱之原，盖以为治乱皆本于此也”，君主的意志品质因他们而得以实现。民是邦国的根本，民敝则国衰，民安则国治。因此正朝廷也好，正百官也好，其根本落实之处是安民。这些既是丘濬所谓“治国平天下之要”的最重要的内容，也是其历史治乱兴衰观的基本思想内容。

——“制国用”，肯定人对财产追求的合理性，强调富民为本的历史思想

《大学衍义补》很重视对国家经济问题的讨论，全书160卷中，有多达22卷的内容涉及经济问题，不仅列有“制国用”专目来谈论国家的经济问题，而且所谓《固邦本》一目也大量涉及经济问题，可以说《大学衍义补》中有关经济问题的论述，是该书中最有思想价值的部分。首先，从《大学衍义补》节目设置的思想逻辑看，丘濬于“正朝廷”“正百官”及“固邦本”即君、臣、民三大问题之后，首先讨论国家的经济问题，把经济问题作为治国平天下中优先考虑的问题，就充分反映出“以经济自负”的丘濬对于社会的正确认识，反映出其经世致用的实学思想，以及《大学衍义补》“主于事”的学术特点。

作为明代实学思潮的思想先驱，丘濬经济思想的突出特征是强调“富国先富民”的思想。他在《制国用·总论理财之道》中论道：

> 《易》曰：何以聚人？曰财。财出于地而用于人。人之所以为人，资财以生，不可一日无焉者也。所谓财者，谷与货而已。谷所以资民食，货所以资民用。有食有用，则民有以为生养之具，而聚居托处以相安矣。《洪范》八政，以食与货为首者，此也。大禹所谓“懋迁有无化居”，此六言者，万世理财之法，皆出于此。然其所以徙有于无，变化其所居积者，乃为烝民粒食之故耳。是其所以理财者，乃为民而理，理民之财尔，岂后世敛民之食用者，以贮于官而为君用度者哉！古者藏富于民，民财既理，则人君之用度无不足者。是故善于富国者，必先理民之财，而为国理财者次之。[1]

[1] 丘濬：《大学衍义补》卷二十“丘濬按”。

从丘濬这段论述可以看出：第一，丘濬是将物质财富视为人类赖以生存的前提，认为人类对于物质利益的追求，具有正当性与合理性，即“人之所以为人，资财以生，不可一日无焉者”，“财者，人之所同欲也”，且“人心好利，无有纪极”。这种肯定自然人性的思想对于丘濬进步历史观念的形成，具有积极意义。第二，丘濬在承认人类对于财富追求的正当性和合理性的基础上，提出“善于富国者，必先理民之财，而为国理财者次之”，将理民之财置于理国之财之上的思想。这种思想，实际也是丘濬“固邦本”的论述里所表现的以民为本的历史思想在经济问题认识中的体现。而丘濬对“理国财”和“理民财”的区分及探讨，在一定意义上也表明他对国家财政和社会经济相互关系的认识，即发展社会经济是增加国家财富的根本，社会经济发展是国家富强的前提。

如何理民财发展社会经济呢？丘濬认为首要是放手让私人进行获得财富的活动，不要拘泥任何过去的程式教条和制度，国家也不要做任何束缚或妨碍私人经济活动的事情，任其自然，实事求是。如在讨论国家农业政策时，一再表示反对一些道学家要求通过国家的职能，强行恢复井田制的痴想，丘濬说：

> 所谓生生之具，稼穑、树艺、畜牧三者而已……是以三代盛时，皆设官以颁其职事，经其土地，辨其田里，无非为是三者而已。后世听民自为，而官未尝一问及焉，能不扰之足矣，况为之经制如此其详哉？明主有志于三代之隆者，不必泥古以求复井田，但能留意于斯民而稍为之制，凡有征求营造不至妨害于斯三者，则虽不复古制而已得古人之意矣。[1]

并于多处从历史的发展、人口的增殖及地理形势的局限等方面，论证强行恢复井田制的不可行性，认为古代的井田制度废除以后，“田不在官而在民”，历史的发展早已使土地的私有制成为不可更改的经济事实。因此对于土地制度的问题只能顺应历史发展的结果，“听民自便”，只要“凡有征求营造不至妨害于”稼穑、树艺、畜牧等主要社会经济活动，就能

[1] 丘濬：《大学衍义补》卷十四“丘濬按”。

"不复古制而已得古人之意矣"，表现出丘濬对经济发展问题认识的历史进化观。

从社会现实出发，以历史发展、社会进化的观点，来探讨国民经济问题，是《大学衍义补》"制国用"问题的显著特点。其中丘濬在"总论理财之道"之后，以"贡赋之常""经制之义""市籴之令""铜楮之弊""山泽之利""征榷之课""傅算之籍""鬻算之失""漕挽之宜""屯营之田"等目，广泛论述了赋税、商业、货币、漕运等经济问题，提出了众多富有价值的经济思想及历史思想。

——"明礼乐""秩祭祀""崇教化""备规制"，注重纲常教化，维护社会等级秩序的文化及历史思想

继突出人、重经济之后，丘濬把礼乐纲常教化的问题视为"治国平天下"之要的第三个方面，分"明礼乐""秩祭祀""崇教化""备规制"等四目，对其在历史兴衰中的影响进行了探讨，阐述自己对相应历史问题的看法。

注重纲常教化以维护社会等级秩序，一直是儒家社会政治的重要思想，把它视为社会安定、国家治平的决定因素之一。纲常教化也是观察历史兴衰的重要标志：礼备乐和、纲常不紊，历史的表现则是治，是盛；相反，礼崩乐坏、纲常僭越不常，历史的表现则是乱，是衰。所以探讨与总结历史上纲常教化的状况，也一直是历代史学家探讨和总结历史兴衰的重要内容之一。深受程朱理学浸润，曾经撰述《家礼仪节》的丘濬，这种学术思想倾向同样是十分突出的。其中，丘濬将"礼乐"视为"人君为治之大本"，认为"自古善观人国者，惟于其礼乐观之，而于政刑则略焉。此无他，求其本也，其本乱而末治者否矣"。[1] 但是事实上，丘濬虽然用去大量的篇幅讨论礼乐秩序纲常教化的问题，论述维护礼乐秩序纲常教化对于历史兴衰和国家治平的重要意义，却未能像前几个问题那样，提出一些有价值的政治、文化和历史思想，因此只能作为其对整个历史兴衰和国家治平思想体系，或思想逻辑中的一环予以认识。

——"慎刑宪""严武备""驭夷狄"，关于国家镇压工具之使用的历史经验总结

---

[1] 丘濬：《大学衍义补》卷三十六《总论礼乐之道》。

中国古代历来有“兵刑一也”“大刑用兵”的观念。而事实上，二者也确实都是保证统治阶级利益的重要工具，也是国家对内镇压，对外扩张或维护统治区域安定的重要工具。丘濬之所以在阐述“治国平天下之要”的书中立此三目，除从全书体系的考虑外，现实的影响亦具有至关重要的作用。如前所述，宪宗之时，奸宦汪直，于原东厂之外，兴建西厂，“所领缇骑倍东厂”，其侦刺异己，“下至民间斗詈鸡狗琐事，辄置重法”，几年之间，“冤死相属，廷臣莫敢言”，[1] 而英宗正统之时，蒙古瓦剌部的大举南侵，几乎再演了赵宋偏安南隅的历史悲剧，这些无不促使丘濬提出“慎刑宪”“严武备”及“驭夷狄”的问题，以总结历史上“滥刑狱”“弛武备”及所谓“夷狄之祸”的教训。例如丘濬在“严武备”中说：

> 自古帝王虽以文德为治，而所以济其文而使之久安长治者，未尝不资于武事焉。然武之为用，不以用之为功，而以不用为大。故武之为文，以止戈为义也。是以国家常以武备与文教并行，先事而为之备，无事而为之防，所以遏祸乱于将萌，卫治安于长久，不待乎临事而始为之，有事而后备之也，不然则无及矣。臣故历考经史所载威武之事备载之，而举韩琦先治内患之说终焉。[2]

又，在《驭夷狄》中，丘濬历数前代北方民族对中原的军事压力与武备严弛对历史兴衰局势形成的不同影响，说：

> 臣按：汉之冒顿控弦三十万，唐之颉利控弦几百万，宋之契丹、女真、鞑靼未必如汉、唐之盛，然而汉、唐之世，虽受其害，而终不若宋朝之甚焉，盖汉、唐有边关以为之厄塞，宋则失其险隘，而以内地为边故也。[3]

而在《慎刑宪》中，丘濬则比较了秦刑政之苛和汉刑政之宽对治平兴衰

[1] 夏燮：《明通鉴》卷三十三。
[2] 丘濬：《大学衍义补》卷一百十六《严武备·总论威武之道下》。
[3] 丘濬：《大学衍义补》卷一百五十四《驭夷狄·四方夷落之情中》。

的影响，说：

……如贾生之论秦者矣，生之言曰，忠谏者谓之诽谤，深计者谓之妖言，非徒不能禁乱，且因以生乱而至于亡矣。汉承秦后而一切禁之，其享国至四百余年，宜哉！[1]

这种通过具体历史事实来探讨历史治乱兴衰的问题，既反映了丘濬对不同事务的历史具体总结，也体现了《大学衍义补》“主于事”的思想特点。

——“审几微”，考察事物运动变化的历史思想

“审几微”是《大学衍义补》前三卷论述的内容，目的是补充真德秀《大学衍义》中“诚意正心之要”不足的部分。对此丘濬解释增补的原因说：

臣按：宋儒真德秀《大学衍义》，于诚意正心之要，立为二目，曰崇敬畏，曰戒逸欲，其于诚意正心之事，盖云备矣。然臣读朱熹“诚意”章解，窃有见于审几微之言。盖天下之理二，善与恶而已矣。善者天理之本然，恶者人欲之邪秽。所谓崇敬畏者，存天理之谓也；戒逸欲者，遏人欲之谓也。然用功于事为之著，不若审察于几微之初，尤易为力焉。臣不揆愚陋，窃原朱氏之意，补“审几微”一节于二目之后，极知僭逾，无所逃罪，然一得之愚，或有可取，谨剟诸书之言，有及于几微者于左。[2]

说明这部分虽然不在所补“治国平天下”的范围之内，但是这部分在全书的思想体系当中，却具有十分重要的地位，因为这部分内容充分反映了丘濬有关事物运动变化的历史思想。

所谓“几”是指事物变化的征兆。《易·系辞下》称：“几者，动之微，吉（凶）之先见者也。”认为任何事物的变动都会先有微小的征兆显现出来，人们可以依据这些微小的征兆，来预测事物发展的吉凶变化。

---

[1] 丘濬：《大学衍义补》卷一百十三《慎刑宪》。

[2] 丘濬：《大学衍义补》卷首。

对此，东晋的韩康伯进一步疏解说：“几者，去无入有，理而无形，不可以名寻，不可以形睹者也。唯神也，不疾而速，感而遂通，故能朗然玄昭，鉴于未形也。”[1] 认为“几”是事物将变未变的状态，故知“几”就能“兴行其事”“成天下之事物”。即由“知微”而达到“知彰”，由把握事物发展的微妙变化，而在历史运动的过程中赢得主动。所以《易·系辞》说：“知几，其神乎！”入宋，理学兴起，伦理道德问题在思想讨论中越来越占据重要地位，而所谓的“几”，也逐渐从讨论事物发展变化的范畴，被引申为人的行为动机的伦理范畴。例如大儒周敦颐说：“诚，无为；几，善恶。”认为诚是本性处于无为虚静状态，一念发动，便有了善恶之萌。从动机是否纯正，说明行为的善恶之分。丘濬的“审几微”，其实正是包含了以上两方面的内容，即在推演“几”范畴之伦理意义于“谨理欲之初分”的同时，又将原始意义的“几”范畴应用于具体历史的探讨，论述了“察事几之萌动”“防奸萌之渐长”及“炳治乱之几先”等几个问题，表述了对历史发展运动的认识。

与“正君心、振朝纲”，强调君主的道德行为对国家治乱兴衰之重大影响的撰述思想相一致，在“审几微”一节中，丘濬所强调的，首先是希望统治者能“谨理欲之初分”。对此，丘濬论道：

> 臣按：诚意一章乃《大学》一书自修之首，而慎独一言，又诚意一章用功之始。《章句》谓谨之于此，以审其几。所谓此者，指独而言也。独者，人所不知而己所独知之地也……《章句》论慎独，指出几之一言，示万世学者以慎独之要。人能于此几微之初，致审察之力……臣谨补入“审几微”一节，以为九重献，伏惟宫闱深邃之中，心气清明之际，澄神定虑，反己静观，察天理人欲之分，致扩充遏绝之力，则敬畏于是乎崇，逸欲于是乎戒。由是以制事，由是以用人，由是以临民，尧舜之君见于今，泰和之治不在于古矣。[2]

[1] 韩康伯：《周易辞注》，见《十三经注疏》，中华书局1980年影印本。

[2] 丘濬：《大学衍义补》卷首《审几微·谨理欲之初分》。

认为只要统治者“以慎独之要”，“谨理欲之初分”，“于此几微之初，致审察之力”，就能够平治天下，使“尧舜之君复见于今，泰和之治不在于古矣”，达到历史发展之盛。

但是作为皇朝的统治者，审几微并不全在对自己“谨理欲之初分”，还要审时度势，处理万机，所以丘濬又提出要“察事几之萌动”。他在《易》的“夫《易》，圣人之所以极深研几也。惟深也，故能通天下之志；惟几也，故能成天下之务”这段话下论道：

> 臣按：《周易》此言，虽为《易》书而发，然于人君图治之道，实切要焉。盖事几之在天下，无处无之，而在人君者，一日二日之间，其多乃盈于万，是所以研审其几微之兆，以成天下之务者，岂他可比哉！先儒朱熹谓：深就心上说，几就事上说。说深在心甚玄奥，几在事半微半显。请即君身言之，人君一心渊奥静深，诚有不可测者，然其中事事皆备焉。事之具也，各有其理；事之发也，必有其端。人君诚能于其方动未形之初，察于有无之间，审于隐显之际。端倪始露，豫致其研究之功；萌芽始生，即加夫审察之力。由是以厘天下之务，御天下之人，应天下之变。审察于其先，图谋于其易，天下之务岂有难成也哉?![1]

认为世间任何事物都“各有其理”，任何事物都有一个由微到著的历史过程，“人君诚能于其方动未形之初，察于有无之间，审于隐显之际，端倪始露”，就能掌握主动而获得成功，“祸乱无由而生”。所以“‘几’之一言”，“诚万世人君保至治之枢要也”。

在“察事几之萌动”之后，丘濬又提出“防奸萌之渐长”，认为“大凡国家祸乱之变，弑逆之故，其原皆起于小人，诚能辨之于早，慎之于微”，就能有效地杜绝事变。因此丘濬评论“三家分晋”的事件说：“三晋欲剖分宗国，非一日矣”，其“阴凝冰坚垂及百年矣”，所以丘濬结论说：“是以君子临事贵于见几”。[2]

---

[1] 丘濬：《大学衍义补》卷首《审几微·察事几之萌动》。

[2] 丘濬：《大学衍义补》卷首《审几微·防奸萌之渐长》。

丘濬认为人君必须“炳治乱之几先”，惕厉不殆，方能长治久安。对此丘濬从治与乱的辩证关系的角度论道：

> 盖天下国家，有治则有乱，有安则有危。然乱不生于乱，而常生于治之时；危不起于危，而常起于安之日。惟人君恃其久安，而狃于常治也。不思所以制之保之，于是乱生而危至矣。

接着，丘濬在历数唐玄宗、唐德宗及宋徽宗不谨于几微致败的惨状后评议说：

> 若唐玄宗、德宗，宋之徽宗，皆恃其富盛，而不谨于几微，遂驯致于祸乱而不可支持之地。谨剟于篇，以垂世戒。若夫叔季之君，未致于既济之时而罹祸乱者，则不载云。臣尝因是而通论之：自古祸乱之兴，未有不由微而至著者也。人君惟不谨于细微之初，所以驯致于大乱极弊之地。彼其积弊之后，衰季之世，固其宜也。若夫当承平熙洽之余，享丰亨豫大之奉，肆其胸臆，信任匪人，穷奢极欲，无所不至，一旦失其富贵尊荣之势，而为流离困厄之归，是岂无故而然哉？其所由来必有其渐，良由不能慎之于始，审之于微，思其所必至之患，而豫先有以防之也。此三君者，皆有过人之才，当既济之时，不能防微谨始，思患而豫防之，以驯致夫困苦流离之极，有不忍言者。吁，可不戒哉！可不戒哉！[1]

其言审几微、防微杜渐，悃愊之情，跃然纸上。联系上述“正朝廷”中丘濬提出的天下不可能保持常治不乱，尤其是“治极而不戒，则乱亦于此乎兆”，社会发展的极盛极治之时，往往也是衰乱的开始，所以这时的君主尤其需要惕厉警觉的论述，可见丘濬有关治乱兴衰的辩证关系，以及注重认识事物的发展变化，审几微、防微杜渐的历史思想，在其整个历史思想体系中具有重要的地位。

---

[1] 丘濬：《大学衍义补》卷首《审几微·炳治乱之几先》。

第二编

从正德至明亡的100余年的时间，为明代史学思想发展的后期。这一时期，由于社会经济长时期的持续发展，商品经济的空前繁荣，以及随之萌生的新的生产方式，从而在思想文化领域里催生了富有早期启蒙色彩的人文主义思潮。与此同时，随着社会经济的发展，统治阶级愈加腐朽，使得社会阶级矛盾较之明代前期更加尖锐。至于民族矛盾，在这时期也出现了新的格局，并越来越威胁皇朝的祚运。最终，在激烈的阶级斗争和民族斗争中，立国270余年的明皇朝走到了它的尽头。明代后期丰富的社会内容，极大地激活了人们对社会对历史的思考，为包括史学思想在内的整个思想文化的发展，提供了巨大的推动力量。

明代后期史学思想的发展，与前期不同，大致呈现一个不断高涨的过程。而且，受丰富复杂的社会矛盾和学术思想格局的影响，这时期的史学思想发展表现出不同的史学思潮。其中主要的史学思潮是：一、早期启蒙史学思潮；二、经世致用史学思潮；三、黜虚征实的史学思潮。在整个明代后期史学思潮的发展过程中，三股思潮相互影响，相互颉颃，又相互促进，逐渐把史学思想推向高潮，为接续它而来的明清之际的史学思想高峰，奠定了坚实的思想基础。

整个明代后期史学思想的发展历程，以万历中期为界，大致可以划分为两个时期。其中万历中期以前，早期启蒙史学思潮的社会和学术的影响更大；万历中期以后，社会危机加深，经世史学思潮的影响逐渐占据社会与学术的主导地位；至于黜虚征实史学思潮的发展，则一直贯穿于整个明代后期。

明代后期是史学思想的突出发展时期，许多有价值的史学思想在这时期提出，并影响于明清之际。

第五章 明代后期史学思潮的兴起与发展

第一节 明代后期社会发展的基本特点

明代后期的社会是“死者捉住生者”的时代。

黄仁宇称他的《万历十五年》，“是为一部失败的总记录”。[1] 其中他不无深意地把自称“异端”的思想家李贽，放在了最后一章。书中，黄仁宇写道：“李贽生命中的最后两天，是在和创伤血污的挣扎中度过的。这也许可以看成是他十五年余生的一个缩影。他挣扎，奋斗，却并没有得到实际的成果。虽然他的《焚书》和《藏书》一印再印，然而作者意在把这些书作为经筵的讲章，取士的标准，则无疑是一个永远的幻梦。”但“他给我们留下了一份详尽的记录，使我们有机会充分了解当时思想界的苦闷。没有这些著作，我们无法揣测这苦闷的深度”。显然，黄仁宇是想通过对这位思想家痛苦思考的解说，向我们展示当时社会更深层的苦闷。

[1] 黄仁宇：《万历十五年》，中华书局1982年版，第266页。

李贽的苦闷，实质上也代表了当时有知性的各阶层人士，包括史学家的挥之不去的苦闷。而追究这苦闷的最深层的根源，则“是由于古老的陈旧的生产方式以及随着它们的过时的社会关系和政治关系还在苟延残喘”[1]。在这样的时代环境中，“传统的政治已经凝固，类似宗教改革或者文艺复兴的新生命无法在这样的环境中孕育。社会环境把个人理智上的自由压缩在极小的限度之内”[2]，几乎没有什么伸张的余地。因此，对于当时人来说，“不仅活人使我们受苦，而且死人也使我们受苦。死人抓住活人”[3]。

对于整个明代来说，最具时代意义，影响最深远的社会特点，一是皇权高度发达，皇权专制统治进一步强化；一是因生产的长足发展，商品经济进一步成长，在一定地区，一定生产部门中，出现了某些新生产方式的萌芽。其中，前者是旧的政治体制的极端发挥，后者是新的生产方式的萌芽滋生，二者相互间矛盾的激烈冲突，不仅标志着中国的封建社会向末期转化，步入它的衰老时期，而且也规定了明代后期社会新与旧、衰老与新生、压抑与反抗矛盾的运动，规定了这时期包括史学思想在内的整个文化发展的基本特点。

关于明代后期的社会变化，概括近代以来学者的研究，大致包括了这样几个方面：(一）农业生产中的商业性农业大规模发展，使原以单一粮食生产为主，自给自足性质的经营格局逐渐突破，农民开始被越来越深地卷入市场活动之中。(二）民营手工业突出发展，取代专为满足皇室及各级政府消费的官营手工业而成为手工业生产的主要力量。其中较为重要的一些手工业，如矿冶、纺织、陶瓷、造船、造纸、印刷等行业，私人产业都占据重要地位，具有相当的规模。(三）商品交换繁荣，大批商业城镇崛起，形成不同的经济区域，全国的市场联系日益紧密。(四）货币体系发生变化，白银开始在社会经济生活中扮演越来越重要的角色。至于上述这些变化所导致的最重要的社会结果，则是在一些地区、一些生产部门出现资本主义生产方式的萌芽，即所谓“机户出资，机工出

[1] 马克思：《〈资本论〉第一版序言》，人民出版社1975年版，第11页。
[2] 黄仁宇：《万历十五年》，第232页。
[3] 马克思：《〈资本论〉第一版序言》。

力”，以雇佣自由劳动力从事手工业生产，和不直接参加生产而以包买商身份将分散于社会上的生产单位组合成为手工场，从中牟取利润的经营方式。这些社会变化说明，从明代后期开始，社会已开始逐渐形成“中国历史上资本主义萌芽最显著的阶段”。[1]

当社会经济展现它生机勃勃的发展景象之时，明代极端君主专制制度的反动，其对社会生产力发展的束缚性和破坏性也在充分暴露。

首先，在政治上，极端的君主专制酿制的极端腐朽，使得政府无力应付社会发展中出现的种种问题。白寿彝先生说：“集权制逐步发展的过程，实际上是封建关系逐步削弱的过程，是封建生产关系的生命力逐渐衰退的过程。”[2] 明代废相后所形成的极端君主专制实质就是极端的人治。它把政治的清明与否完全依托于统治者的才能与品德，但是从中叶的英宗到思宗的11个皇帝中，除孝宗和思宗稍有振作外，其他可以说无一不是荒淫腐败之君，其中武宗在“豹房”中日夜淫乐以至于死，世宗从嘉靖十九年（1540年）到嘉靖四十五年的27年间，总共只上朝会见群臣4次，而神宗竟宴处深宫达30余年不上朝与群臣见面，至于熹宗则“好亲斧斤髹漆之事，积岁不倦”[3]，同样不问朝政，乃至国家各级机关官吏迁除转退均无人过问，使得各衙门“职业尽弛，上下解体”[4]，全国行政长期陷入停顿瘫痪状态，无法有效地处理各种政治、经济等问题。这种状态不仅为那些身为皇室家奴的宦官弄权制造了机会，而且促进了吏治的腐败，使社会矛盾不断向激化的方向发展。

其次，在经济上，因商品经济的繁荣，刺激了以皇族地主集团为首的地主阶级对土地及货币等财富的贪婪追求和疯狂掠夺。其直接的结果，一是土地兼并盛行，土地迅速向皇族地主及豪绅地主等具有各种优免特权的地主手中集中，使大土地制恶性发展，国家赋税收入锐减；一是通过对各种重要工商业的垄断性经营和强制增加赋税的形式“侵夺民利”，如万历时矿监税使的公开掠夺和“三饷加派”等。这种“敲骨捶髓”掠夺式的盘剥，

[1] 侯外庐：《中国思想通史》第五卷，人民出版社1956年版，第3页。
[2] 白寿彝：《白寿彝史学论集》下，第20页。
[3] 《明史》卷三百五《魏忠贤传》。
[4] 《明史》卷二百十八《方从哲传》。

不仅激化了与农民、工商业者及中小地主等阶级、阶层之间的矛盾，而且破坏了社会正常的生产秩序，摧残了刚刚萌生的新的生产方式的嫩芽。

总之，衰老与新生、压抑与反抗正是明代后期社会基本的矛盾运动。这些基本的社会矛盾运动，导致了明后期一系列耸动社会的反矿监税使的市民运动、知识分子的党社运动以及对封建皇朝展开“武器批判”的大规模农民起义等政治事件，造成了皇朝国家职能的不断削弱，使之不再能有效地调和社会各阶级之间的矛盾，不再能有效地解决民族矛盾，使得社会不断陷入新的危机。明代后期一系列史学思潮的发生、演进及其所表现的思想特点、学术特点等等，也都可以从这种社会的基本矛盾运动中找到答案。也正是在当时社会矛盾剧烈运动中，史学的发展形成了“一方面是因循保守气息充斥，另一方面，是反映时代抗议精神的优秀作品在不断地问世”的局面。[1]

第二节　文化及思想发展的新格局

随着明代后期一系列政治、经济的发展变化，社会观念、社会风气也发生了深刻的变化，社会文化和思想开始出现新的格局，这为史学思想向新的高度迈进，奠定了学术思想的坚实基础。

马克思曾说：“商人对于以前一切都停滞不变、可以说由于世袭而停滞不变的社会来说，是一个革命的要素。……现在商人来到了这个世界，他应当是这个世界发生变革的起点。”[2] 明代后期以来，商品经济的繁荣，在造就了大批蝇营逐利的商人的同时，也逐渐筑成了一个以商人为主体的，充满生机且日益扩大的市民社会，这对明代后期思想观念、社会风气的变化，起到了极大的催化作用。据当时笔记记载，一次，大文人王世贞对朋友说：现在徽州商人见了苏州文人就像苍蝇追逐羊肉一般，这位朋友回答说：苏州文人见着徽州商人也像苍蝇追逐羊肉一般。王世贞无言以对，只好付之一笑。这个历史记载表明，王世贞虽然以清高自

[1] 白寿彝：《中国史学史》第一册，第 77 页。
[2] 马克思：《资本论》第三卷，第 1019 页。

命，却看到了徽州商人由于经济实力的增长开始了文化上的追求；而他的朋友则看得更深刻，看到过去以圣贤之徒自居的文人儒生正朝着拜金主义演变。[1] 在这种情况下，一些文人儒生甚至认为“商贾大于农工”[2]，径称“良贾何负闳儒”[3]！体现出当时社会观念中，商人地位的空前提高。伴随这些观念变化的是社会风气的变化。其中在江南，“正(德)、嘉（靖）以前，南部风尚最为醇厚”，而从那以后，则“风俗自淳而趋于薄也，犹江河之走下，而不可返也”，[4] 说明商品经济对于社会风俗、人际关系、思想观念等的渗透和冲击。

明代后期社会变化见于文化中影响最深远的，莫过于作为时代精神的哲学领域的变化。当时“天下波颓风靡，为日已久，何异于病革临绝之时”[5] 的社会现实，深刻地暴露了作为统治意识形态的程朱理学体系的内在理论缺陷和钳制社会思想的无力，于是面对社会政治、经济、文化，乃至社会氛围及社会心理的巨大变迁，怎样才能有效地以封建伦理纲常钳制人心牢笼社会？时代呼唤新的理论体系，于是，“未百年其说已泯然无闻”[6] 的陆学，又在新的适宜的社会条件下，经过完善又再一次复活。王阳明的心学体系应运而生，社会上的哲学主流也逐渐从程朱理学向陆王心学一系转向。

程朱理学体系中最致命的缺陷，首先是在认识论上强调天理的超验性，把普遍之理与具体事物的关系规定为外在的强制命令，将世界形而上、形而下截然地割裂开，形成理与气、道与器、道心与人心、天理与人欲等范畴的二元对立，忽视了普遍性是内在于特殊性的，只有通过特殊性才能起到指导作用，尤其是以“所以然”说“所应然”，无视道德实践的主体性，即普遍的道德律令只有与个人的内在意愿相结合，才能转

---

[1] 参见顾诚《〈悄悄散去的幕纱〉序》，陕西人民出版社 1987 年版。

[2] 何心隐：《何心隐集》卷三，中华书局 1981 年版。

[3] 汪道昆：《太函集》卷五十五《诰赠奉直大夫户部员外郎程公暨赠宜人闵氏合葬墓志铭》，上海古籍出版社 1995 年影印本。

[4] 见《客座赘语》卷一及《云间据目抄》卷二。按：关于这时社会风气的变化，方志及文人笔记中的记述很多。

[5] 王守仁：《王阳明全集》卷二十一《答储柴墟》，上海古籍出版社 1992 年版。

[6] 黄宗羲、全祖望：《宋元学案》卷五十八。

化为有效的行为规范，否则只会因强迫的泛道德化而导致社会的普遍虚伪。其次是在方法论上，由所应然之理等于所以然之理并外在于主体的认识逻辑出发，提出“格物致知”的修养方法，即通过对自然具体事物“物理”的研究，达到体认社会“伦理”的目的，突出“知”对“行”的指导意义，重“知”轻“行”，甚至离“行”言“知”，最终导致程朱的一些后学由此走向支离烦琐的学术道路，而逐渐失去理论的生机与活力。

早在南宋末年，为了弥合朱熹学说中内在逻辑的缺陷，理学的发展已开始表现出一些和会朱、陆的倾向。到了明代吴与弼、陈献章师生时，理学中的心学倾向已开始越来越明显。理学发展中逐渐明显的心学倾向，事实上也是明中叶哲学大幅度向心学转向的逻辑前提。在思想的探求和镇压农民起义、平定藩王叛乱的实践中，王阳明深切感悟到“破山中贼易，破心中贼难”[1]，而在遭谗远谪荒蛮之地，物质和精神皆陷入极端无助的情况下，王阳明开始真正感到存在的个体精神价值，这些都为王阳明以“心”为本体，将外在超验的天理置于主体意识之中，构筑系统的心学体系，提供了思想发展的契机。

王阳明心学的兴起，极大地改变了明代的思想格局。《明史·儒林传》曰：“原夫明初诸儒，皆朱子门人之支流余裔，师承有自，矩矱秩然。……学术之分，则自陈献章、王守仁始。宗献章者曰江门之学，孤行独诣，其传不远。宗守仁者曰姚江之学，别立宗旨，显与朱子背驰，门徒遍天下，流传逾百年，其教大行，其弊滋甚。嘉、隆而后，笃信程朱，不迁异说，无复几人矣。”当时，王学不仅在民间“门徒遍天下”，而且在政界也广有影响，其中居内阁执掌国柄的就有席书、张璁、方献夫、徐阶、李春芳、赵贞吉、申时行等，居六部握实权的亦有聂豹、欧阳德、程文德等人，在朝廷和地方任职的更是不计其数。王学俨然成为居于社会主流的意识形态。

但是当王学在社会上的势头发展极盛的时候，其自身已经孕育了危机。王阳明之后，王门诸子因对“致良知”的理解不同而分化为多个派别，其中黄宗羲《明儒学案》按地域分为浙中、江右、南中、楚中、粤闽及泰州七个学派，而以实际思想厘分，大体可分为左、中、右三派：

---

[1] 王守仁：《王阳明全集》卷四《与杨仕德薛尚谦书》。

"东廓（邹守益）、绪山（钱德洪）诸子，谨守师门矩矱，'无大得亦无大失'；龙溪（王畿）、心斋（王艮）使王学向左发展，以致流而为狂禅派；双江（聂豹）、念庵（罗洪先）使王学向右发展，事实上成为后来各种王学修正派的前驱。"[1] 王学的发展过程，也就是其向左右两方面分化的过程。这一过程既使王学呼应社会的不断变化，使之向前发展，同时也使王学变质，走向分崩离析。尤其以龙溪、心斋为代表的王学左派，在使王阳明心学风行天下的同时，亦使王学"渐失其传"，"悬崖撒手，非师门宗旨所可系缚"，[2] 走向鼓吹否定既定权威，张扬个性的"狂禅"路线。但是当该派形成对封建纲常秩序空前冲击的同时，也遭到来自王学右派和宗奉程朱理学的正统派等士人的诟病，最终在社会政治、经济、军事全面危机，改良政治、振兴学风的呼声逐渐高涨中走向衰落。

应该说，对于明代思想学术的发展来说，王阳明心学的兴起和流行，不仅打破了程朱理学的一统局面，而且活跃了明初以来思想文化寂如死水般的沉闷。黄宗羲说："有明文章事功，皆不及前代，独于理学，前代所不及也，牛毛茧丝，无不辨晰，真能发先儒之所未发。"[3] 明中叶以后的学术思想的基本格局是：心学一系中，除王阳明心学中有左、中、右诸派交争外，还有陈白沙（献章）嫡传弟子湛甘泉（若水）及其后学，主张"随处体认天理"，与王学"致良知"形成不同心学路线之争。同时程朱一系理学中，有罗钦顺、崔铣、陈建等笃守"性即理"，对王学中"心即理"的观点展开论难。理学之外，有王廷相、吴廷翰、吕坤等人，继承宋张载气本论，对理本论的程朱之学和心本论的陆王之学展开批判。至明末，又有东林、蕺山诸派，发展王学右派重视修为工夫的观点，整合程朱、陆王之学。在整个思想界论辩、分化和再整合的演进过程中，理学也逐渐走向了它的衰落。对于整个明代的思想变化，清代四库馆臣曾经概括说："洎乎明代，弘治以前，则朱胜陆，久而患朱学之拘，正德以后，则朱陆争垢。隆庆以后，则陆竟胜朱。又久而厌陆学之放，仍伸

[1] 嵇文甫：《晚明思想史论》，第16页。
[2] 黄宗羲：《明儒学案》卷三十二《泰州学案》。
[3] 黄宗羲：《明儒学案》卷首《发凡》。

朱而黜陆。”[1] 从朱学和陆（王）学消长的关系，简要地说明了明代理学发展的历程及阶段性特点。明中期以后，以理学为主要内容的思想史的演变，深刻地影响到包括史学在内的整个文化的发展，构成了明后期史学思潮兴起及展开的主要思想背景。

当中国内部的思想，在新的社会条件下发生分化、整合的时候，一股由西方传教士为媒介的，完全异质的西学，以 1583 年利玛窦来华为标志，也开始传入中国，形成继汉魏时期印度佛教文化传入之后，外来文化的第二次大规模传入。由于当时这种外来异质文化的传播者，是西方当时最保守的宗教势力耶稣会，这就决定了这种文化传入的两面性：一是尽管耶稣会士为突破在中国传教的阻力而挟带的西方科技及其相关的思想文化并不是当时欧洲的新技术、新学说，而是些过时的旧学，但是相对于明后期的中国社会来说，仍然具有重大的进步意义；一是耶稣会士的根本目的在于传教，即最终是要以天主教归化中国的“精神狩猎”。明后期西方文化传入的这些特点，也决定了评价这一历史事件的复杂性。但是西方传教士们毕竟带入了大量中国士大夫前所未闻的知识与思想，尤其是当他们意识到“传道必须先获华人之尊重，最善之法，莫若以学术收揽人心，人心既服，信仰必定随之”，[2] 因而主动诱之以科技时，其所造成的影响也就格外突出了。无怪乎当时士大夫见其“所著书，多华人所未道，故一时好异者咸尚之”。[3] 李贽、焦竑、徐光启、李之藻、冯应京、叶向高、王徵、韩霖、沈德符、杨廷筠、瞿式耜、虞淳熙、方以智等许多学者都与利玛窦等西方传教士有过交往，徐光启、李之藻、冯应京等甚至受洗入教，成了中国第一批天主教徒。

当时西方传教士带来的新知识和新思想是多方面的。首先他们带来了许多西方的自然科学知识，如世界地理及地图、欧几里得几何学、伽利略地圆说及地动说等等。其次带来了天主教的教义与伦理。在这些教义与伦理里，除了“天堂”“地狱”“原罪”“灵魂不灭”等完全消极的思想外，还有一些可以在某种情况下导向个人主义的信仰和思想，如“上

[1] 《四库全书总目》卷九七《朱子圣学考略》提要。

[2] 费赖之著，冯承钧译：《入华耶稣会士列传》，商务印书馆 1938 年版。

[3] 赵翼：《廿二史札记校证》卷三十四《天主教》条。

帝面前人人平等”“赎罪得救各自为己”“意志自由”，以及为了追随上帝可以“舍其父母，后其君长”等等。再次是传教士带来了一些西方哲学思想，主要是古希腊的哲学思想等。我们说，虽然西方传教士带来的这些新知识、新思想，在当时的史学中还没有发现十分明显的、有直接联系的影响，但是潜在的、间接的思想和方法上的影响肯定有所存在，从而影响了史学的发展。

第三节　史学思潮的主流及其相互关系

明代后期社会剧烈的矛盾运动及丰富复杂的社会生活，在构成思想文化发展新格局的同时，也决定了史学思想发展的诡谲复杂。在这百年史学发展中，因所代言的社会阶级阶层不同，宗奉的哲学思想不同，对社会问题、历史问题及史学问题的认识不同，从而构成不同的学术流派，表现出不同的思想倾向，汇聚成不同的史学思潮，其中主要的史学思潮包括：一、启蒙史学思潮；二、经世史学思潮；三、黜虚征实的史学思潮。

关于明代后期开始出现的启蒙史学思潮，实质是波澜壮阔的明清社会启蒙思潮在明后期史学中的体现，是明中叶以来商品经济繁荣发展并在一些地区、一些部门促生出资本主义生产方式萌芽，市民阶层的势力日益壮大等社会现实映射于史学中的结果，因此明后期启蒙史学思潮具有与当时社会启蒙思潮一样的思想特征。但是对史学学术来说，明后期启蒙史学思潮，则在总的社会思潮思想范围下，又有自身的学术形式和思想表现。这些学术形式和思想的表现，概括地说，包括三种倾向：一、抗议封建思想专制，鼓吹师心自裁评价历史的倾向；二、批判社会弊端、抨击君主专制制度，要求改良政治的史学倾向；三、客观探讨历史问题的理性史学倾向。

在明代后期启蒙史学思潮中的三种史学倾向中，所谓抗议封建思想专制，鼓吹师心自裁评价历史的思想和学术倾向，是启蒙史学思潮中最具有代表性，也最有思想冲击力的史学表现，它在明代后期的史学思想，乃至中国古代史学思想的发展史中，都是引人注目的。这种思想及学术倾向的基本特点，主要是通过对历史的重新评价，表述自己富有启蒙色彩的价值观点。明代后期之前，在中国历史上，虽然也出现过王充的“问孔”“刺孟”，刘知幾的“疑古”“惑经”等少数讥刺前儒圣贤的言论，但是与历史上这些反正统意识形态的“异端”史评不同，明代后期的历史评论，是在中国封建社会后期商品经济繁荣、资本主义萌芽、市民阶层势力成长壮大，并与当时衰老的上层建筑发生尖锐矛盾冲突的特定社会条件下出现的学术思潮，因此它使得当时的历史评论表现出鲜明的启蒙色彩，这些具有启蒙色彩的思想、学术表现为：一是具有明确的抗议封建思想专制的批判精神，反对文化专制的“执一”之论，公然揭起“不以孔子是非为是非”的旗帜；二是具有鲜明的自我张扬的人文精神，表现为“程量今古，独出胸臆，无所规放”，对历史做出“实不与旧时公案同”的价值判断；三是具有广泛的群众基础，表现出这种思想和学术特点的史学家人数众多。[1]

明代后期启蒙史学思潮中的这些思想和学术倾向，最早可以追溯到弘治、正德时期的祝允明。祝氏撰述有《祝子罪知录》一书，在中国科学院馆藏万历刻本《祝子罪知录》卷首有《文徵明题祝子罪知丨二韵识》，其中有“壬午秋夜，同枝山先生宿石湖僧舍，漏二鼓，见先生手持一卷。晨起索阅，先生曰：此予纂集前闻，品第昔人，名《罪知录》，盖三年于兹矣”句。壬午年为嘉靖元年（1522年），可知祝氏撰述是书之年当在正德、嘉靖之际。在这本书中，祝氏明确表示自己的历史认识“异夫近代学者”，认为“古人臧否事为应趋，背劝惩”。而这些“朱紫易采，土炭倒衡”，是非颠倒的历史评价，往往“非尽由其不思”，而是因为评论者要么“党同比周，迷弃本情”，要么是“怵势以乏勇”，害怕正宗的思想及政治势力。所以祝允明提出要以自己的价值观、历史观重新评价历史。祝允明一再强调这些历史评论，“是耶？非耶？我不敢知。盖宇宙茫茫，终归腐亡，聊自信以行志，无论知不知，毁誉祸福，虽然将怒骂者滔滔焉，亦听之而已矣”。[2]其中内容如“谓汤武非圣人，伊尹为不臣，孟子非贤人，武庚为孝子，管蔡为忠臣，庄周为亚孔子一人”等等，均“举、刺、予、

[1] 上引文分见焦竑、刘东星所撰《藏书序》及李贽《藏书》卷首《世纪列传总目前论》。

[2] 祝允明：《祝子罪知录》卷首《自序》，齐鲁书社四库全书存目丛书第八十三册影印明万历刻本。

夺，言人所不敢言”，[1] 十分突出地表现出不同于封建正统观点的学术思想倾向。

被统治者和正宗学人称为“异端之尤”，且自己也以异端自居的思想家、史学家李贽，也是明代后期启蒙史学思潮中史学批判思潮的主要推动者。他曾不无得意地说：“天幸生我大胆，凡昔人之所忻艳以为贤者，余多以为假，多以为迂腐不才而不切于用；其所鄙者、弃者、唾且骂者，余皆的以为可托国托家而托身也。其是非大戾昔人如此，非大胆而何？”[2] 其所著《藏书》《续藏书》等史著，明确揭橥“勿以孔子之是非为是非”的旗帜，明确提出“颠倒千万世之是非”而“决于一己之是非”的撰史、评史思想，[3] 其中“程量今古，独出胸臆，无所规放”[4]，形成“不与旧时公案同”[5] 的历史观点。

作为史学思潮的重要表现，明代后期这种抗议封建思想专制束缚，强调要以自己的价值观点重新评论评价历史的思想、学术倾向相当普遍。仅从《四库全书总目》提要的评论看，除祝允明、李贽外，比较典型地表现出这种思想、学术倾向的史学著作，至少还有唐顺之《两汉解疑》《两晋解疑》《历代史纂左编》、洪垣《觉山史说》、张大龄《玄羽外编》、程至善《史砭》、宋存标《史疑》、孟叔子《史发》、熊尚文《兰曹读史》、朱正色《涉世雄谈》、王志坚《读史商语》、钟惺《史怀》、贺详《留余堂史取》以及托名李贽的伪《史纲评要》等，[6] 这些著作论述的理论层次虽然有高有低，但都不同程度地表现出反对封建伦理束缚，蔑视既定权威的思想和学术的特征。例如《史怀》17 卷，便是当时以竟陵派代表著称的钟惺，“取谢康乐怀抱观古今之意”，“隐括正史而论断之”的史评著作。[7]

---

[1] 《四库全书总目》卷一二四《祝子罪知录》提要。

[2] 李贽：《焚书》卷六《读书乐引》。

[3] 李贽：《藏书》卷首《世纪列传总目前论》。

[4] 焦竑：《李氏藏书序》，见《藏书》卷首。

[5] 刘东星：《李氏藏书序》，见《藏书》卷首。

[6] 按：《史纲评要》题“温陵卓吾李贽评纂”“新都宁野吴从先参订”，初刊于万历四十一年癸丑。详见第 150 页本章“附考一”。

[7] 明刊《史怀》卷首《陶圭甫题刻〈史怀〉序》。

是书号称“以冷眼别趣，行其胸臆”，“破除习见”，[1]“特向寤寐中借古人之天下而发其蕴，上下数百年，扫理障，决群疑，洗沉冤，诛既死，是是非非，唯唯否否，一裁之道义经权而成其是”[2]。而僻居湖广湘乡的举人贺详所撰述的《留余堂史取》12卷，[3]亦表示要“铲葩藻，抉玄奥，罗邃囊于目前，起圣哲于遗简，翻成案于夙帙，撷幽芳于沦晦”[4]，即使是“朱文公谈道著书百世宗之”，但是“愚详观其评论古今人品诚有违公是而远人情者”，也必须予以更之。[5]所以这些著作往往被正统学者视为“惟好高论，动辄踳驳”，“好为异论，务与前人相右”，“妄为升降，颠倒讹误”，“悖理殊甚”，“殆与李贽之《藏书》狂诞相等”，[6]因此四库馆臣一再从正统的立场批评明代的史学，认为：“明代史论至多，大抵皆八比余功，偶检《纲鉴》数纸，即妄以臆说翻案，徒侈游谈。”[7]从一个侧面反映了明后期这类史学思想和学术倾向的普遍性。

除反对封建思想专制束缚，强调历史评论要师心自裁的思想、学术倾向外，对于历史与史学的理性思考，也是明后期启蒙史学思潮的重要思想表现。

明后期是一个知性精神觉醒的时代，在整个社会启蒙思潮的影响下，一些人的思维开始逐渐突破唯道德思维方式的禁锢，走向以纯粹求知态度和实践精神探索自然的科学路线。其中郑王之子朱载堉，不恋王爵，终身从事乐律和天文历算的研究，强调用精确的数学语言，通过严密的推导揭示自然规律，直扣近代科学的大门，在数学、物理、乐律以及天文历法等方面做出了世界性的杰出贡献。朱载堉以科学精神对董仲舒、刘向、刘歆、班固、郑玄以及胡瑗、程颐、朱熹、蔡元定等人的“天人

[1] 明刊《史怀》卷首《李乔〈史怀〉识》。

[2] 明刊《史怀》卷首《陶圭甫题刻〈史怀〉序》。

[3] 按《四库全书总目》卷九十该书提要云：“详，字长白，长沙人。”而该书明刊本题“龙城贺详纂著”，又检乾隆《长沙府志》卷十九《人物》曰：“贺详，字约甫，湘乡人。”诸文献间作者之字与籍贯矛盾。抑此贺详不是彼贺详耶？存疑待考。

[4] 诸葛羲：《古今史取序》，见《留余堂史取》。

[5] 贺详：《留余堂史取》卷四。

[6] 参见《四库全书总目》史评类存目诸书提要。

[7]《四库全书总目》卷八八《史纠》提要。

感应”谬说进行了尖锐的批判，提出了“理由象显，数自理出，理数可相依而不可相违。凡天地造化，莫能逃其数”的观点，[1]认为数的量化和逻辑推导可以表达一切自然现象的本质、关系及规律。此外，被英国科学史家李约瑟称为中国博物学家中“无冕之王”，“作为科学家达到了同伽利略、维萨留斯的科学活动隔绝的任何人所能达到的最高水平”的李时珍，称为“中国的阿格里科拉”和“中国的狄德罗”的宋应星，在中国历史上第一次系统记述熔岩地貌，使得中国在熔岩地貌学和洞穴学研究领先西方世界达150至200年的徐弘祖，以及通过与西方传教士的积极接触，首先把西方自然科学知识介绍到中国并在许多科学领域做出杰出贡献的徐光启等，也都是产生于明后期的科学巨匠。这些科学巨匠所留下的一部部彪炳千古的科学著作，实际也集中地体现了当时知识界知性精神觉醒的面貌。这些日渐觉醒的理性精神，对明后期的史学家、思想家对于历史的思考带来了积极的影响。

与上述两种启蒙史学思潮的倾向不同，作为明后期要求改良政治、批判现实政治及君主专制的启蒙思潮，更多的表现是与当时强大的经世史学思潮相重合，成为当时经世致用史学中政治批判精神的体现。但是，由于浸润了启蒙思潮中批判专制主义的启蒙意识，以及在商品经济发展的影响下，社会整体经济向市场经济转化所导致的地方经济实力与自治意识的增强等因素，使得这些批判具有相当的思想深度，其锋芒逐渐指向了封建君主专制制度。

当明后期启蒙史学思潮以狂飙式的声势席卷社会，冲击千百年来封建社会筑就的价值观念和史学观念的同时，另一股志在补缀风雨飘摇、危机四起的朱明皇朝的经世史学思潮，也在逐渐形成，并于万历末年成为影响压过启蒙史学思潮的主要史学思潮。

明后期是传统史学经世思想大发展时期，这些发展的表现，首先，是与社会及现实政治的联系更加紧密。经世致用作为中国史学的悠久传统，曾极大地促进了史学与社会的联系。但是由于儒学本身包含着“内圣”与“外王”，即关注人的道德修养与建功立业为民谋利两方面的内容，从而使其在以后的发展中，因政治形势和思想意识的变化，出现对

[1] 朱载堉：《律历融通》，上海古籍出版社影印四库全书本。

如何经世的理解上的明显歧异，并构成了史学史中以“正君心”“正臣心”“正民心”为目的的经世史学，和以研究具体典章制度沿革及政治措施为重心，考察历史兴衰的经世史学两条不同的史学路线。明后期经世史学思潮的特点，是在当时整个社会实学思潮的影响下，逐渐从宋元以来注重正君心、臣心、民心的经世史学路线，转向注重当代历史兴衰、典章制度沿革、经济史发展以及边防军务、军事战略等具体实务的历史总结的经世史学路线，即经世致用的重心从“主于道”，转向“主于事”。[1] 这一经世史学路线转变的结果，使得史学与社会及现实政治的联系更加紧密。

其次，是史学家的经世意识更加普遍、更加自觉。由于明后期的经世史学思潮是在封建皇朝社会政治、经济、军事全面危机的情况下兴起的学术思潮，史学家所面临的是行将“天崩地解”的危势，很多人以行于江海波浪中的漏船形容皇朝的危局：“方今之势，如漏舟泛江海，犹幸无事，濡衣袽，解幞被，叫呼狂顾，塞此溃彼。假令风济波解，犹幸无事。万分有不幸，冲飙狂涛，又震击之，虽有童昏之人，犹知其难也。”“方今时势，如御漏舟行江湖中，风波正急，舵师楫手，兢兢业业，协心共济，犹冀免溺，稍泄玩，必无幸矣，况可袖手而间诟谇乎？庙堂隐危，无大于此！”[2] 当时的危局既是“虽有童昏之人，犹知其难”，当时的士人亦深知不能“袖手而间诟谇”之，于是经世很自然地成了士大夫之间的普遍话语。

再次，是史学表现出了更鲜明的政治批判意识和更多的理性精神。明后期经世史学思潮兴起之时，不仅面临政治、经济、军事的全面危机，也面临着商品经济发展导致的资本主义萌芽和市民阶层势力的壮大，这使展开于斯时的早期启蒙思潮的社会批判精神和理性精神，与史学中的经世意识交融在一起，使明后期经世史学思潮具有了更加丰富和更加深刻的思想内容。

明后期较早在史学中明确揭橥经世意义并付诸实践的，是活动于嘉

[1] 王畿云：“儒者之学务于经世。然经世之术约有二端：有主于事者，有主于道者。主于事者以有为利，必有所得而后能寓诸庸；主于道者以无为用，无所待而无不足。”见《龙溪王先生全集》卷十四《贺中丞新源江公武功告成序》。

[2] 前者为陶望龄《歇庵集·因旱修省陈言时政疏》，后者见冯梦龙《甲申纪事自序》。

靖时期的陈建。陈建认为，“士君子得其时行其道则无所为书，身后虚名亦何益耶”[1]？深感当时的政治已“积久弊滋”[2]，必须进行改革，所以“其所著述盖为天下万世虑也”[3]。其中他所撰述的《皇明资治通纪》，不仅是有明第一部私人撰写的编年当代史著作，更因其明确提出“此《纪》仿《资治通鉴》而作，凡群书所载，必有资于治者，方采录之，细故烦文，无资于治者，弗录”[4]，表示“诚欲为当世借前箸筹之，挽回祖宗之盛”[5]，开一代经世史学思潮之先。

陈建以后，随着社会危机的日渐深化，史学中的经世致用意识越来越鲜明，经世史学思潮也不断发展扩大。当时很多史学家表示他们的史学活动的经世目的，如郑晓《吾学编》的撰述目的是“经世务，裨圣化”[6]。雷礼称其《皇明大政记》是有惩于文士“取楚骚、汉文、唐律而模拟之，求工于一字一句以炫人，无补于世用”而“究心昭代典故”。[7] 此外唐顺之亦认为，“夫学不知经世，非学也；经世而不知考古以合变，非经世也”，所以他编纂“《左编》者，为治法而纂也，则非关于治者勿录也”。[8] 而薛应旂也是考虑“回视宋元，世代不远，人情世态，大都相类”，“宋元固今之夏、殷也，所宜为监者盖莫切于此”，编纂了《宋元通鉴》；[9] 考虑“夫《书》鉴成宪，《诗》率旧章，岂其为训若是之拘系哉？实以隆古盛时，其君臣之交，修以图至治者，皆由此道，而事不师古，鲜克永世”，“故自鼓箧以至入仕，凡我昭代之成宪典章，或纪载于馆阁，或传报于邸舍，见辄手录，历有数年，几于充栋”，从中“摘什一于千百”，汇为《宪章录》，“与经世者共之”，意在“献之君相，

[1] 《东莞志稿·陈建传》引《陈氏家传》。
[2] 陈建：《治安要议序》，民国刊本。
[3] 《东莞志稿·陈建传》引《陈氏家传》。
[4] 陈建：《皇明资治通纪凡例》，明刻本。
[5] 陈建：《皇明资治通纪自序》。
[6] 郑履准：《吾学编引》，见《吾学编》卷首，明万历金陵刻本。
[7] 雷礼：《吾学编序》，见《吾学编》卷首。
[8] 唐顺之：《历代史纂左编自序》，齐鲁书社四库全书存目丛书影印明嘉靖胡宗宪刻本。
[9] 薛应旂：《宋元通鉴自序》。

值兹不讳之朝，用效涓埃之报，庶少裨法祖之一助”。[1] 总之，随着明后期社会危机的不断深化，越来越多地带着鲜明经世色彩的史学著作出现，逐渐形成了一股澎湃的经世史学思潮。

明后期经世史学思潮的发展也影响到了地方志的编纂，众多的地方志在经世致用思想的指导下被编纂完成。例如唐顺之《江阴县新志序》云：“与知家之有籍，本以治生，而非以观美；国邑之有志，本以经世，而非以博物，则得之矣。”明确把经世致用，直接为现实服务，作为自己史志撰述的目的。这种编纂思想，使得这些地方志的编纂，与原仅为展示地方物产人文的地方志，形成重要的区别。

更能说明经世史学思潮在万历中后期突出发展的，是“经世文”的大量编纂。按所谓经世文，是书名直接冠以“经世”或“经济”，以经世致用为目的，根据对社会问题不同认识分类编纂的著作，其中既有个人对社会问题的阐述，也有对前人议论的分类编纂。傅吾康说：“为实际用途而精选出来的奏议汇编，确实是明代的一大发明。”[2] 明代以前书名冠以“经世”或“经济”的著作，只有宋滕珙《经济文衡》和元官修的《经世大典》等极少的几部著作。但是到了明后期，随着社会危机的深化和经世史学思潮的启动，“经世”“经济”之词，已成了士人中的普遍话语，经世文类的著作也日益增多，从正德、嘉靖之际到明末，先后编纂刊刻的经世文著作多达20余种，而且大多编纂于万历中期以后。其中陈子龙等编纂于明庙临陷之际的《皇明经世文编》，卷帙多达508卷，列名选辑者24人，参阅者124人，遍及全国的许多地方，而内容囊括了时政、礼仪、宗庙、职官、国史、兵饷、马政、边防、边情、边墙、军务、海防、火器、贡市、番舶、灾荒、农事、治河、水利、海运、漕运、财政、盐法、刑法、钱法、钞法、税课、役法、科举、宗室、弹劾、谏诤等各个方面，是明后期经世史学思潮的集中体现。

除早期启蒙史学思潮与经世史学思潮外，明代后期还存在一股黜虚征实的史学学术思潮。与前两种史学思潮主要因社会政治、经济变化而

[1] 薛应旂：《皇明宪章录自序》，见《宪章录》，明万历二年刻本。

[2] 牟复礼、崔瑞德主编：《剑桥中国明代史》中译本，中国社会科学出版社1992年版，第785页。

发生不同，黜虚征实史学学术思潮的兴起和演进，虽然也有社会影响的因素，但更多是史学学术自身发展的结果。

所谓黜虚征实的史学学术思潮，实质是针对明初以来空疏史风的理论批判和实践纠偏。它是由黜虚与征实两个相互联系的方面构成，而内容则有侧重历史文献研究和侧重历史编纂和史学批评的分别。黜虚征实史学学术思潮的出现，实际标志着明代学术逐渐向着清代朴学过渡的漫长过程的开始。

关于明后期黜虚征实的史学学术思潮中侧重历史文献研究的思潮，是由杨慎首开风气，经郑晓、王鏊、归有光、唐顺之、陈耀先、焦竑、胡应麟、陈第、方以智等学者不断地发扬光大，至清代便由学术中的伏流变成了学术中的主流。《四库全书总目》说："明之中叶，以博洽著称杨慎，……次则焦竑，亦喜考证，而习与李贽游……惟以智崛起崇祯中，考据精核，迥出其上。风气既开，国初顾炎武、阎若璩、朱彝尊等沿波而起，始一扫悬揣之空谈。"[1] 清楚地勾勒出文献考据潮流由潜及显，逐渐发展的线索。至于侧重历史编纂和史学批评的，则以王世贞为嚆矢，经焦竑、胡应麟、沈德符、朱明镐、钱谦益等学者的响应，逐渐于万历中后期，成为史学界一支劲旅，并为清初史学的发展高峰奠定了基础。杨慎和王世贞都是明代有影响的文人学者，他们的史学学术倾向，对于明代史学风尚由虚至实的转变，对于史学的健康发展，都具有重大的意义，而这股思潮的学术结果，在晚明则有王世贞的《史乘考误》、胡应麟的《四部正讹》和《史书占毕》、朱明镐的《史纠》以及钱谦益的《太祖实录辨证》等一系列著作，而最终集中体现于作为明代史学殿军的谈迁及其《国榷》之中。

明后期史学思潮的发展演进，大致可以划分为初起期、发展期和向清初史学的过渡期三个演进阶段。作为社会存在的反映，明后期史学思潮的兴起和演进基本是与当时社会的兴衰转折相一致的，即正德开始，史学思潮中的三大主潮基本同时开始在社会间兴起；到了嘉靖末隆庆间，各个史学主潮都获得了初步的发展；及至万历中后期，所谓启蒙史学思潮达到高潮，并开始表现出分化的倾向，而所谓经世史学思潮和黜虚征

---

[1] 《四库全书总目》卷一一九方以智《通雅》提要。

实的史学学术思潮则继续向前发展，一直持续到清初。这说明发展阶段的不同，整个史学思潮演进的重心及特点亦有所不同。

明后期史学思潮大约发轫于正德时期，但是在此稍前，以文学上的复古运动和王阳明心学的崛起为契机，学术风气已在开始转变。其中尤其是王学兴起的意义最重大，影响最深远。活动于嘉靖、万历时期的文史学家、书画家董其昌曾说："成、弘间，师无异道，士无异学，程、朱之书立于掌故，称大一统，而修词之家墨守欧、曾，平平尔。时文之变而师古也，自北地（李梦阳）始也；理学之变而师心也，自东越（王阳明）始也。北地犹寡和，而东越挟勋名地望以重其一家之言，濂洛考亭几为摇撼。"[1] 顾炎武也说："盖自弘治、正德之际，天下之士，厌常喜新，风气之变，已有所自来。而文成以绝世之资，倡其新说，鼓动海内。"[2] 直至清际仍有人说："方明中叶，士大夫安常习，故视圣贤之学为不可津逮，于是阳明王氏出，以速化之术倡天下，天下翕然从之。盖朱子昌明正学以来，历宋、元、明，学者气习风声，于兹一变矣。"因此大致说来，以弘治、正德之际为明代学术发展的转折变化点，在此之前，思想沉闷，学术苍白，史学思想也相对贫乏。在此之后，商品经济的发展，资本主义生产方式在一些地区、一些生产部门中萌芽，市民阶层壮大；土地兼并突出，统治集团更加腐朽，阶级斗争日益激化；在北方，少数民族鞑靼俺答汗强大，不时率兵南下骚扰，屡抵北京，东南沿海则有倭寇不断入侵，甚至窜至南京，"南倭北虏"的局面形成。在这种社会矛盾、社会危机的刺激下，社会风气丕变，在激活了士人的深沉思索的同时，思想文化随之活跃，于是史学思想的发展开始逐渐走出它的低谷，并在发展中形成不同的史学思潮。

在明后期史学思想发展的第一阶段，即正德至嘉靖末万历初年，社会状况虽然也被称"何异于病革临绝之时"，但是较之万历中期以后，仍表现出相当的活力。尤其这时，正是商品经济最发展，资本主义萌芽最明显，市民阶层力量急剧膨胀的时期。也是以王畿及"赤手搏龙蛇"的泰州学派为代表的左派王学最活跃的时期。因此，挟左派王学张扬自我

[1] 董其昌：《容台文集》卷一《合刻罗文庄公集序》，明刊本。

[2] 顾炎武：《日知录集释》卷十八《朱子晚年定论》条。

的学说风靡社会，启蒙史学思潮在史学中呈现着最强劲的发展势头，尤其是这股思潮中反对封建正宗思想的异端思潮格外引人瞩目。清代四库馆臣曾站在正统的立场上评论说："明代史论至多，大抵徒侈游谈，务翻旧案，不能核其始终。"[1] 并一再对一些"史评"著作骂道："乃知屠隆、李贽之徒……圣人在上，火其书可也。""殆与李贽《藏书》狂诞相等。""皆所谓小人破道者，书中数称李贽，岂非气类相近欤。"透过这些基于正统立场的评论，我们恰恰能够感受到当时强调个人价值评判，大翻旧案，"颠倒千万世之是非"，"对某一神圣事物的亵渎"，对"习惯所崇奉的秩序的叛逆"的启蒙精神，[2] 在史学中回荡的声势。而与之相比较，经世史学思潮及黜虚征实史学学术思潮在社会中的影响，则显得较为微弱。

明后期史学思想发展的第二阶段，即万历中后期至明亡，随着社会的变化，史学思潮的格局也发生了变化。万历十年（1582 年）六月，随着一代名相张居正的因病逝世，一场旨在振兴朝政的改革运动，至此也以失败告终。此后，"以豪珰奸弁为腹心，以金钱珠玉为命脉"的万历皇帝为首的统治阶级，更加疯狂地掠夺社会财富，不仅极大地破坏了正在发展中的资本主义生产方式的萌芽，使商品经济凋零，也因此激化了封建国家与新兴市民阶层、封建国家与农民的矛盾，既酿成了一系列声势浩大的市民反矿监税使的斗争，又埋下了大规模农民起义的隐患。与此同时，统治阶级内部也矛盾重重。首先是万历皇帝，为了讨自己心爱女人的欢心，在朝中挑起"国本"之争，并以消极怠工的形式，与他的臣僚们展开了旷日持久的对抗；朝官们则因各自的利益分化成东林和浙、齐、楚、宣、昆及后来的阉党等不同的利益集团，党派之间的争斗，旷日持久，愈演愈烈；而与此同时，一支未来的政治、军事力量，也开始在辽东的边陲悄悄地崛起，觊觎早已千疮百孔的朱明皇朝。已经存在于世 200 余年的大明帝国，向着死亡之井急剧地陷落了下去："它正在慢慢地陷于一个'宪法危机'之中，在开始的时候这种危机还令人难于理解，随着岁月的流逝，政事的每况愈下，才真相大白，但是恢复正常步伐的

[1]《四库全书总目》卷八八《史纠》提要。

[2] 恩格斯：《路德维希·费尔巴哈与德国古典哲学的终结》，见《马克思恩格斯选集》第四卷，人民出版社 1995 年版，第 237 页。

机会却已经一去不复返了。”[1] 正是在这种社会政治、经济、军事危机不断加深，统治阶级日益贪婪腐朽，资本主义萌芽的成长受到抑制，以及统治阶级对危及其思想统治的“异端”施以扼杀等情况下，启蒙史学思潮中的异端倾向的势头也开始逐渐减弱，而其中批判封建专制政治的启蒙倾向则开始与在第一阶段一直在发展的，体现封建地主阶级改良派思想的经世史学思潮结合，不仅给这股经世史学思潮抹上了一层政治改良主义的色彩，而且使之逐渐成为明后期史学思潮中的主流。

除了社会政治环境的变化外，这时期哲学思潮的变化对于史学思潮的转变也有相当大的影响。万历中后期，作为理论上支撑启蒙史学思潮异端倾向的王学左派，因所鼓吹现成良知学说，导致在其后学的发展中日益禅学化，不仅使自己在社会中扮演为撼动封建名教纲常的狂禅角色，而且一些士人还因强调良知的当下见在性，尽弃道德的修为工夫率性任行，因此在遭到统治者的严厉镇压外，[2] 亦开始遭到来自社会不同方面的批判。这些批判不仅来自宗奉朱学或和会朱、陆的学者，亦来自王学后学中强调“四有”的工夫派的学者。同时原来思想激进的异端学者集团内部，也在此时因外界的打压，以及受到与之交往密切的佛教“由禅归净”，整顿禅林运动的影响，发生转变和分化。如曾经思想激进的文人袁中道，这时居然也发出学风堕落的感叹，并把其原因归结于左派王学的极端发展，他说：“自本朝大儒启人以良知之说，后来数传，偏重了悟，将为善去恶之旨拨斥太过。”[3] 袁中道还列举了自己对李贽“不能学者有五，不愿学者有三”。其中不愿学李贽的三点是：“若好刚使气，快意恩仇，意所不可，动笔之书，不愿学者一矣。既已离仕而隐，即宜遁迹入山，而乃徘徊人世，祸逐名起，不愿学者二矣。急乘缓戒，细行不修，任情适口，鸾刀狼藉，不愿学者三矣。”并且表示，“其所不愿学者，断断乎其不学之矣。”[4] 表明当时学术转向的思想迹象。正是在这种左派心学衰落的情况下，“惩一时学者喜谈本体，故以工夫为主”，力

---

[1] 黄仁宇：《万历十五年》，第 87 页。

[2] 详见第 151 页本章“附考二”。

[3] 袁中道：《珂雪斋集》卷二十二《心律》，上海古籍出版社 1989 年版。

[4] 见《焚书》卷首《李温陵传》。

主恢复理学中朱学知识传统的东林党人，很快成了当时学者注意的中心。他们要求政治改良的启蒙意识，也融入了经世史学思潮之中，表现为这时期经世史学思潮的政治批判倾向。

心学中狂禅之风的衰退和朱学中知识传统的复起，使得这阶段经世史学思潮高涨的同时，也令黜虚征实史学学术思潮获得急剧的发展，很快从第一阶段少数学者的呼声，扩展为史学中的普遍律求。陈垣先生《明季滇黔佛教考》论述晚明儒学和佛教的变化说："明季心学盛而考证兴，宗门昌而义学起，人皆知空言面壁，不立语文，不足以相慑也，故儒、释之学，同时丕变，问学与德性并重，相反而实相成焉。"[1] 说明在明后期黜虚征实的史学思潮的发展与心学兴衰相反相成，并在晚明开始迅速发展，而与清初的学术发展衔接了起来。

从以上明后期三股史学思潮兴衰嬗递的论述中，也可感受到它们之间的相互关系。明后期史学思潮虽然呈现早期启蒙史学思潮、经世史学思潮和黜虚征实史学学术思潮三股不同的主要流向，而且从其各自的主流思想可以看出：一、启蒙史学思潮更多体现的是新兴市民阶层反对文化专制的思想要求；二、经世史学思潮是明后期政治改良思潮在史学中的体现，主要反映的是地主阶级改良派的政治主张；三、黜虚征实史学学术思潮的兴起，一方面表现为消除市民势力成长以后，其追新求奇的审美趣味和史学要求对史学学术的消极影响，一方面表现为对统治阶级极端文化专制破坏史学的抗议。但是晚明史学的这三股思潮之间，又并不是各自互不关涉地自生自灭的，而是相互交叉，相互影响，相互激荡，甚至在一个史家身上，同时表现出不同的思想或学术的倾向。这种你中有我，我中有你，既交融又有所侧重的史学思潮发展状况，是渊源于丰富复杂的社会，以及更为复杂微妙的作为史学主体的人的思想。

明后期三股史学思潮间的复杂关系，可以从启蒙史学思潮的主将李贽的史学著作中看出。李贽是明后期史学思潮中批判封建纲常的异端史学的旗帜，他不仅撰写了《藏书》《续藏书》等富有异端色彩的史学著作，表现出对正统"某一神圣事物的亵渎"，和对"习惯所崇奉的秩序的叛逆"的启蒙精神，而且以"童心"说为理论基础，相对系统地阐述了

[1] 陈垣：《明季滇黔佛教考》卷二，中华书局 1962 年版，第 86 页。

启蒙史学思想。但是与此同时，李贽的史学中，又蕴含有浓烈的经世史学的意味。在他的《藏书》中专门列出《经世名臣》《强主名臣》和《富国名臣》类传，在《续藏书》中专门列出《经济名臣》类传，专门记述振兴国家政治、经济的人物，这种以前史学中从未有过的体例分类，对于明后期经世史学思潮的发展，具有一定的促进作用，后来陈仁锡编纂的《皇明世法录》，便踵其后，设立了《经济名臣》的类目，用以记述拯国危难和振兴国家经济的历史人物。李贽也自视自己的史学著作是经世之作，他曾对朋友谈到他的《藏书》说："盖我此书，乃万世治平之书，经筵当以进读，科场当以选士，非漫然也。"[1] 李贽史学的这些情况表明，他在作为"异端之尤"领袖早期启蒙史学思潮的同时，亦在经世史学思潮的发展中，具有一定的思想意义。

李贽之外，在被称为"笃信卓吾之学，以为未必是圣人，可肩一狂字，坐圣门第二席"[2] 的焦竑身上，也可看到明后期史学思潮中各流派间的复杂关系。《明史》本传在说焦竑"讲学以汝芳为宗，而善定向兄弟及李贽，时颇以禅学讥之"的同时，又说他"博极群书，自经史至稗官、杂说，无不淹通"。有的清人甚至说"明代自杨慎以后，博洽者无过于竑"[3]，而他的考据成就则是"跨杨氏之上"[4]。所以焦竑在为早期启蒙史学思潮推波助澜的同时，亦是明后期学术风气由虚及实转折的枢纽，是黜虚征实史学学术思潮的领袖人物。焦竑学术品格的两重性，亦可从后人对他的评价中看出。例如前引《四库全书总目》子部杂家类三方以智《通雅》的提要，把焦竑置于从杨慎到方以智，再到顾炎武、阎若璩、朱彝尊，明清考据学逐步发展，"一扫悬揣之空谈"之过程的中间一环；而黄宗羲的《明儒学案》则把焦竑归于"盖跻阳明而为禅"，"其人大多能赤手以搏龙蛇"，"非复名教之所能羁络"的泰州学派，并称他"积书数万卷，览之略遍，金陵辐辏之地，先生主持坛坫，如水赴壑，其以理学倡，率王弇州所不如也"。这两个评论，前者是清人从考据学发展的角

[1] 李贽：《续焚书》卷一《与耿子健书》，见《李贽文集》，北京燕山出版社 1998 年版。
[2] 黄宗羲：《明儒学案》卷三十五《焦竑传》。
[3] 《四库全书总目》卷一四六《庄子翼》提要。
[4] 蒋国榜：《焦氏笔乘跋》，见清刊粤雅堂丛书本《焦氏笔乘》。

度，评价焦氏作为考据学家的学术地位，后者是明人从理学发展的立场，论述焦氏作为理学家的学术地位，而只有两者结合，才能全面地勾画出一方面以王学左派领袖的身份扯动异端的旗帜，呐喊着“唐疏宋注，锢我聪明”，“学道者当尽扫古人之刍狗，从自己胸中辟取一片乾坤，方可真受用，何至甘心死人脚下”，[1] 一方面又疾呼“反对吐弃事物，索之窈冥之乡以为道”[2]，反对“饱食安坐，典籍满前，束书不观，游谈无根”[3] 学风的焦竑的真实面目。焦竑这种复杂的学术品格，也说明了明后期史学思潮不同主流之间的复杂关系。

所谓东林党人及其后的文人结社，如复社、几社等组织成员的政治态度及学术品格也能说明当时史学思潮内涵的复杂关系。代表地主阶级改良派势力，主张改良政治，扫除皇朝弊政，维护地方农、工、商经济权益的东林党人，实质是以被正统人士目之为“狂禅”，反对既成权威，鼓吹个性解放的王学左派相对立的面目出现在思想舞台的，但是在他们针砭李贽等人的异端思想行为的同时，言论中也在不知不觉当中浸润了他们目之为异端的反封建专制思想的影响。如顾允成在劾奏万历皇帝的爱妃郑氏的奏文中，直斥郑氏的行为是“视天下犹为皇上一己之私也”。[4] 而顾宪成则云：“皇后之诸子，虽皇贵妃不得而私之……今，庶民之家妾之有子，亦以其妻为嫡母，岂必自己出而后为子?”[5] 曾上疏激烈指摘李贽“背弃孔孟，非毁程朱”，使“世道溃于狂澜，经学几为榛莽”，并要求严厉惩办以“崇正辟邪”的冯琦亦云：“今庶人百金之产，兄弟不惮破家而讼，士大夫争一官半职而相构陷者，不可胜数，况于至尊至贵而不早为定分，安得无如逐兔之说乎!”这种把皇太子册立的事与庶人百姓之事相提并论，说明册立之事决非皇家私事，与东林党人“天下万事是非公论，当与天下万世共之”的普遍认识是一致的。[6] 这些认

---

[1] 焦竑：《焦氏笔乘续集》卷二，清刊粤雅堂丛书本。

[2] 焦竑：《澹园续集》卷三《送翁郡侯周野之抚州序》，金陵丛书本。

[3] 焦竑：《焦氏笔乘续集》卷四。

[4] 高攀龙：《高子遗书》卷十一《顾季时行状》，上海古籍出版社影印四库全书本。

[5] 高攀龙：《高子遗书》卷十一《泾阳顾先生行状》。

[6] 参见《明神宗实录》卷三四九万历二十八年七月己酉李三才语、杨涟《杨忠烈公文集》卷一《止内批屡降疏》及缪昌期《从野堂存稿》卷一《国体国法国是有无轻重解》等东林党人的有关论述。

识表现于史学之中，必然会使他们的经世史学也带上一些反对封建君主专制的启蒙色彩。至于几社领袖、明后期经世史学思潮代表史家陈子龙，亦声称：“余观当世，黑白倒易，南威敦洽，庆忌跛胖。伪售好姗，稍削旧观之辱，随循故武。世之号握笔者，辄著言以媚其时，是终不灭磨。世率好诬，犹今之视昔也。由此观之，三千余年之间，何可一二数焉。”并一再感叹：“夫史纵不能令人信，奈何令人不疑也！”[1]

此外，像“明世记诵之博，著作之富”推为第一，明后期黜虚征实史学学术思潮中之主将杨慎，亦一再在文中非孟子、非郑玄、非朱熹。他驳斥孟子“舜避尧之子”等说法，云：“天下非私，何避之有？……至谓益避禹之子，尤为无稽，禹未尝禅于益。孟子尝曰：‘唐、虞禅夏，后殷、周继矣’，何其言之自相戾乎？孟子于《武成》取二三策。善观孟子者，例是可也。《荀子》云：孟子‘略法先王而不知其统’，此类之谓乎？”[2] 并且挖苦朱熹说：“朱文公谈道著书，百世宗之，愚详观其评论古今人品，诚有违公是而远人情者，……盖自周、孔以下无一人逃其议。古人谓君子当于有过中求无过，不当于无过中求有过。文公《语录》论人，皆无过中求有过者也。或者门人记录之过，朱子无忠臣遂至此欤？”[3] 同样表现有启蒙史学的思想倾向。

附考一　关于《史纲评要》《熙朝名臣实录》的作者及有关问题

《史纲评要》的序言以李贽的口吻云：“人各一是非，我亦一是非，布衣可以参衮钺之权，月旦非以擅《春秋》之柄。遇恨则骂，遇嬉则笑，……纵口横笔，……必视籍中之帝王，且若执斧钺临我，结舌瞪目，阁笔三叹而已！”是一部异端色彩鲜明的历史评论著作，也是一部作者争论很大的著作。国内的崔文印和美国的陈学霖等考证，认为此书是书商为迎合世人口味牟利，失意文人吴从先辈欲借重李贽之名“附骥而行”，据

---

[1] 陈子龙：《秋士史疑序》，见齐鲁书社四库全书存目丛书影印明崇祯二年刻《秋士史疑》卷首。

[2] 杨慎：《升庵先生文集》卷四十五《舜避尧之子》条，明万历十年刊本。

[3] 杨慎：《升庵先生文集》卷四十六《文公著书》条。

刊刻于三年前的姚舜牧《史纲要领》加工伪造的著作，而且在它刊刻的第二年，甚至还出现了茂勤堂易名《李卓吾评点纲鉴评要》的翻刻本。崔文载《文物》1977年第八期，陈说见其所著 *Li Chih in Contemporary Chinese Historiography: New Light on His Life and Works* (White Plains N. Y: M. E. Sharp, 1980)。

同样可以说明明末反封建正宗的历史批判思潮声势的，是伪书《熙朝名臣实录》的刊刻流行。该书的情况与《史纲评要》类似。该书虽然题焦竑撰，《四库全书》史部存目也予以了著录，并没有表示怀疑，但是据上海图书馆所藏明刊本与今传李贽《续藏书》比勘，便可以看出，所谓焦竑《熙朝名臣实录》，完全是书商对李贽《续藏书》的改头换面之作，而且很可能是在天启五年（1625年）再次诏谕禁毁李贽著作之后的产物。该书之伪，可从这样几个方面看出：一、内容。该书除将“李贽曰”改为“焦竑曰”外，具体内容与文字用语，一如《续藏书》，甚至连评语中李氏用以自嘲的“李秃翁曰”的字样，也照录不误；卷数亦俱为二十七卷。二、序文。该书卷首所谓署为“秣陵焦竑弱侯”的序文，实际是通过改头换面、凭臆引申、分合移位、大段袭用等手段，将《续藏书》的焦竑、李维桢二序拼凑杂合而成的作品。三、旁证。检明万历本李维桢《大沁山房集》卷八，有李撰《续藏书序》，与今本《续藏书》李序文字同。三点综合，上海图书馆所藏《熙朝名臣实录》为借焦竑与李贽的密切关系传播李贽思想的伪书可以定谳。

这里我们抛开这些书的真实作者问题不谈，仅从著作的思想倾向及出版年代考虑，则可得出这样的结论：李贽死后十数年，即万历末至天启年间，他带有早期启蒙色彩的史学思想在社会中的影响依然很大，并在士子中具有相当的号召力。证明了当时张鼐《读卓吾老子书述》所说的“卓吾死而其书重，卓吾之书重，则真书赝书并传于天下”，以及黄仁宇《万历十五年》所说的“李贽代表了全国文人的良心”的事实。

附考二　万历时期朝廷打压有异端倾向的学者

李贽于万历三十年（1602年）遭劾被捕自尽，当时明神宗对张问达劾李贽奏疏的批令中说：“李贽敢倡乱道，惑世诬民，便令厂卫五城，严拿治罪。其书籍已刻未刻，令所在官司尽搜烧毁，不许存留。如有徒党曲庇私藏，该科及各有司访参奏来，并治罪。”翌年，被异端思想者们视为与李贽并为“二大教主”的僧达观亦在京师因所谓“妖书案”被倾陷处死。在康丕扬倾陷达观的奏疏中曾称“昨逮问李贽，往在留都，曾与此奴并时倡议。而今一经被逮，一在漏网，恐亦无以服贽心者”，所以要求“并置于法，追赃遣解，严谕厂卫五城查明党众，尽行驱逐”。而神宗据此所下的诏书亦云：“维世立教，崇尚孔子，明经取士，表章宋儒。近来学者不但非毁宋儒，渐至诋讥孔子，扫灭是非，荡弃行简，复安得忠孝节义之士为朝廷。”可见当时朝廷曾针对具有异端倾向的学者进行了一系列的打压行动。[1]

[1] 以上引文分见《明实录》卷三六九、卷三七〇。

第六章　陈建的经世史学思想

无论是明代后期的史学史，还是明代后期的思想史，陈建都占有一定地位。

陈建（1497—1567 年）字廷肇，号清澜，别署清澜钓叟、粤滨逸史等。广东东莞（今广东东莞市）人。主要活动于正德、嘉靖时期。陈建一生的经历颇为简单：嘉靖七年（1528 年）中举人，嘉靖八年、嘉靖十一年两中会试副榜，选授福建侯官县教谕；不久，以政绩迁临江府学教授，任上先后应聘典江右、广右、云南、湖南等地试官；几年后，循资迁山东信阳令；嘉靖十三年（1534 年），48 岁，“以母老乞养”，力请归邑；自此以后，“遂隐居不出”，构清澜草堂于东莞城北，潜心著述；“隆庆元年（1567 年）丁卯，以上书终于南都之留城，年七十一”。[1]

陈建的著述颇丰，凡计有《学蔀通辨》《治安要议》《皇明启运录》《皇明资治通纪》《朱陆编年》《西崖乐府通考》《经世宏词》《明朝捷录》《古今至鉴》《陈氏文献》《小学古训》等。此外，陈建尚辑有《周子全书》《程氏遗书类编》，代海防汪某作《海防长策》等。其中流传至今的有《学蔀通辨》十二卷、《治安要议》六卷、《西崖乐府通考》十卷、《皇明资治通纪》三十六卷等。[2]《古今至鉴》六卷，也疑有传本。

---

[1] 清《重修东莞志稿·陈建传》引《墓志》。

[2] 关于《皇明资治通纪》的卷数，各簿册著录不一，且今又有多种传本，此依清陈伯陶《重修东莞志稿》说。

陈建著述的突出特点，是“盖为天下万世虑也”[1]。其史学主要表现在两个方面，即“究心学术邪正之分，及国家因革治乱”[2]。而他史学思想的核心，则是经世致用——以现实问题为思考的起点和归宿。这对于明代后期史学思想的发展，具有相当积极的影响。

第一节　对理学史的认识和“究心学术邪正之分”

陈建是明代后期重要的程、朱派理学学者，曾在王阳明心学正盛的时候，力诋王学之非。但是不知何故，黄宗羲《明儒学案》并未为陈建立传。直至20世纪30年代，容肇祖先生在《国学季刊》5卷3期上发表了《补东莞学案——林光与陈建》一文，才确立了陈建在明代理学史中应有的地位。20世纪80年代，侯外庐、邱汉生先生主编《宋明理学史》，也为陈建立了专章，就陈建的《学蔀通辨》，讨论了他的理学观点。

作为程、朱理学学者，陈建的理学史观，明显表现出推崇程、朱一系学者，贬抑具有心学倾向学者的思想特点。他曾臧否明代前期理学诸家，认为：

> 余尝因杨万震（廉）所录《理学名臣录》而并论之：我朝理学之士，薛文清瑄、陈克庵选为最，胡敬斋居仁、罗一峰伦、章枫山懋亚之。盖一峰、枫山偏于退隐为高矣。陈白沙献章，只一味禅会。庄定山昶只是一个诗人，与黄未轩仲昭，言行未见灼灼。定山晚年出处一节，虽白沙亦讥之。陈剩夫（真晟）只是一个狷介之士，其学识比胡敬斋犹未及。邹吉士智，忠鲠名臣，不必厕身道学。余非末学所敢议矣。杨万震《录》所遗，前有曹月川端，后有何椒丘乔新、邵二泉宝、罗整庵钦顺，皆当续入。[3]

[1]《东莞志稿·陈建传》引《陈建墓志》。

[2]《东莞志稿·陈建传》。

[3] 陈建：《皇明资治通纪》后编卷十八天顺二年“陈建按”。

这里所反映的陈建的理学史观颇为耐人寻味。第一，他把薛瑄和陈选推为明朝的理学之最。其中，以薛瑄为有明理学第一不难理解，黄宗羲的《明儒学案》也是在源流上首推薛瑄的。因为薛氏在明前期曾在北方开“河东之学”，门徒遍及晋、豫、陕。至明代中期，又形成以吕柟为主的“关中之学”，其势“及与阳明中分其盛”。[1] 故高攀龙有明代“学脉有二”，一是南方的阳明之学，一是北方薛瑄的朱学之说。[2] 而陈选则相对学不太彰，黄宗羲《明儒学案》将他列在“诸儒学案”中，并录蕺山《师说》，称陈建“《通纪》评理学未必尽当，而推许先生也至矣”，[3] 认为陈建推许陈选有些太过。但是，史称薛瑄及其“河东之学”，“恪守宋人矩矱”，[4] 称陈选“以克己求仁为进修”，“读书不资为文辞，手录格言，为力行之助”，[5] 都是二程、朱熹学说的忠臣。更重要的是，二人都是不畏权臣奸宦的耿介之士。《明史》卷二百八十二本传载，薛瑄曾正色拒绝对王振的提拔表示感恩，称“拜爵公朝，谢恩私室，吾不为也”。当王振得势之时，“公卿见振多趋拜，瑄独屹立”，甚至当王振对他上前施礼，“亦不还礼”，还多次拒绝王振的无理要求。英宗复辟，下于谦等狱，薛瑄力为于谦等辩白。“见石亨、曹吉祥乱政”，遂托病归乡。陈选也和薛瑄一样不畏奸宦，据《明史》卷一百六十一本传载，权宦“汪直出巡，都御史以下皆拜谒，选独长揖。直问何官，选曰：‘提学副使。’直曰：‘大于都御史耶?’选曰：‘提学何可比都御史，但忝人师，不敢自诎辱。’选词气严正，而诸生亦群集署外。直气慑，好语遣之”。其他以胡居仁、罗伦、章懋等为亚，是因为胡居仁虽与陈献章同师事吴与弼，却“必议白沙为禅”，而且“辨释氏尤力”；[6] 罗、章二氏不仅均“守宋人途辙”，“其学确守宋儒”，[7] 而且都是品格高洁、不曲媚奸佞的学者。这些都说明陈建的理学史观，一是看重学术思想是否是纯粹的程、朱之

---

[1] 转引自侯外庐主编《宋明理学思想史》第五章。

[2] 见《东林书院志》卷七《景逸高先生行状》。

[3] 黄宗羲：《明儒学案》卷首《师说》。

[4] 黄宗羲：《明儒学案》卷一《河东学案序》。

[5] 黄宗羲：《明儒学案》卷四十五《方伯陈克庵先生选》。

[6] 黄宗羲：《明儒学案》卷五《文敬胡敬斋先生居仁》。

[7] 黄宗羲：《明儒学案》卷四十五《文毅罗一峰先生伦》及《文懿章枫山先生懋》。

学，一是看重人品正直与否。

第二，与褒扬、推尊程朱相对的，是对那些具有心学倾向的学者的极力贬斥。像上引文中所说的“陈白沙献章，只一味禅会”，“定山晚年出处一节，虽白沙亦讥之。陈剩夫只是一个狷介之士，其学识比胡敬斋犹未及”等。原因就在于这些学者的学术“不纯粹”。其中如陈献章是明代学术重心向心学化发展的重要人物，黄宗羲说：“有明之学，至白沙始入精微。其吃紧工夫，全在涵养。喜怒未发而非空，万感交集而不动。至阳明而后大。两先生之学最为相近。”[1] 都是“发明象山宇宙之旨，禅学作弄精神”[2]。庄昶亦是“以无言自得为宗”，“而于所谓文理密察者竟不加功”，学术大旨多“与白沙相合”。[3] “陈真晟学无师承”，但是“要其学颇似近之”吴与弼。[4]

在前面的引文中，陈建还提到应在杨廉《理学名臣录》的前面加上曹端，后面补上何乔新、邵宝、罗钦顺三人。曹端，刘宗周认为：有明学术，“方正学（孝孺）而后，斯道之绝而复续者，实赖有先生一人，薛文清亦闻先生之风而起者”。[5] 因此从明代理学发展史的实际情况看，在薛瑄的前面加上曹端是合理的。至于后面添加的三人，则与陈建上述的理学史观有很大的关系。如邵宝“学以洛、闽为的”，而《明史》称：“时天下言学者，不归王守仁，则归湛若水，独守程、朱不变者，惟（吕）柟与罗钦顺。”[6] 三人中，陈建最为推崇罗钦顺，认为罗钦顺“深明性命之理及古今学术，儒佛、朱陆之辨”，是“先得我心”。[7]

同样可以看出陈建理学史观的，是陈建对吴与弼的批评。《明儒学案》曰：“椎轮为大辂之始，增冰为积水所成，微康斋，焉得有后时之盛哉？”[8] 意在言陈献章的心学倾向，早在吴与弼的时候，就有所萌芽了。

---

[1] 黄宗羲：《明儒学案》卷八《白沙学案序》。

[2] 陈建：《学蔀通辨》后编卷上，齐鲁书社四库全书存目丛书影印明刊本。

[3] 黄宗羲：《明儒学案》卷四十五《郎中庄定山先生昶》。

[4] 《明史》卷二百八十二《儒林传一》。

[5] 黄宗羲：《明儒学案》卷首《师说》。

[6] 《明史》卷二百八十二《儒林传一》。

[7] 陈建：《皇明资治通纪》卷三十四正德十六年“陈建按”。

[8] 黄宗羲：《明儒学案》卷四《崇仁学案叙录》。

除了理学观点外，陈建对吴与弼的批评，主要是针对吴氏的虚伪人品。陈建在《皇明资治通纪》“天顺二年”的叙事中，曾两次发表长篇按语，批评吴与弼。一是谓吴与弼的人品，“盛名之下，其实难副”。认为吴氏辞荐不受，是“所谓不为小官，而窥卿相之位”。至后来“跋石亨族谱”，竟“顾感权奸之一荐，而甘为门下士，亦悖矣”。揭露吴氏“尝以弟夺其田，褫冠囚首，跪讼于府庭”，斯文扫地。当“罗伦休官往见之”时，吴氏却傲慢地“辞拒至再，意待伦三往而后见之”。一是谓吴与弼的学术，“枯浅寂寥，草率粗略，无所发明，有目共睹”。尤其是对其“孜孜假梦，攀贤附圣”，《日记》每言梦见文王、孔子、朱子等圣贤的虚伪表白，不以为然。[1]

作为陈建史学活动重要方面的“究心学术邪正之分”，事实上也是以上述理学史观来厘分所谓学术邪正的，即恪守程、朱正统思想的，为正；越此藩篱者，为邪。

“究心学术邪正之分”，在陈建史学思想中占据重要地位。陈建认为：“天下莫大于学术，学术之患莫大于蔀障。”[2] 陈建之所以如此看重学术思想在社会中的价值，是因为在他看来，学术思想作为意识形态的重要构成，直接关系到封建纲常的巩固，因此，在陈建的史学思想中，清除学术思想的蔀障，廓清思想学术，被看作是史学家经世的重要任务之一，而不是简单的学派之争。

陈建的这种史学观念是和当时的社会分不开的。

陈建生活的时代，正是王阳明心学开始盛行的时候。正德十三年(1518 年)，王阳明最重要的理论著作《传习录》，在江西由他的学生刊行，一时执心学之论者如流。嘉靖年间，王阳明的弟子薛侃请祀陆九渊、陈献章于文庙，万历十二年 (1584 年)，明神宗下诏以王阳明从祀孔庙，标志着心学已为统治集团认可。这对王学的发展具有重大的意义。王阳明心学在社会中影响的不断扩大所造成的“儒、佛混淆”“朱、陆莫辨”的局面，使恪守程、朱理学的陈建深感不安。早在嘉靖十二三年于福建任所，陈建便曾与督学潘潢讨论过朱、陆异同的问题，并撰述了《朱陆

[1] 陈建：《皇明资治通纪》天顺二年“陈建按”。

[2] 陈建：《学蔀通辨·总序》。

编年》二编。此后，他在江西临江府学教授的任上，又“复辑《周子全书》《程氏遗书类编》”等程、朱一系的理学著作，宣扬程、朱理学，“以裨来学”。[1] 也正是从这时开始，陈建经过十年的努力，“稿至六七易”，最终在嘉靖二十七年（1548 年）刊出了他的学术思想史研究的力作《学蔀通辨》，从朱学的立场，对王阳明宣扬的所谓朱熹晚年悔过，转向心学的谎言进行了揭露。

《学蔀通辨》是理学发展史上的一部重要的著作。它的编撰目的，据陈建《总序》讲，乃是他有鉴于陆九渊、王阳明等引释入儒，“假其似以乱吾儒之真，援儒言以掩佛学之实”，造成“佛、儒混淆”，“朱、陆莫辨”的“蔀障”，在“忧学脉日紊”的忧患意识驱动下撰述的学术思想史著作。因此，陈建所要“愤然发奋，究心通辩”的理学问题，其根本的动力也是他经世致用的冲动。

当初，王阳明虽然针对程、朱之学“性即理”的理学体系，提出了“心即理”的心学理论体系，但是他的学说一开始发展得并不是一帆风顺。因为程、朱之学毕竟是钦定的官方哲学，是士子们博取功名的舟楫，与之相违，往往被人视为异端。况且当时与王阳明并世的还有罗钦顺、余祐、吕柟、湛若水等学者，构成王学学术上的反对派，在学术界同王阳明鼎足对峙。尤其是随着王学在社会上的影响逐渐扩大，一些来自政治方面的攻击毁谤也开始出现。如当时的御史程启充、给事毛玉便上书，“倡议论劾”，要求对王学“宜严禁以端士习”。嘉靖二年（1523 年）南宫策士，又阳以“心学”为问，阴辟王阳明的学说。直到王氏死后桂萼还上疏说：“守仁事不师古，言不称师，欲立异以为高，则非朱熹格物致知之论。知众论之不予，则为《朱熹晚年定论》之书。号召门徒，互相倡和……宜免追夺伯爵以章大信，禁邪以正人之心。”[2] 王阳明为了减少宣扬自己学说的阻力，不得不采取证明自己与朱熹学说一脉相承的方式为自己辩解。他从朱熹的著作中，选出了 34 条与自己学说吻合的语录，撰写成《朱子晚年定论》一书，力图说明世上所传的《四书集注》等书，都是朱熹中年未定之论，而到了晚年，朱熹“固已大悟旧说之非，痛悔

[1] 陈建：《学蔀通辨》卷十二《陈建传》。
[2] 《明史》卷一百九十五《王守仁传》。

极艾，至以为自诳诳人之罪，不可胜赎”，只是“思改正而未及”。而王阳明自己“幸其说之不谬于朱子，又喜其朱子之先得我心之同然”。[1]对于这种“引朱合陆”的做法，王阳明自己也承认是“盖不得已而为此”。[2]

关于王阳明所作的《朱子晚年定论》，早在陈建之前，罗钦顺已经多次致信王阳明进行了论难批驳，余祐亦有所论述。陈建本人，开始也写过《朱陆编年》进行了有关的讨论，“然学者多信之”。[3]之所以如此，陈建认为原因在于“以前所著朱、陆之辩，非所以拔本塞源也”。因此他便决定采用历史的方法，对这个思想史上的问题，从根本上予以解决。于是他“乃取《朱子年谱》《行状》《文集》《语类》及陆氏兄弟往来书札，逐年编辑”，在以往《朱陆编年》二编的基础上，进一步“讨论修改，探究根极”，详细考证，写成了《学蔀通辨》这部思想史著作，对王阳明《朱子晚年定论》所说的朱熹与陆九渊之思想“早异晚同”的说法进行了揭露，用具体的史实说明朱熹与陆九渊的思想是“早同晚异”，朱、陆思想具有根本性的差异。

《学蔀通辨》全书共12卷，分为前、后、续、终四编。其中前编的史学价值最大。在这一编中，陈建把所裒辑的有关朱熹学术行实的史料编年排列，使得朱熹学术思想发展的轨迹清晰可寻，采用历史的方法来暴露王阳明“朱、陆早异晚同”说的矛盾。书中，陈建格外注意揭示思想发展的前后变化，把思想置于一个历史的过程之中来说明问题。

首先，陈建以详细的史料说明朱熹与陆九渊的思想早年是接近的。例如他举出《朱子语类》中朱熹曾说自己“某旧时，亦要无所不学，禅、道、文章、楚辞、诗、兵法，事事要学，出入时无数文字”，说自己“某年十五六时，亦尝留心于此（禅学）”等对自己早年为学的回忆，说明朱熹早年“出入于经传，泛滥于释老”的实情。举出《朱文公文集·存斋说》中，朱熹29岁时所说的“人之所以位天地之中而为万物之灵者，心而已矣”等心学言论，以及《朱文公文集·答薛士龙》中，朱熹41岁

[1] 王阳明：《传习录》附《朱子晚年定论序》。
[2] 王阳明：《传习录》中。
[3] 陈建：《学蔀通辨》卷十二《陈建传》。

时，对自己少时“曾舍近求远，处下窥高，驰心空妙之域者，二十余年”的忏悔，从正反两个方面，说明了朱、陆之学在早年是接近的。同时以确凿的证据论证，王阳明赖以说明“朱子晚年合象山”的朱熹《答何叔京书》，是朱熹39岁所为，由此陈建指出：当时“朱子年未四十，学方日新未已，与象山犹未相识，若之何得为‘晚合’？何得为‘晚年定论’耶”？因此，结论只能是王阳明“其颠倒诬诳，莫斯可甚”而已。[1]

其次，陈建通过史料的编年排比，勾画了朱熹对陆九渊的学说从将信将疑到公开争论的历史事实。其中在具体的操作方法上：一、陈建先后引述《朱文公文集·答吕子约》《朱文公文集·答项平山》等文献，说明朱熹“中年方识象山，其说多去短集长，疑信将半”。二、引述《朱文公文集·与刘子澄书》等文献，说明在淳熙十三四年以后，即朱熹五十七八岁的时候，对陆九渊的态度开始发生变化，“于象山鲜复称其善，而专斥其非，不复为集长之说”。三、引述《朱文公文集·答吕伯恭》等文献，说明早在淳熙二年（1175年），朱熹与陆九渊“鹅湖之会”之后，二人的争论便开始公开化了，至淳熙八年的“南康之会”，二人的争论更加激烈。自此朱、陆“日益冰炭”。

再次，除了通过史料编年在时间上揭破王阳明“朱、陆早异晚同”的谎言外，陈建还采取史料文字比勘的方法，来进一步地戳穿王阳明的所谓“权诈阴谋”。书中，陈建把王阳明《朱子晚年定论》所引用的朱熹言论，与朱熹原文进行了比较。指出王阳明为了达到制造朱熹与陆九渊晚年思想一致的目的，不惜采用删改史料、断章取义的手法，保留朱熹的原文中一些礼貌谦逊之词，而删去原文中批评陆九渊兄弟的关键词语。例如陈建指出，在《朱子晚年定论》中，王阳明把朱熹在淳熙二年的《答张敬夫》函中，所谓“熹于文字之间，觉向来病痛不少，盖平日解经最为守章句者，然亦多是推衍文义，自做一片文字，非惟屋下架屋，说得意味淡薄，且是使人看者将注与经作两项工夫做了，下稍看得支离，至于本旨全不相照，以此方知汉儒可谓善说经者，不过只说训诂，使人以此训诂经文不相离异，只做一道看了，直是意味深长也”等文句单独录出，好像朱熹对自己过于沉潜于章句训诂已有所觉悟，而实际却将此

[1] 陈建：《学蔀通辨》前编卷上。

函中批评陆氏兄弟的关键部分删去。因为在这部分中，朱熹说："子寿兄弟气象甚好，其病却是尽废讲学，而专务践履，却于践履中要人提撕省察，悟得本心，此为病之大者。要其操持谨质，表里不二，实有以过人者，惜其自信太过，规模窄狭，不复取人之善，将流于异学而不自知耳!"[1] 非常清楚地表示对陆氏兄弟"尽弃讲学"、专事顿悟，是"病之大者"，"将流于异学而不自知"。

正是在历史考察和文献考察的基础上，针对王阳明把经过他删改的朱熹《答张敬夫》函收入其《朱子晚年定论》，陈建指出：

> 王阳明节录此书入《晚年定论》，其欺弊有三：此书在既会象山之后，《论》《孟》集注未成之时，何得为晚？其欺弊一也；删去《学》《庸》，缘此修过以下者，盖《定论序文》以为中年未定之说，思改正而未及，故于此删去修过之由，以弥缝其说也，谩人以为未及改也，其欺弊二也；亦删去子寿兄弟以下者，以讥陆之故，而特为讳避也，考《定论》一编，凡讥及陆学处皆删去，惟一二稍称陆学处则不删，其欺弊三也。

因此陈建结论说："只看阳明录此一书，便有许多弊。篁墩（程敏政）、阳明专挟朱子手书驱率后学，致后学亦以为彼据朱子手书不疑也。此权诈阴谋，不合用之于讲学。"[2]

陈建以历史事实揭露王阳明的朱熹、陆九渊"早异晚同"论为"权诈阴谋"，根本目的是抨击当时盛行的王阳明心学。他在《学蔀通辨》中说："按近世假儒书以行佛学，正犹昔人所谓挟天子以令诸侯"，"不过借儒者以行其煽诱来学之计耳"。[3] 陈建认为，从陆九渊、陈献章到王阳明的心学就是禅学，他们思想的渊源，一是达摩、慧能、宗杲、常总等佛教禅师；一是李翱、苏辙、张九成、吕希哲、吕本中等援佛入儒的学

---

[1] 陈建：《学蔀通辨》前编卷中引《朱文公文集·答张敬夫》。

[2] 陈建：《学蔀通辨》前编卷中。

[3] 陈建：《学蔀通辨》后编卷上。

者。[1] 其“下手工夫在于遗物弃事，屏息黜虑，专务虚静以完精神，其惟禅显然也”[2]。所以陈建一再告戒说：“学者岂可惟所欺误!”[3]

当然，陈建所谓“究心学术邪正之分”，有很大成分是从维护正统程、朱理学的立场出发的，有他的倾向性和片面性，但是我们也应看到，陈建的根本目的和出发点，是基于一个儒者的经世冲动，是为了封建国家的稳定发展，所以后来的东林党领袖顾宪成，在他的《刻学蔀通辨序》中，称《学蔀通辨》“千万余言，其忧深，其虑远，肫恳迫切，如拯溺救焚”，表示了对陈建“天下莫大于学术，学术之患莫大于蔀障”，“究心学术邪正之分”的史学思想的同情。

第二节 “为当世借前箸筹之”

除了认为“天下莫大于学术，学术之患莫大于蔀障”，而“究心学术邪正之分”的史学思想外，“监成宪”，“为当世借前箸筹之”，也是陈建史学思想的重要方面。

陈建主要活动的正德、嘉靖之际，正是明皇朝由盛及衰的转折时期。政治、经济及军事形势的变化，给陈建的史学思想打下了很深的烙印。据陈伯陶《东莞志稿·陈建传》引《宝翰堂藏书考》《福建通志》及《粤大记》等文献描述说：“建貌寒素，人望而轻之。然性缜密，博闻强记，究心学术邪正之分及国家因革治乱之故。”陈建自己也常以北宋名相范仲淹“居庙堂之高，则忧其民，处江湖之远，则忧其君”的名言勉励自己，称自己“虽不肖，诚不忘江湖耿耿”。[4] 他不务虚名，不作虚文，唯以经邦济世为己任，自云：“士君子得其时行其道，则无所为书，身后虚名亦何益耶!”[5] 所以他总是把自己的史学与现实政治和国家的命运联结

[1] 陈建：《学蔀通辨》后编卷下。
[2] 陈建：《学蔀通辨》后编卷中。
[3] 陈建：《学蔀通辨》后编卷下。
[4] 陈建：《治安要议序》。
[5] 《东莞志稿·陈建传》引《陈氏家传》。

在一起，有为而作。他的史学代表作《皇明资治通纪》，就是他经世史学思想的集中体现。

《皇明资治通纪》是明代第一部私撰编年体的当代史。其叙事始于元至正十一年（1351年），讫于明正德十六年（1521年）。这可以说是陈建在他拥有的条件下，尽可能下延的年限了。《皇明资治通纪》原书分为前后两编，前编题《皇明启运录》，先行刊刻。据清末修《东莞志》卷八十四《艺文志》所附陈建原序称，该书的断限"始于前元至正辛卯红巾之倡乱，而终于国朝洪武壬申天下无事，功臣受封已毕，赐赉各还其乡，首尾四十余年"。所谓后编，据今传《皇明资治通纪》陈建自序说，当他将《皇明启运录》付梓后，被香山黄佐看到，于是劝说陈建继续撰写洪武二十五年以后的史事。黄佐对陈建说："昔汉中叶，有司马迁《史记》，有班固《汉书》，有荀悦《汉纪》；宋中叶，有李焘《长编》，皆搜载当时累朝致治之迹，以昭示天下。"可是明朝建国都已近二百年了，却仍然"未有纪者"，所以"子纂述是志"，就应"盍并图之，以成昭代不刊之典"。当听到黄佐的这番劝告时，开始陈建表示推辞，其理由是认为自己"愧乏三才，何敢僭逾及此"，但是最终还是念及自己"素性有癖焉，自少壮时，癖好博览多识"，尤其是致仕后，更时刻不能忘怀国事，"每翻阅我朝制书，洎迩来诸名公所撰次，诸凡数十种，积于胸中"，而看到皇朝逐渐由盛及衰的历史，又往往使得他"久久不能自制"。这些最终打动了陈建，使他接受了黄佐的劝告，开始"时时拈笔书之。取其有资于治，可通为鉴者，编年次之"，继续写完了洪武二十五年以后，"下迄正德，凡八朝一百二十四年之事"，与先期刊刻的《皇明启运录》合为一帙，"并冠以《通纪》之名"。同时，整个《皇明资治通纪》也因此形成了"创业垂统"与"持盈守成"两个历史时期，而两个阶段间的盛衰嬗递之势，及"创业守成之殊"也因之悉然洞见。

早在嘉靖二十七年（1548年），即撰述《皇明资治通纪》之前，陈建就曾经写了一部6卷本的政论著作《治安要议》，就明中叶以来的政治、经济和军事的一些弊病，分为宗藩、赏功、取士、任官、制兵、备边御戎等六议。"议中所论明中叶积弊"，皆"斟酌改革，按之时势凿凿可行"者，[1] 体现了

[1] 陈伯陶：《治安要议跋》。

陈建的政治远见和社会改革思想。

概括说，陈建在《治安要议》中提出的“六议”，主要包括三方面的内容：

第一，财政方面。其主要内容是指出宗室分封过滥，认为当时“宗室日繁，禄米日益”，是财赋支出严重亏缺的重要原因。陈建不无担忧地指出：“以一王府计之，国初正亲王一人，今则分封郡王多至十府，分封将军、中尉多至数百千府矣，至郡主、县主，郡君、县君之封，亦且数百矣。”又“今日贡税，视国初不如多也”，而“宗室之生生无穷”，如此下去，势必“将尽天下之财不足以给矣”！所以他大声疾呼：宗藩之法，“非更化善法，终与不可为万世法也”！“今日宗室禄米之弊”已使国家“上下困穷已极”，必须进行“变通损益，更化善治”，予以改革。

除提出对宗室分封、食禄过滥进行改革外，陈建认为，要改变国家财政困难的问题，还必须对“赏功之滥”和“武职世袭之弊”进行改革，即认为“杜赏功之滥，始可以塞其源”，“革荫袭与纵罪之滥，始可以节其流”，才能真正达到缓解国家财政危机的效果。[1]

第二，吏治方面。陈建指出取士只重科举，任官过拘资格，是造成社会吏治极端败坏的重要原因。所以他在“酌古鉴今”的基础上，“为议有十”，提出了十项具体的改革主张：“一曰选举之始，不可轻取浮文也；二曰小官之选，不可不归本省也；三曰入仕之途，不可伤于冗滥也；四曰冗官之员，不可不加省并也；五曰初选之职，不宜骤贵也；六曰迁转之期，不宜太速也；七曰资级之迁，不宜太限也；八曰推让之风，不可不兴也；九曰考察之行，不可不慎也；十曰小官之禄，不宜减折也。”[2]

第三，军事方面。陈建指出：“兵者，生民之大命，国家之盛衰兴亡，恒必由之”，[3] 但是“我朝边事，一向只为‘因循姑息，玩愒偷安’八字所破坏”，朝廷如“不斩钉截铁断除此根，天下事未可知也”。[4] 所以他具体提出了“寓兵于农”和“即我之所长，以制彼之所短”的整体

---

[1] 陈建：《治安要议》卷二《赏功议》。

[2] 陈建：《治安要议》卷四《任官十议》。

[3] 陈建：《治安要议》卷五《制兵议》。

[4] 陈伯陶：《治安要议跋》引陈建语。

战略及边防策略。

《皇明资治通纪》的撰述，在一定意义上，也是对《治安要议》经世思想的进一步发挥。

《皇明资治通纪》的经世思想倾向非常鲜明，陈建在《自序》中，一再申诉自己撰述《皇明资治通纪》时的心情，说自己“每翻阅我朝制书，洎迩来诸公所撰次凡数十余种，积于胸中，久之不能自制”。并说自己“尝阅世变，尤有感焉”，“阅世变不能自已于怀”。他可能感到仅仅提出问题，提出对这些问题的改革建议，并不能深刻、全面地反映出历史由盛及衰的变化，只有全面地揭示历史，才能把皇朝由盛及衰的历史事实昭告世人，使统治者从荒淫嬉戏中警悟，使世人在升平歌舞的虚像中见到实情，同时也通过对皇朝历史的总结，为现实找出解弊救偏的药方。所以陈建说他的《皇明资治通纪》是要通过对文献“芟繁会要，萃次成编，于以叙述铺张我祖宗列圣之峻德神功，讦谟懿法，以昭示天下来世，大意欲奕世圣子神孙，绳祖武、监成宪，为先甲后甲之图，以保鸿业于亿万斯生之永”。[1] 即以史为鉴，“为当世借前箸筹之，挽回祖宗之盛”[2]。

《皇明资治通纪》的成书相当仓促。从时间上看，大约在嘉靖二十七年（1548年）左右，陈建先后完成了《学蔀通辨》和《治安要议》两书共18卷的写作，之后仅仅七年，就写完了《皇明资治通纪》。在没有任何成书成例可循的情况下，作为一个僻居南隅的布衣，用七年的时间撰写出当时第一部相对完整的当代史，确实有些仓促。其中原因有二：一是如陈建所说，他“素性有癖焉，自少壮时，癖好博览多识”，一直注意对有关国家政治文献的翻阅和搜集，使他在撰写《皇明资治通纪》之前就已有了一定的材料积累；一是他强烈的忧患意识，使他“阅世变不能自已于怀”，急切地希望把皇朝由盛及衰的历史昭告统治者和世人，“为当世借前箸筹之，挽回祖宗之盛”。而后一原因，对于推动陈建加速撰写《皇明资治通纪》来说，更为重要。陈建在《皇明资治通纪自序》中写道：

---

[1] 陈建：《皇明资治通纪凡例》。

[2] 陈建：《皇明资治通纪自序》。

> 抑尝因阅世变尤有感焉：祖宗时士马精强，边烽少警，而后来则胡骑往往深入无忌也；祖宗时风俗淳美，真才辈出，而迩来则渐浇漓也；祖宗时财用有余，而迩来则变易废弛比比也。推之天下莫不皆然。是果世变成江河之趋而不可挽欤？抑人事之得失有以致之也？

可以说，正是这一系列对历史与现实问题的诘问，驱使着陈建“芟繁会要，统为此《纪》，庶君子通今之略”，以至于“工拙不暇计云”。[1] 即使是“虽乏三才，续貂荀、李，汗颜班、马”，也丝毫“不计也”。同时，陈建也深知自己位卑言微，“力莫之能与也”，因此他希望通过《皇明资治通纪》对皇朝由盛及衰历史的展现，唤起世人对皇朝前途的注意，使那些“有志于世道者，尚相与商之”，引发世人对现实问题的注意和皇朝前途的广泛讨论，“为当世借前箸筹之”，解决现实问题，以使皇朝“挽回祖宗之盛”。[2]

陈建这种以经世为目的的史学思想，对于《皇明资治通纪》的编纂影响很大，例如从《皇明资治通纪》的外在形式看，虽然它的体裁仿照的是朱熹的《资治通鉴纲目》，但是其主旨已与朱著“明正统，斥篡贼”，“立纲常，扶名教”的宗旨大相径庭。《皇明资治通纪》并不像《资治通鉴纲目》那样，重在以“天理”为归依，对历史做出种种价值判断，而是继承司马光《资治通鉴》“专取国家盛衰，系民休戚，善可为法，恶可为戒者”，[3] 以资政治的史学传统，以现实政治为史学的归依，以皇朝的政治兴衰为考察历史的主线，探究“国家因革治乱之故”。[4] 因此，《皇明资治通纪》不仅书名明确标明“资治”二字，而且在《凡例》中开宗明义申明：“此《纪》仿《资治通鉴》而作，凡群书所载，必有资于治者方采录之。细故烦文，无资于治者弗录。”而根本目的，是使读者“一展卷而知孰为祖宗成法当守，孰为后来弊政当革”，[5] 是非之间洞若观

[1] 陈建：《皇明资治通纪凡例》。
[2] 陈建：《皇明资治通纪自序》。
[3] 司马光：《资治通鉴》卷二百九十四附《进书表》。
[4] 郭棐：《粤大记》。
[5] 陈建：《皇明资治通纪凡例》。

火，“昭然灼然矣”。[1] 因此翻开《皇明资治通纪》，几乎到处可以看到“此有天下者当务之至急也”“有志斯世者察焉”“经世者考之”“以期当今之可行”“其固有天下之至鉴与”“谋国安边者所当取法与”“此有识之所深忧与”“有国者尚念之哉”“俟经世者采焉”“此可为万事法”“万事所当法”等等类似的文字，缀在或长或短的评论按语后面，使得陈建忧国恤民的悃款之情跃然纸上。

第三节　《皇明资治通纪》史论的思想价值

回首皇朝辉煌的历史，目睹现实政治的衰颓，陈建无限感慨，对自己，也对着世人发出一连串引人冷静思虑的诘问：

——为什么“祖宗时士马精强，边烽少警，而后来则胡骑往往深入无忌”?

——为什么“祖宗时风俗淳美，真才辈出，而迩来则渐浇漓”?

——为什么“祖宗时财用有余，而迩来则变易废弛比比”?

——这些盛衰之变“是果世变成江河之趋而不可挽”? 还是“人事之得失有以致之”?[2]

这些问题，应该说是陈建历史研究中最关心的问题，也是他先行撰述的《治安要议》“六议”所探讨过的问题。但是通过“原始察终，见盛观衰”，系统考察他所生活时代之前的整个皇朝兴起和发展的历史，陈建对这些问题的认识又有了更深一层的认识，也使他抑制不住自己的忧患，以及急于表述历史评论的冲动。

以按语的形式发表大量的历史评论，是《皇明资治通纪》的一个重要特点。陈建在《皇明资治通纪自序》中说：

> 愚间因次录，阅事变不能自已于怀，辄僭著评议，或采时贤确言，诚欲为当世借前箸筹之，挽回祖宗之盛，所深愿焉，而力莫之

[1] 陈建：《皇明资治通纪》弘治十五年《〈大明会典〉凡一百八十卷成》条“陈建按”。
[2] 陈建：《皇明资治通纪》卷首《自序》。

能与也，有志于世道者，尚相与商之。

明确道出了自己之所以发论的缘由、主旨和形式。其缘由是“阅事变不能自已于怀”，遂直抒感慨，“僭著评议”。而主旨是“欲为当世借前箸筹之，挽回祖宗之盛”；形式上，一是直接发表议论，一是“采时贤确言”，表达自己对事物的认识。

《皇明资治通纪》中的史评很多，每卷都有，少则四五条，多则二十几条。《皇明资治通纪》史评论述的内容也很广泛，在整个历史叙述的过程中随事而发，举凡政治、经济、军事、文化以及人物的臧否，都有所涉及。这些史评，在一定意义上也可说反映了陈建最有价值的一些史学思想。这些史学思想主要包括这样几个方面：

第一，探究历史发展问题，揭示历史盛衰转折枢机。

由于《皇明资治通纪》是先写完并刊刻洪武时期历史，后经友人劝说才又续写了洪武以后历史的，所以陈建对于明皇朝前后盛衰变化的感受格外深刻。书中，为了更好说明历史发展的阶段性特点，陈建对于嘉靖以前100多年明皇朝的历史发展，是以洪武朝的结束为界，划分为“创业垂统”和“持盈守成”两大时期。其中所谓“创业垂统”阶段，“始于前元至正辛卯红巾之倡乱，而终于国朝洪武壬申天下无事，功臣受封已毕，赐赉各还其乡，首尾四十年”。对于这个阶段，陈建重点探讨了明皇朝的“开创之故”和明初的致治之法，即“凡我圣祖之所以得天下，其神谟睿略峻德，成功始终，曲折次第”等，目的是要寻觅明皇朝“所以盛”的原因。[1] 从永乐元年始，陈建认为明朝开始进入“持盈守成”阶段。而在这阶段中，陈建又认为，永乐、洪熙、宣德几朝国势平稳发展，是为皇朝的鼎盛时期。但是其盛中又有衰，潜藏着衰世的因子，所以到了正统初期，皇朝的发展开始出现大的转折，国势开始形成由盛转衰的趋势。

关于正统初期明皇朝国势开始由盛转衰，陈建在《皇明资治通纪》宣德十年（1435年）宣宗“命司礼太监偕文武大臣阅武于将台”的记载下，发表按语评论说：

---

[1] 陈建：《皇明启运录自序》。

宣庙崩而王振专权，于见世道升降之一大机焉。夫洪武开国之初，宦官止供守门、传令、洒扫、使令之役而已，而其名无闻也。永乐中，马云、孟骥诸人闻其名矣，然犹未甚用事也。至宣德，王瑾、刘永成诸人，承宠用事矣，然犹未专政柄、制国命也。至正统初，英庙幼冲，王振掌司礼监，擅作威福，始事体大变：自此而天子深居大内，不与群臣相接议政矣；自此而中官势炽，中外之权一归司礼监矣；自此武备浸弛，胡虏跳梁，而边患日作矣；自此而承平玩愒，纪纲百废，浸以变易怠弛矣。

这里，陈建揭示了两个问题：一是所谓中官专权的问题，从“其名无闻”，到“闻其名”，再到“承宠用事”，以至“专国柄、制国用”，“中外之权一归司礼监”，是一个逐渐发展的过程，宣德十年宣宗命王振“偕文武大臣阅武于将台”，标志着中官在统治者的纵容下，最终走到了历史的前台，这事实上也是后来王振得以专权的重要原因；二是以“宣庙崩而王振专权”为枢机，明皇朝开始由盛向衰转折。而两个问题的根本，都是最高统治者的所作所为造成的。其所揭示的皇朝盛衰转折的枢机，也是与今天的研究相符合的。

除了揭示皇朝发展的大的历史阶段、大的盛衰转折枢机外，陈建在《皇明资治通纪》的叙事中，处处注意“原始察终，见盛观衰”，在历史前后盛衰比较的同时，揭示具体事件对后来历史发展的影响，并以史评的形式表达出自己的见解。例如《皇明资治通纪》景泰元年（1450年）“以边圉事殷，令天下生员纳粟上马者许入监，限一千人止”下，陈建论道：

我朝纳粟入监事例滥觞于此。其源一开，末流不可复塞。后遂援此例以赈饥，甚至援此以接济大工，无止息之期矣。我朝自正统以来，承平日久，天下之事，无不日入玩愒，废弛不承权舆，而太学为甚。祖宗朝最重太学，慎选贡徒文行兼备者，积分自广业堂升至率性堂，即得铨选京职、方面，与进士等。故洪熙初犹选监生吴信等为给事中。自时厥后，其法浸废。迨至纳粟上马，例行与举贡皆一，例挨次拨历听选，无复教养之实。彝伦堂遂为钱虏交易之地，大司成止为执簿拨历之官，博士、助教徒为冗员，无所事事。太学虚文，视天下郡县学校，相去何能以寸！祖宗良法美意，其尚存而不至于澌尽者几乎，阅世变何可胜慨！

指出明皇朝“纳粟入监”的弊政滥觞于景泰元年，当时虽属事出无奈，但是此例一开，“以考德、讲艺、释奠、视学之地，一变为西园、鸿都卖官鬻爵之区”，“于是辟雍遂被铜臭之目”，[1] 形成此一制度发展的转折。此外，又如《皇明资治通纪》宣德五年（1430 年）八月，在“以礼部郎中况钟为苏州府知府”的记载下，陈建评论说：“我朝资格之拘也，滥觞于成化，而愈胶固牢不可破于今时。”又如《皇明资治通纪》弘治十八年（1505 年）十月“建立皇庄七处”的记载下，陈建按语说：“按皇庄之设，祖宗时无，成化以来始有，然亦未甚，不过数处而已。至正德朝，内臣用事，皇庄始盛，先后建立，连州跨邑至三百余处，畿内之民至是愈困矣。”同样是指出事物从无到有，从微到著，逐渐发展的历史过程，指出事物发展的转折关键、原因及影响。

有时，对于一些问题，陈建的评论并没有局限在本皇朝，而是从更开阔的历史视野把握历史事物的发展变化，从而使问题的认识得到深化。例如，宦官专权是有明一代严重的政治问题，而陈建则在天顺八年（1464 年）五月，“时内臣用事甚张，在朝无敢公言者”记事下按语说：

按成周之制，以冢宰统阍寺。西汉之制，以元相监宫中。宋人循周、汉之遗，亦以宦官制属于宰相、枢密……三代而下，置阉官之法莫良于宋，故终宋之世，宦官鲜专政乱国之祸，视汉、唐人不侔矣。我朝内侍之制，过唐不及宋，百余年来，中官之权极矣。言之者虽众，惜乎无有以周、宋之事悟宸聪者。嗟夫！

此外像正统十三年（1448 年）七月“河决荥阳”的记述下，陈建历举“古今河道迁徙不同之大略”后，按语评论说：“然前代河决不过坏民田庐而已，我朝河决则虑并妨漕运而关系国计。我朝治河视前代为尤急。”

---

[1] 参见《客座赘语》卷四《太学生徒》及《万历野获编》卷十五《纳粟民生高第》。

说明皇朝由于建都北京，大量供给仰依漕运，河道的安否直接关系国计民生，治河的意义较之历史上的其他皇朝更为重要。

陈建《皇明资治通纪》中的这些带有探索历史规律性的史评，不仅反映了他对历史发展的深入探讨，也给关心国是的读者留下了深刻印象。在一定意义上，这也是陈建撰述《皇明资治通纪》因感到自己“力莫之能与”，期盼“有志于世道者，尚相与商之”的初衷。

第二，揭露弊政，反对因循，疾呼改革。

“阅事变不能自已于怀”的陈建，在《皇明资治通纪》的史评中，率直大胆地评议当朝王政，臧否当朝的君主朝臣，尤其是采用比较的方法，指出历史前后的变化，揭露当朝的种种弊政，热切地呼唤改革，从而形成《皇明资治通纪》史评的重要特点。例如由于永乐三年（1405 年）七月“论平交趾功”的记载，便引起了陈建对明皇朝“赏功过滥”弊政的感慨，他在按语中评议说：

> 按夏忠靖谓：赏，费于一时，有限；升，费于后日，无穷。此得置名言也。惟升元功，余皆班赉，此祖宗赏功良法也。正统以后则不然矣。王骥麓川之役，封爵升职至万余人。天顺中，有一卫官至二千余人矣。成化中，天下军职至八万余人。正德中，遂逾十万矣。使累朝赏功皆遵祖宗良法，夫岂冗滥至此？《书》曰：监于先王成宪，其永无愆。有国者尚念之哉！

又如对天顺元年（1457 年）九月“擢监察御史林鹗为镇江府知府，河东运司判官杨浩为顺德府知府”的记述而加按语说：

> 愚观祖宗用人，惟视才贤，不拘资格，故杨浩以一监生，再迁即至郡守，终陟都宪。以此，人皆立志向上，兴起事功。近来资格太限，虽举人无九卿之擢，岁贡至府佐即以为过望矣。志以位限，才以志隳；政以志损，而欲望治，难矣。是故沮人向上之志者，资格也，而坏天下之治功者，亦资格也。历观前代资格之拘也，皆起于叔季。我朝资格之拘也，滥觞于成化，而愈胶固守不可破于今时。

批判当时用人唯拘科举资格，而不顾人的真才实学，认为“进士未必优于举人，举人未必优于贡生。进士、举人、贡生之外，未必无奇才异能之士，惟试之以事而后可见，贵乎能察识而超拔之”[1]。

在《皇明资治通纪》史论对当朝弊政的批判中，尤其值得注意的是陈建对皇朝权贵滥设皇庄，贪婪掠夺所引起的土地兼并严重、社会贫富失均现象的尖锐批判。例如弘治十八年（1505年）十月“建立皇庄七处”下陈建按曰：“按皇庄之设，祖宗时无，成化以来始有，然亦未甚，不过数处而已。至正德朝，内臣用事，皇庄始盛，先后建立，连州跨邑至三百余处，畿内之民至是愈困矣。”天顺八年（1464年）五月“顺义县安里板桥村原抄没太监吉祥地一所拨为宫中官田”条陈建按曰：“按嘉靖初，差科道官查勘，又占过民地四十顷，见在共七十五顷，数十年侵占之数，过于原额几十倍。庄田之害始此，举此一处，其他可知。”又正德二年（1507年）“十月，赐皇亲沈传、吴让静海县庄田六千五百余顷”条陈建说：“按嘉靖初，差科道官称静海县原额一十九里，编户二千三百。十余年来，逃移绝灭已过其半，止并得八里人户九百而已，皆因本县地土尽为皇亲势家所夺，无复余地可以耕种，困弊至此。”而成化三年（1467年）十二月“下刑部郎中彭韶狱既而释之”事下，陈建按语言论更激烈，他指责当时皇亲贵戚的土地兼并说：

> ……夫何近年以来，权幸亲昵之臣，不知民间疾苦，不知祖宗制度，妄听奸民投献，辄自违例奏讨，将畿甸州县人民奉例开垦永业，指为无粮地土，一概夺为己有。由是庄田逾乡跨邑，小民恒产岁朘月削，至于本等征粮养马产盐人踮之地，一例混夺。权势横行，何以控诉！田产既失，粮税犹存，徭役苦于并充，粮草困于重出，饥寒愁苦，日益无聊，展转流亡，无所底定，以至强梁者起而为盗贼，柔善者转死于沟壑。其为害，有不可胜言者。

“权势横行，何以控诉”！陈建对于皇亲贵戚不顾人民疾苦，大肆掠夺、兼并土地的行径的揭露批判，既包含有对统治阶级、对朝廷弊政的不满，

---

[1] 陈建：《皇明资治通纪》宣德五年八月“陈建按”。

也包含有对皇朝前途命运的担忧。因此，他在历数土地兼并日益严重的弊政的同时，又警告统治阶级说："历考前代祸乱，多由于贫富不均"，而"今日此弊，视国初并甚矣"！他一再大声疾呼：对于因土地兼并所造成的贫富不均的问题，"经世君子其可忽乎"?![1]

综观《皇明资治通纪》史论中陈建对于皇朝种种弊政的揭露、批判，或婉或直，然其揆一也，即"大意欲奕世圣子神孙，绳祖武、监成宪，振因循玩愒之弊"，力促统治者振作起来，急图改革，"为先甲后甲之图，以保鸿业于亿万斯之永"。[2] 这也是《皇明资治通纪》史论中反复强调的重点。

早在撰述《治安要议》时，陈建就明确提出了"天下未有无弊之法也，法之不能无弊者，势也"的历史思想。认为对于当时的形势来说，"小变则小益，大变则大益。早变一日，则有一日之益；迟变一日，则增一日之害"[3]，"失今而不为之更制，吾恐日甚一日，一旦有事，仓猝之际，其将噬脐无及矣"[4]。改革皇朝弊政是皇朝最急切的事务。他在《治安要议自序》中论述改革的问题说：

> 余著《治安要议》，既就稿，或问曰：三代圣王制法亦有弊乎？曰：天下未有无弊之法也。法之不能无弊，势也。或起于因循积渐，法久而弊滋也；或起于时异世殊，可行于一时而不可行于异日也。法虽制于圣王，其势之不能无弊，何哉？使圣王之法皆永行无弊，则周公之思兼三王，不至于有不合者，仰而思之，夜以继日矣。孔子答颜渊为邦之问，不曰行夏之时，乘殷之辂，服周之冕，斟酌先王之礼，以立万世常行之道矣。三代叔季不至有衰乱危亡之祸，而井田封建诸法至今行之矣。法立于圣王，而行法之人不皆圣王，时不皆圣时也，圣王虽欲以无弊，如势何？此我国朝之法所以至于今日而其弊棼如无惑也。使周、孔复生，其必仰思所以斟酌而变通之，

[1] 陈建：《皇明资治通纪》洪武十九年《制鱼鳞册》条"陈建按"。
[2] 陈建：《皇明资治通纪凡例》。
[3] 陈建：《治安要议》卷二《赏功议》。
[4] 陈建：《治安要议》卷五《制兵议》。

不但已矣。《易》曰："变而通之以尽利。"又曰："通其变，使民不倦；神而化之，使民宜之。""穷则变，变则通，通则久。是以自天祐之，吉，无不利。"区区著为此《议》，故欲通变以宜民也。程子曰："时极道穷，理当必变。"周子曰："极重不可反，识其重而亟反之，可也。"此言殆切于今日也。

这里陈建论证了任何"法"都不能没有弊端，即使是圣人所制之"法"，也会或因时代和环境的迁变，或因所制之法本身原有不完善内容的发展，而逐渐产生种种弊端。认为"法"之有弊，是事物发展的必然，是"势"。如此明确地把变法提到历史必然性的高度来予以阐述，无论是在中国古代史学史上，还是在中国古代思想史上，都是相当突出的，反映了陈建对历史发展问题认识的深度。陈建这种"天下未有无弊之法"的观点，不仅为他主张打破因循，变革弊政，整治朝纲的政治思想提供了理论依据，而且也为他的史学活动，以及史学撰述的思想倾向，奠定了思想基调。事实上，《皇明资治通纪》的撰述正是对这种思想基调的深化发展，而《皇明资治通纪》的史评则又是这种思想的集中体现。

尽管《皇明资治通纪》所讨论的改革问题，与《治安要议》提出的"六议"，基本上是相类的，但是由于《皇明资治通纪》是把这些问题置于盛衰变动的具体历史过程中进行考察，所以必然会使改革的迫切性更加凸显。例如：

——主张改革宗藩食禄制度，认为这是造成国家财政危机的重要原因，也是国家潜在的动乱之源。《皇明资治通纪》弘治十四年（1501年）七月"递减王府房价及开矿造坟价银"条陈建按曰："……自古患民穷盗起，而况天潢乎。《易》'穷则变，变则通'，使高皇帝复生，睹此，亦必不株守祖训，而思所以处之，变而通之，以尽制矣。孔子曰：'有国有家者，不患寡而患不均。'孟子曰：'君子之泽，五世而斩。'程子曰：'圣王必为可久、可继之治。'诵斯三言，所以处之之道思过半矣。今欲处之无他，要不过损过以就中，损有余以补不足。损之益之，与时宜之而已。"具体改革措施则是：一、限定宗室藩王禄米定额，不使厚薄有差；二、"宜定子女数，以杜宗室之诈冒"；三、"宜制出仕之令，以尽宗室之才能"。

——主张对现行的选拔与用人制度进行改革。认为："以天下之大，人各有能有不能"，所以选官不能仅拘于流品。[1] 陈建说："祖宗时用人不拘一途，未尝大分流品，亦未尝限资格，与夫年劳之拘，用惟其贤、惟其能而已矣，故当时号称得人。"[2] 而国家亦因此得治。所以陈建要求恢复明初科举与荐举并行的选拔制度，进行"超升、久任与不拘流品"三者相结合的用人制度的改革。陈建认为："祖宗致治之盛有由然矣，大抵超升、久任与不拘流品之法，三者不可阙一。"其中"不超迁，则不能鼓舞豪杰；不久任，则虽才无以成功；拘流品，则使人自尽而绝其向上之心，息其有为之志"。[3]

——主张对当时实行的军事制度进行改革，取消卫所制度，改行寓兵于农的制度。陈建说："我朝承平百年来，卫兵之弊极矣"，必须"变而通之"，予以改革，"于选取民壮之制，以仿寓兵于农"。陈建认为"斯为更化善治，可久可继"。[4]

总之，陈建一再在《皇明资治通纪》里表示对当政者"上下乐因循，惮兴作"，致使"天下之事始一任其废弛，日入于弊而无复可为者矣"的行为进行批判，[5] 而极力倡导对各种弊政进行改革。

但是在讨论陈建史论改革变法思想时，我们会注意到陈建改革变法思想的内在矛盾。即一方面陈建认为"天下未有无弊之法也，法之不能无弊者，势也"，强调改革变法对于当时的必要性、迫切性，在史论中大谈"董仲舒曰：'譬之琴瑟不调甚者，必解而更张之，乃可鼓也。'丘文庄公曰：'天下之事，譬于器用，有旧而坏者，必为之新制，则其用不穷'"；[6] 另一方面陈建又一再强调所谓的"法祖"，回复或恢复明初的制度及一些政治、经济、军事措施，反复申明："自古人君继体守成，莫大于法祖"[7]，"欲致天下之

[1] 陈建：《皇明资治通纪》天顺元年"陈建按"。
[2] 陈建：《皇明资治通纪》宣德五年"陈建按"。
[3] 陈建：《皇明资治通纪》宣德五年"陈建按"。
[4] 陈建：《皇明资治通纪》弘治二年"陈建按"。
[5] 陈建：《皇明资治通纪》正统七年"陈建按"。
[6] 陈建：《皇明资治通纪》弘治二年"陈建按"。
[7] 陈建：《皇明资治通纪》洪武三十一年"陈建按"。

治，必法祖而后可"[1]。认为明初制定的法规制度是最理想的致治良法，"后圣虽有作者，其莫之能易也夫"。[2] 而所谓的改革，在一定意义上，也就是"遵祖宗之法，以正末流之弊"，[3] 从而形成陈建改革思想的局限性。因为强调"天下未有无弊之法也，法之不能无弊者，势也"，也就是认为"法"之要出现弊端，是历史发展的必然。因此，随着历史的发展变化，对一些不适应发展变化的事物予以改革，也是历史的必然；相反，所谓"法祖"的前提，则是对前一个命题的否定。因为既然称天下的"法"都会有弊，"圣王虽欲无弊如势何"，那么明初的"法"，也必然会有弊。明初的"法"是在明初特定的政治、经济、军事形势下制定的，至明中叶以后，"时异世殊"，早已不可能固执不变，单纯地恢复仿行了。因此表面看，陈建的"法祖"观点，只能是一种不可施之实践的书生之谈。

事实上，在一些史论里，陈建也强调不能单纯法古。如他在洪武二十年（1387年）"七月召汉中府学教授方孝孺为翰林博士侍讲、直文渊阁，从太祖先命也"下发表史论，批评方孝孺等说：

> 但天下之事，固有行于古而亦可行于今者，如夏时周冕之类是也；亦有行于古而难行于今者，如井田、封建之类是也。可行者行之，则人之从之也易；难行者行之，则人之从之也难。从之易，则民乐其利，从之难，则民受其患，此君子之用世，所贵乎得时措之宜也。余观后此方孝孺以《周官》辅建文，变更旧例，似亦未得时措之宜权。

认为方孝孺是"迂于法古而目不见近人"，批评他盲目法古的做法，肯定对一些过时的、不合宜的事物进行改革的历史必然性。

那么怎样理解陈建史论所一再强调的"法祖"思想呢？

第一，从思想渊源上讲，"法祖"是传统思想中难以摆脱的情结，千

[1] 陈建：《皇明资治通纪》景泰元年"陈建按"。

[2] 陈建：《皇明资治通纪》正德九年"陈建按"。

[3] 陈建：《治安要议》卷二《赏功议》。

古诵习的经典《尚书》，就明确告诫说：“监于先王成宪，其永无愆。”《皇明资治通纪》中陈建也反复引用这些经典来申明“法祖”问题。例如，在建文“改谨身殿为正心殿”的记述下，陈建便按语说：“自古人君继体守成，莫大于法祖，故《诗》《书》不曰绳其祖武，则曰监于先王成宪，曰毋作聪明，乱旧章圣谟……。”说明这种思想对陈建影响的深刻。

第二，从当时具体的情况讲，“法祖”的提出，又是当时必然采取的思想表达形式。这是因为，首先，明皇朝的历史确实呈现由盛逐渐衰落的路线，因此，欲恢复皇朝的强盛，也就很自然地使人联想到恢复盛世的制度、政策。翻开《皇明资治通纪》，到处可见陈建的对比及评论：祖宗时如何如何，现在如何如何……，抚今念昔，提出“法祖”便成为很自然的思想意识。

第三，“法祖”的强调，也是当时人不得不采取的表达形式。从思想传统来讲，人们对于现实的批判，往往披着“复古”的外衣，以颂扬以往来表达对现实的批判。由于《皇明资治通纪》是以当代人的身份所写的一部当代史，这样“法祖”就更成了一面保护自己批评当代政治和当政者的盾牌。

所以，所谓的“法祖”，一定程度上反映了陈建史学思想的复杂性。

第七章　薛应旂的史学思想

薛应旂字仲常，号方山，武进（今江苏常州）人，约生于弘治十二年（1499年），卒于万历初年。[1] 嘉靖十四年（1535年）进士。先后担任过浙江慈溪县知县、江西九江府儒学教授、南京吏部考功司主事、考功司郎中、本部稽勋司郎中、江西建昌府通判、刑部陕西司员外郎、礼部祠祭司员外郎、本部精膳司郎中、浙江副使、鄜州兵备副使等职。其间曾于嘉靖二十四年奉例考察南京五品以下官员时，因坚持原则而得罪了宰辅严嵩，遭到谪贬。直至严嵩势倾，才又得辗转升迁。未几致仕还乡，著述直至终老。

薛应旂是明代著名的理学家，属王学南中派传人。同时他也是明代重要的史学家，曾撰述有《宋元通鉴》157卷、《宪章录》27卷、《甲子会纪》5卷、《考亭渊源录》24卷、《浙江通志》72卷、《四书人物考》40卷等大量的史学著作。作为身兼理学家的史学家，薛应旂富有特点的理学思想对他的史学具有重要影响。

第一节　“所见出入朱陆之间”的理学特点

关于薛应旂的理学思想，《四库全书总目》卷一百七十七集部《方山

[1] 详见本章第197页“附考”。

文录》提要这样评论说："其学初出于邵宝，后从泰和欧阳德。德，姚江派也。又从高陵吕柟。柟，河东派也。故所见出入朱陆之间。然先入为主，宗良知者居多。"同书卷六十一《考亭渊源录》提要又说："应旂初学于王守仁，讲陆氏之学。晚乃研穷洛闽之旨，兼取朱子。"此后侯外庐、邱汉生等先生，依据《四库全书总目》的前一种观点，认为薛应旂的思想"主要倾向是心学"；[1] 而容肇祖先生则从后一种观点出发，认为薛应旂的思想，是"调和朱熹和王守仁之间"而"倾向于朱学"。[2] 这些观点表明学术界对薛应旂理学一般的特点和学术倾向等问题认识的歧异。

其实，关于薛应旂的思想及其特点，他自己在《书考亭渊源录后》里说得十分清楚，他说：

> 《考亭渊源录》成，余既序之矣。客有览者，起而问曰：今之讲学者，所在有之，议论种种，盖云众矣。其号为知学者，则谓陆氏之学，圣门之的传也，朱氏之学，圣门之羽翼也。子是之编，乃比而同之，次象山与考亭师友之列，岂亦近世《道一编》之遗意乎？曰：非然也。夫道原于天而畀于人，人人有之，人人能言之，而知之者盖鲜。讲学者将以明斯道而措诸行也。苟非深造自得者，是难与口舌争也。《道一编》者，无亦见朱、陆皆贤，而立论不同，故合二氏而弥缝之，其本来面目、真切血脉，恐亦未之深究也。旂虽寡陋，自童子时即有志于学。三十年前，从事举业，出入训诂，章分句析，漫无归着。一旦闻阳明王公之论，尽取象山之书读之，直闯本原，而工夫易简，正如解缠缚而舒手足，披云雾而睹青天，喜跃不胜，时发狂叫，遂以为道在是矣。如是者又三十年。然每一反观，居常则觉悠悠，遇事未见得力。及遍视朋侪，凡讲斯学者，率少究竟，乃复展转于衷。年逾五十，犹未能不惑。及罢官归，则既老矣，恐终无所得而虚负此生，日以孔孟之书反复潜玩。赖天之灵，恍然而悟，始知朱子之言，孔子教人之法也；陆子之言，孟子教人之法

[1] 侯外庐等主编：《宋明理学史》下卷，第十四章第358页。

[2] 容肇祖：《明代思想史》，开明书店1941年版，第286页、第300～301页。

也……夫先难后获，学者固不当有计功责效之心，而学问之真的，则自此可验，而吾人当知所趋向矣。先是阳明王公辑《朱子晚年定论》，似若考亭有得于象山，今观象山晚年，教人读书，须是反复穷究，项项分明，博学、审问、慎思、明辨、笃行，日进无已，其有得于考亭者，盖实多也。道本一致，学不容二，两先生实所以相成，而非所以相反也。[1]

这是一篇反映当时思想学术界和薛氏本人思想概况的重要文献。问题是从别人对薛应旂《考亭渊源录》将朱熹、陆九渊“比而同之，次象山于考亭师友之列”的诘问谈起的。但是它也是薛应旂思想发展里程的写照。据嘉靖刊《方山薛先生全集》卷四十六《告华山神文》，薛应旂“罢官归”是在嘉靖四十五年（1566年），当时他是67岁，前溯30年，为嘉靖十五年，距其登科仅仅一年。这样，按照薛应旂自己的叙述，他的思想历程大致分为三个阶段：一、入仕之前的求学期，这时的思想基本是以程朱之学为主；二、入仕为官期，受周围学术氛围的影响，这时的思想基本是以陆王之学为主；三、致仕以后，因感于社会学风的浇漓，和纠弹王畿后王门学者对他的排斥，经反省再次转而认同程朱之学，形成“出入朱陆之间”的思想期。这三个阶段，事实上也是薛应旂从初闻王阳明学说所感到思想解放的喜悦，到尽弃为学工夫，“直闯本原”后仍未有所得的苦闷，再到沉潜下来读书，体会朱熹博学、审问、慎思、明辨、笃行工夫的重要而和汇程朱、陆王之学的思想历程。

薛应旂之所以能最终形成“出入朱陆之间”的理学思想特点，与他早年的学术师承有密切关系。薛应旂早年先后师从过三位著名的学者。其中邵宝和吕柟是崇奉程朱之学的学者。邵宝字国贤，人称二泉先生，《明史》卷二百八十二本传称他“学以洛闽为的”，是一位典型正统程朱之学的学者。薛应旂自幼入乡校，至他28岁那年邵宝死，其间一直在从邵氏学。[2] 薛应旂《书考亭渊源录后》所说他“自童子时即有志于学”，就是因受到邵宝的影响。吕柟字仲木，号泾野，薛应旂于南国求学时，

[1] 薛应旂：《方山薛先生全集》卷四《杂著·书考亭渊源录后》。
[2] 参见明嘉靖刊《方山薛先生全集》卷七《与王槐野书》及赵时春《方山文录序》。

曾从之问学。吕柟之学“以格物为穷理及先知而后行”，“尝斥王守仁言良知之非”，[1] 是集“关中之学”大成的学者。在邵宝和吕柟之间，是对薛应旂思想形成具有关键意义的欧阳德。德，字崇一，号南野，是王阳明的亲传弟子，被称为“在师门最久，所得甚深，众所推服”，[2] 也是王门江右学派的主要掌门。《明史》称欧阳德“学务实践，不务空虚”，其思想特点是从肯定良知展现于具体践履过程的观点出发，强调致知过程中主体道德践履的修养工夫，反对以王畿及泰州学派所鼓吹的取消践履工夫的现成良知说。也正是欧阳德的这些思想观点，与薛应旂从邵、吕二人那里接受的程朱理论相契合，不仅构成薛应旂反对狂禅空谈，强调知识传统和道德践履的思想特点，构成他称朱熹、陆九渊“两先生实所以相成，而非所以相反”，列陆九渊兄弟三人于考亭师友渊源之中的理学史观，同时也构成他本人“出入朱陆之间”的思想特点。薛应旂的这种思想对后来东林党人的思想曾有很大的影响。[3]

“出入朱陆之间”，在肯定“心”——主体意识对于实践指导意义的前提下，强调道德磨炼和务实践履，反对空谈心性的理学特点，在薛应旂的思想中反映得十分突出。他曾经论述说：

> 道德、功业相为体用。三纲五常原于天而备于人，根于心而统于性情者，其道德也，体也；举而措之天下，能润泽生民归于皇极，发挥蕴奥协于训典者，其功业也，用也。所谓体用一原者也，总名之曰道也。古之圣贤，达而在上，则其道行；穷而在下，则其道明。君、相、师、儒，其究一也。世降，俗末偏蔽浅陋之徒，各执己见。依傍道德者，则鄙功业为庸俗；驰骛功业者，则斥道德为玄虚。持论相沿，而道德、功业歧而为二，甚至儒林、道学，《宋史》亦分为两传矣。

---

[1] 《四库全书总目》卷九三《泾野子内篇》提要。

[2] 尤时熙：《续中州名贤文表》卷四十二《答陈绍龙》。

[3] 《明儒学案》卷二十五《学宪薛方山先生应旂》云：“先生为考功时，置龙溪于察典，论者以为逢迎龙溪。其实龙溪言行不掩，先生盖借龙溪以正学术也。先生尝及南野之门，而一时诸儒不许其名王氏学者，以此节也。然东林之学顾导源此，岂可没哉！”此外，薛应旂的孙子薛敷教本身就是东林党人，而且顾宪成等东林党人亦曾从薛应旂问学。

不知儒非道学，以何为儒？道学不谓之儒，又以何者谓之儒哉？[1]

认为道德与事功是相为体用，不能“歧而为二”，仅仅强调一个方面。晚年的薛应旂尤其如此。他曾经撰述《尚实》一文说：“君子疾没世而名不称焉”，然“非疾其无名也，疾其无实也”。[2] 他告诫他的学生：“‘言之匪艰，行之惟艰’，古圣贤之训，其虑天下后世也，盖亦远哉！……吾愿子身体力行，不立门户，不事标榜，务从实践……而益知空言之无益，实行之当务也。”[3] 在薛应旂看来，“古之学者，知即为行，事即为学；今之学者，离行言知，外事言学”[4]。并且认为，“践履上亦不一息放过，不然则荒唐无实”[5]。有感于王门一些后学在社会上鼓荡的狂禅空谈之风，薛应旂以历史相告诫说：“党锢兴而汉社屋，玄谈盛而晋室倾，清流浊而唐祚移，学禁作而宋舟覆。其初文雅雍容，议论标致，不过起于一二人之猎胜，而其究，乃至于怨恶腾沸于寰中，干戈相寻于海内，而溃败不可收拾。”[6] 所以当时士人评论薛应旂的学术说：“方山先生薛公，多所著述，佐佑六经，删定诸史，品裁九流百氏，而方舆郡邑志乘，靡不各有论撰。匪以炫博务奇而矜于文学之门也，实其禀赋特异，夙以圣贤事业自期待。故其体用之学，经纬上下，贯彻古今，随在辄发，皆切于人心时事、民生物理，而不为无益之空言也。”[7] 这一评论，可以说基本概括了薛应旂学术思想的主要特点。

第二节　“经史一也”与“折衷汉宋”

“出入朱陆之间”，主张由博返约，而一归于实践践履，在强调“致

[1] 薛应旂：《宋元通鉴·义例》。
[2] 薛应旂：《方山先生文录》卷十六，明刊本。
[3] 薛应旂：《方山先生文录》卷六《答赵生》。
[4] 黄宗羲：《明儒学案》卷二十五《薛方山记述》。
[5] 薛应旂：《方山先生文录》卷五《与唐荆川》。
[6] 薛应旂：《方山先生文录》卷十六《识势》。
[7] 向程：《方山先生摘论题辞》，见嘉靖刊《方山薛先生全集》卷四十二。

良知”治心躬行的同时，又强调“切于人心时事、民生物理”的经世之学的理学思想特点，对于薛应旂史学思想的形成，具有重大的影响。在宋明理学家中，薛应旂属于重视史学的学者。尤其是在晚年致仕之后，薛应旂没有像大多数理学家那样倾心于讲学，而是将精力倾注在史学的撰述当中。薛应旂的史学著作，绝大部分是完成于这时期，如《宋元通鉴》刻于嘉靖四十五年（1566年）67岁时，《考亭渊源录》和《高士传》刻于隆庆三年（1569年）70岁时，[1]《宪章录》刻于万历二年（1574年）75岁时等。这里除时间的充裕、阅历的积累等因素外，其理学发展的特点也是影响他积极从事史学活动的重要原因。

薛应旂的理学思想在他对史学的认识中的反映，除了认为史学属于“切于人心时事、民生物理”的经世之学外，更重要的是其“经史一也”的思想。

关于“经史一也”的思想，薛应旂在《宋元通鉴》的《义例》中有详细的阐述，他说：

> 古者左史记言，右史记事。事为《春秋》，言为《尚书》，经史一也。后世史官咸推迁、固，然一则退处士而进奸雄，一则抑忠臣而饰主阙，殆浸失古意而经史始分矣。朱晦翁谓吕东莱好读史遂粗着眼。夫东莱之造诣不敢妄议，若以经史分精粗，何乃谓精义？入神之妙，不外于洒扫应对之间也！

薛应旂这里直接针对朱熹批评吕祖谦“好读史”，认为“经精史粗”，多读史对于人的道德修养无益的观点提出批评。其中所谓“经史一也”的观点，包含两层意思：一是经与史的起源是同一的；二是经与史的本质意义是同一的，经史之分只是因为史的叙述中没有很好地体现“道”，而并不是经与史二者之间存在着高下的分别。

在对经史关系的认识上，二程、朱熹与王阳明之间明显对立。[2] 这

---

[1] 其中《考亭渊源录》是在宋端仪初稿的基础上重新撰写的。

[2] 关于王阳明与程朱等人在经史关系认识上的对立，钱锺书先生已有所注意，但是钱先生认为王阳明“五经亦史”的观点只是前人“言意之辨”中“言不尽意”及庄子“糟粕六经”观点的翻版而无新意，没有与其各自理学理论联系起来论述。钱先生的观点参见《谈艺录》，中华书局1984年增订版，第263～266页。

种对立，实质是与理学、心学两大学术流派对核心范畴——“理”的认识上的分歧所造成的。薛应旂在这个问题上，明显是站在王学的立场上的。

从对“理”理解的角度来说，与程朱理学“性即理”，“析心与理为二”，将“理”视为抽象地超然于事物之外的观点相反，王阳明认为“心即理”，[1] 认为“心外无物，心外无事，心外无理，心外无义，心外无善”[2]，即所谓的“理”，不是超验抽象地存在于具体事物之外，而是内在地作为普遍之理存在于具有道德渊薮和本体意义的“心”中。从这种观念出发，自然无论是表现为普遍意义的圣人所作之六经，还是表现为具体过程的“史”，都是混融如一地存在于体现为良知良能的人的心中。所以“以事言谓之史，以道言谓之经。事即道，道即事。《春秋》亦经，五经亦史。《易》是包牺氏之史，《书》是尧舜以下史，《礼》《乐》是三代史。其事同，其道同，安有所谓异”?[3] 即特殊体现着普遍，普遍内在于特殊，“五经亦史”，同具吾心。这样，由于王阳明以世界统一于意识的主观唯心主义来诠释经史关系，所以程朱理学理论中被奉为天理所在的六经，在王学的理论中则只是被视为一种“致良知”的工具：“六经，吾心之记籍也。而六经之实则具于吾心，犹之产业库藏之实积，种种色色，具存于其家。其记籍者，特名状数目而已。”[4] 相对人人具足的良知来说，六经不过是个登记财产的账簿而已。阅读过账簿并不等于真正拥有了财产，同样，阅读过六经也不等于体认到了自我的良知，完成了道德修养。

应该说，上述王阳明对经史关系的论述，其主旨仍是讨论主体道德修养的途径，而不是要提高史学的地位。但是由于所谓的“经”仅仅被视为登记财产的“账簿”，而无限扩大、提升主观意识的地位，使得六经的权威大大被降低，从而为“史”的地位上升留出了空间。薛应旂“经史一也”的史学思想，也正是沿着王阳明的相关思路继续演绎，将王阳

---

[1] 王守仁：《王阳明全集》卷一《传习录上》。
[2] 王守仁：《王阳明全集》卷四《与王纯甫二》。
[3] 王守仁：《王阳明全集》卷一《传习录上》。
[4] 王守仁：《王阳明全集》卷七《稽山书院尊经阁记》。

明的经史关系论述，从原本探讨道德修养的途径问题，转向提高史学地位的问题。

薛应旂经史观与王阳明心学的理论联系，可以从薛氏对六经与心的论述中体会到，他说：

> 人之言曰：圣人未生，道在天地；圣人既生，道在圣人；圣人既往，道在六经。是六经者，固圣人之道之所寓也，然其大原则出于天，而夫人之心，则固天之心也。人能会之以心，则圣人之道，即吾人之道，有不在六经而在我者矣。[1]

又说：

> 人人存其本心而形气不扰，则六经可无作也，于乎是可以知圣人作经之意也。《易》以道化，《书》以道事，《诗》以达意，《礼》以节人，《乐》以发和，《春秋》以道义。先后圣哲，上下数千言，究其指归，无非所以维持人心于不坏也。[2]

从以上的引文中，可以看到薛应旂的论述，展现的经、史及心相互关系的逻辑思路是：一、"道"是与天地同存共生的，它在历史过程中展开，并被记载在典籍（六经）之中；二、作为主体意识的人心就是天之心，就是圣人之心，"圣人之道，即吾人之道"，因此作为"圣人之道之所寓"的六经，也必然存在于人的心中；三、远在圣人制经之前，道已存在于天地，六经远远不能取代与天相埒的"心"所体现的道的全部内容，六经有限，而道无限，所以"人能会之以心，则圣人之道即吾人之道，有不在六经而在我者矣"；四、这"不在六经而在我者"，就是作为世界本体和道德本原的吾心或良知，如果"人人存其本心而形气不扰"，保持先天良知的本真，"则六经可无作也"，因为"先后圣哲，上下数千言，究其指归，无非所以维持人心于不坏也"。这样，按照薛氏推绎的逻辑，所

[1] 薛应旂：《方山先生文录》卷十六《折衷》。

[2] 薛应旂：《方山先生文录》卷十六《原经》。

谓的六经不再是也不可能是全部的天理所在，它与上下数千年一切维持人心不坏的说教，包括体现了良知本真的史，在本质上是完全一致的，都是使主体致良知、复本真的中介或工具，于是“经史一也”，价值等同，既没有三代所制与后世所作的高下差异，也没有经精史粗的区别，“入神之妙，不外于洒扫应对之间也”，无论“理学政治，论次旧闻，凡事关体要，言涉几微者”，只要人们能够会之于心而“自得之”，就都与圣人所制的六经一样，具有同等价值，于此人们也就“庶无伯恭（吕祖谦）之累也”。[1] 于是，理气合一，道器合一，知行合一，道亦是事，事亦是道，即“六经皆史”，“经史一也”。所以薛氏结论说：“苏洵氏谓：经以道法胜，史以事词胜。而世儒相沿，动谓经以载道，史以载事。不知经见于事，事寓乎道，经亦载事，史亦载道，要之不可以殊观也。”[2] 循着王阳明的心学理论及其经史观，进一步发展了苏洵等人的观点，认为史也是“道”的体现，于是史便提高到了与经相埒的地位。

需要提出的是，薛应旂演绎王阳明相关的观点，将经与史等量齐观，反对朱熹厘经史为精粗两橛的同时，也明确表示了同陆九渊思想的分歧。陆氏的观点是视“六经为我注脚”，完全摒弃经史的研读，只强调反求诸己之简易工夫的决定作用；割裂人在探索、认识真理过程中，主观世界与客观世界、思想认识与社会实践之间的内在联系。对此，薛应旂在《宋元通鉴·义例》中指出：

> 天下之道，固一而无二，而精粗本末则不可偏废。自夫诸朱、陆之辨兴，而左朱右陆者，但知六经为我注脚，而不究其义，矧于史学，又何庸心？其或折衷于二者之间，则亦谓读经足矣，史固在所后也，明道程先生亦以谢上蔡为玩物丧志。此言盖为博而寡要者发也，未必谓屏经史而不读也。迩者乃或妄意神化，束书不观，事至于前，不学无术，多至谬误，而君子之经纶蘼矣！君子之经史，譬诸医者之治病，经则其《素》《难》也，史则其方书也，虽轩、岐、和、扁，亦不能外是理以生人。而业其术者，顾弃置之，纵自谓妙

[1] 薛应旂：《宋元通鉴·义例》。
[2] 薛应旂：《宋元通鉴·义例》。

悟神解，其有不至于误剂杀人者几希。

旗帜鲜明地针砭当时那些以反对朱学支离为借口而走向空谈心性存养的极端，是“君子之经纶隳矣”；强调经史不能偏废，经与史都是君子经世的要器：“愚之此篇，欲后人监前人之迹以为法戒，而不执至于失身败事，要亦陆宣公集古方书之意也。”[1]

薛应旂对于经史关系的认识，实际上是提高了史学的地位，将二者在功能上等量齐观，都是悟道致圣、经世致用的要器。其中间明显可以看到他既肯定“知即为行，事即为学”，“知行合一”，“体用不二”的王学基本理论，又反对现成良知，藐视工夫，“离行言知，外事言学”的王学左派的极端思想。

在以王阳明心学的理论诠释经史关系，提出“经史一也”的同时，薛应旂又从朱学重视知识传统、强调经典研习和文献训诂的“道问学”思想出发，对一些宋明学者轻诋重视历史文献考据的汉学家的行径不以为然，而表现出在对待历史文献问题上折衷汉、宋之学的态度。他说：

汉之穷经者，《易》如田何以及施孟、梁丘，《书》如伏生以及欧阳、大小夏侯，《诗》如申公以及辕、韩、大小毛公，《礼》如高堂生以及后仓、大小二戴，《春秋》如公羊、谷梁以及刘氏、严氏，其诸若马融、刘歆、郑玄、孔颖达诸人，转相授受，而注疏作焉。虽其人未必皆贤，所言未必皆当，然于秦火之后，而非此数人，则六经几乎熄矣。至宋郑樵，乃谓秦火焚书而书存，汉儒穷经而经绝。信斯言也，则是汉儒之罪盖又不止于秦火也。然自今观之，汉去古未远，而圣人之遗旨，犹或有得于面承口授之余。故宋儒释遂多因之，而阙文疑义一以汉疏为正：如“九六老变”，孔颖达之说也；“三文三统”，马融之说也……其择言之广，取善之公，要在明乎经，而不失圣贤之意耳，岂得尽如夹漈（郑樵）之论哉？盖汉儒之学长于数，若仪文节度之烦，虫鱼草木之变，皆极其详。其学也，得圣人之博。宋儒之学长于理，若天地阴阳之奥，性命道德之微，皆究

[1] 薛应旂：《宋元通鉴·义例》。

其极。其学也，得圣人之约。合是二者而虚心体认，则天机相为感触，当自默会于燕闲静一之中，超然于意言象数之表，而吾心之全体大用，可一以贯之，而不溺于先入之说，不蔽于浅陋之见矣，尚何有于众言之淆乱哉！[1]

肯定汉、唐儒家学者的文献训诂之学对儒家经典保存和传播的意义，以及所谓汉、宋之学对于儒学发展的不同价值。从这番议论，我们可以体会薛应旂折衷汉、宋，调和“尊德性”与“道问学”两种修养途径的努力。这种努力不仅对于薛应旂的史学思想及实践具有相当影响，同时也表明，肯定汉学传统学术价值的倾向，尽管是在宋学如日中天的时代，也未能被完全淹没，并一直作为学术的潜流而存在，这种存在，在一定意义上，也正是后来乾嘉之学得以形成的学术和思想的前提。

第三节　理学影响下的史学鉴戒思想

薛应旂史学思想的一个重要特点，就是重视历史对于现实的鉴戒意义。他曾解释他所撰述的《宋元通鉴》说：“鉴者，监也。备前代之善恶为后世之法戒，故不曰史而曰鉴者，取斯义也。”[2] 因此一般来说，薛应旂的史学大都是以现实问题为思考的起点和最终归宿。例如他的两部史学代表作《宋元通鉴》和《宪章录》，一是因“视宋元世代不远，人情物态大都相类”，“固今之夏殷也，所宜为鉴者，盖莫切于此矣”；[3] 一是“以成宪典章万世所当遵守，且追宗夫子宪章文武之意，以寓从周之义也”[4]。当然，在薛氏看来，两部史著贯通衔接，从宋元到当代编年叙事，不仅可以为现实提供最鲜活的鉴戒，亦可在一定程度上抚平一下自己经世之志未酬，只能乡居著述的感伤。对此，在《宪章录》自序里，

[1] 薛应旂：《方山先生文录》卷十六《折衷》。
[2] 薛应旂：《宋元通鉴·义例》。
[3] 薛应旂：《宋元通鉴序》。
[4] 陆光宅：《宪章录跋》。

薛应旂叙述他撰述的思想动机说：

> 夫《书》监成宪，《诗》率旧章，岂其为训若是之拘系哉？实以隆古盛时，其君臣之交，修以图至治者，皆由此道，而事不师古者，鲜克永世也。
>
> 昔仲尼适周，不获一见天子。历聘列国，干七十余君，不用。于是退老于洙泗之上，从游之士盖三千焉，皆尽一世之英贤，相与论述三才，表章六籍，以为明体之学。而其最适于用者，则因鲁史以作《春秋》，而褒贬赏罚者，无非当世之实事。于以定百王之法，于以立万世之防，盖皆自其宪章文武者推之也。故一则曰吾从周，二则曰吾从周，其东周之志、周公之梦，虽不获见之施行，而端倪已可概见矣。然犹自叹曰：与其托诸空言，不若见诸行事之深切著明也。其惓惓爱君体国之心，曷尝一日自已哉！
>
> 旂不类，虽少知诵法孔子，而生于二千一百余年之后，固不及揖让于颜鲁闵冉之列，且不及如互乡阙党，犹得以望见于门墙。然而一念天假之灵，则终不能泯没，故自鼓箧以至入仕，凡我昭代之成宪典章，或纪载于馆阁，或传报于邸舍，见辄手录，历有数年，几于充栋，妄意当可为之际，或可以参考。竟以迂愚抵牾当路，归卧穷山，而平生之欲“监观”“率由”将斟酌以见之献纳者，遂置为虚器，恒窃悲之。迩来见《通纪》仿编年而芜鄙，《吾学编》效纪传而断落，遂不辞衰惫，尽出旧所录者，摘什一于千百，汇为斯编，与经世者共之。题曰《宪章录》者，窃附于从周之义也。倘假我数年，再加删润，当献之君相，值兹不讳之朝，用效涓埃之报，庶少裨法祖之一助。

同样，在《宋元通鉴》的自序中，薛应旂也谈到相同的思想动机。他说：

> 旂少读二十一史，苦其浩瀚，既取荀悦、袁宏前后《汉纪》，范祖禹《唐鉴》，欧阳修《五代史》读之，各成一书，咸可法戒，然会而观之，犹若未备。及读司马光《资治通鉴》，上起战国，下终五代，先后贯穿，而一千三百六十二年之事迹，灿若指掌矣。自宋以

下，虽有李焘之《长编》，刘时举、陈桱之《续编》，而纪载失次，笔削未当，仍为缺典。于时不自揆量，妄意删述，以绍司马氏之事，而驰骛场屋，勉就声律，将作复止。……故旂于宋元之际，盖重有感焉，而参附辽、金，以为是编，诚有不能自已者矣。……旂俯思蚤岁，涉猎子史，则溺意词章；依傍经典，则高谈性命，俱无裨实用。晚虽稍知反约，庶几会归于一而不能附丽，未及一二见诸行事，竟罹沮尼。迩幸泰道，旋复优游于学稼、灌园之暇，而无所用心。冉冉老矣，不忍以藐焉之身，终为天地间之赘物，以负覆载生成之德。且回视宋元，世代不远，人情物态，大都相类。《书》曰："我不可不监于有夏，亦不可不监于有殷。"宋元固今之夏、殷也，所宜为监者，盖莫切于此矣，是用黾勉以毕初志。其于学问文章，知史事虽未可妄议，而心术则不敢不正。但一得之愚，上下于宋元四百八十二年之间，成兹一百五十七卷之书，僭逾之罪，知不能免矣。倘假我数年，尚当再加参校，献之阙下，以舒芹曝之忱。

表白自己"备前代之善恶为后代之法戒"的撰史目的。

通过历史寻求现实政治的借鉴，是自《尚书》以来形成的中国史学思想传统。但是具体到选择什么样的史实作为现实的鉴戒，则是受制于史家自身思想观念的问题。作为明代有影响的理学家，薛应旂"出入朱陆之间"的理学思想，也深深烙印在他的史学鉴戒观中，影响他对史实选择的焦点。

正如上节所论，薛应旂所谓"经见于事，事寓乎道，经亦载事，史亦载道，要之不可以殊观"的"经史一也"的观点，从本质上是将经与史均视为"所以维持人心之不坏"，发明人的本然良知，"正己以感格顽冥之人"的中介或工具，因为"正己格物之功，固圣门第一要义也，自是而齐家，而治国平天下，位天地，育万物，举不出此"。[1] 所以薛应旂在他的《宋元通鉴》的自序里明确表示道：

故旂于是编，凡有关于身心性命之微，礼乐刑政之大，奸良邪

[1] 薛应旂：《方山先生文录》卷十七《正己格物》。

正之辨，治乱安危之机，灾祥休咎之徵，可以为法，可以为戒者，皆直书备录，其义自见。君臣士庶，咸可鉴观，随其所居，各求尽分，匪直可以资治而已。

即将所谓的“身心性命之微”“奸良邪正之辨”，置于史学意义中最重要的地位，其最终目的，除为当世寻求政治资治外，更要在道德纲常上，使那些“君臣士庶”通过鉴观历史而“随其所居，各求尽分”，找到自己在封建纲常中的位置。在这种史学思想的作用下，薛应旂很自然地把一些理学观念作为衡量历史的尺度。例如在《宋元通鉴》中，他便把宋代灭亡的原因归结于小人当道、人伦夷荡，而要求以之为鉴，严君子小人之辨。在薛应旂看来：

至论其大可鉴戒者，则宋初立国，君子小人并用，而君子多至摈斥，小人多至显融。迨建中、靖康间，曾、蔡之徒，更迭为相，而南渡以后，则汪、黄、秦、汤、韩、史、贾诸人，相继擅权，内小人，外君子，遂致善类销亡，而士人无赖，陈亮所谓“举国之人皆风痹不知痛痒，竟忘君父之大雠”，以是辽、金虽灭，元遂起而乘之，而宋因以亡。[1]

这种史学思想，也许就是薛应旂所谓“所以维持人心之不坏”的史学意义和史学价值之所在。

除了强调君子小人之辨外，薛应旂在史著中还格外“致详于道学”，认为表彰儒学之士也可以从正面垂训后世：“《资治通鉴》多致详于名臣硕辅致经国政事，而于儒学隐逸或从节略。愚于此则并著之，庶穷达出处，唯其道焉，皆可以为后训也。”[2] 这些也说明薛应旂史学鉴戒思想中的理学影响。按照薛应旂自己所云，即：“愚之此编，欲后人监前人之迹以为法戒，而不至于失身败事，要亦陆宣公集古方书之意也。”

[1] 薛应旂：《宋元通鉴序》。

[2] 薛应旂：《宋元通鉴·义例》。

第四节　彰往察来与“时”“势”

当然，作为一位将道德哲学与经世意识结合起来的理学家，理学的理论思维对于薛应旂来说，并不完全是消极的，也有一定积极的影响。

首先，是因其“出入朱陆之间”而形成的由博返约的致知求道的理学方法论，使薛应旂对于史学，并不仅仅停留于对史实的确定和政治、道德方面的鉴戒，还力图“洞观天人之运”，寻绎整个自然、人类的历史发展规律。

薛应旂这方面的史学思想，相对集中地体现于他的《甲子会纪》中。《甲子会纪》共 5 卷，其中前 4 卷以六十甲子纪年，上自黄帝八年，下至嘉靖四十二年，共计 71 甲子。每年之下略记大事，第 5 卷则按照宋邵雍的说法论述洪荒以来的历史，并明确说明要“虚其后以待来世”。《甲子会纪》的编撰，表明薛应旂力图突破专注于皇朝更迭、政治嬗递为核心的史学叙述模式，把整个历史置于一个统一的时间序列中予以考察的努力。按照许穀《甲子会纪序》的观点，即“今夫学者，考信六艺，博极群书，岂不诚多识君子哉？然古今变化无穷，天地循环不爽，自非察微知著，原始要终，斯亦曲士之趣耳”。[1] 研究历史而不“原始察终”找出发展规律的，只能是个浅陋的人。因此，在撰述《宋元通鉴》《考亭渊源录》《宪章录》等一系列史学著作之前，先行撰述《甲子会纪》，也是薛应旂要“察微知著，原始要终”，从整个人类历史的过程中把握近代和当代历史的史学思想的一种体现：“自今观之，世代迭运，虽远近不同，其间主德之醇疵，相道之修废，政事之得失，制度之繁简，君子小人之进退，中国夷狄之盛衰，分见于六十年者，既举目可见，即见于四千三百年之间者，亦不待遍历群史，而居然在我掌上矣。由博以归约，彰往而察来，何其简要也欤！”正如当时人对薛应旂《甲子会纪》所下的评论：“薛子素有远略，第危言抗俗，直道忤时，不尽其用，每以独得之

[1] 许穀：《甲子会纪序》。

见，笔之于书，以诏后世，而此固其要者也。”[1]

应该说，《甲子会纪》的编纂形式与内容，尤其是其对历史运动所做的所谓“一治一乱，盖鼎革相承，剥复递禅，譬之寒暑”，以及“循环迭运之机，起敝亨屯之妙”等循环史观的概括，总体上仍然不能摆脱《周易》等经典思想材料的束缚。但是，试图从自己的知识背景出发，对于人类社会的总体历史做出理性的解释，并且努力从中抽绎出相应的规律推察未来，较之早期对历史采取天人感应的神学解释，仍是个不小的进步。

其次，是薛应旂在研究历史的基础上提出的“时”与“势”的历史思想。

为了“彰往察来”，薛应旂不仅把整个自然、人类社会的发展变化置于一个统一的时间序列，对“古今变化无穷，天地循环不爽”的历史进行了考察，而且对历史的运动的形式和规律也做出了具体的理论探索。

其中，薛应旂系统地探讨了“时”的历史哲学范畴，探讨了“常”与“变”的辩证关系，在继承和发展了司马迁“承弊易变”，即历史发展到一定阶段必然发生变化的历史思想基础上，提出历史的“常道”或本质就是变，鲜明地提出“惟随时变易乃常道也”的历史思想。为了论述这一历史思想，薛应旂专门写了《达常》一文。文中薛应旂说：

> 帝王致天下之治也，唯其道焉，而其行天下之道也，唯其时焉。治匪其道，则涣而无纪；道匪其时，则泥而不通。时以从道，道以济时，夫然后顺其常而天下相安，通其变而天下不倦。而治化之成也，有莫知其然者矣。
>
> 《易》曰：“形而上者谓之道，形而下者谓之器，化而裁之谓之变，推而行之谓之通，举而措之天下之民谓之事业。”是事业一本于道而变通也者，夫固所以趋时也。
>
> 昔者五帝之时，敦朴未散，而纯于道化；三王之时，风气渐开，而参以法制。道化无为，无为故无失，无失故无革，是以五帝相承，莫之改易也。法制有作，有作则有弊，有弊则有救，是以三王相代，

[1] 许榖：《甲子会纪序》。

有所损益也。夏尚忠，忠之弊其民野，救野莫若质，故殷尚质。质之弊其人诡，救诡莫若文，故周尚文。文之弊其人僿，救僿莫若忠。是三王之所尚不同者，非欲自异而相反也，盖扶衰救敝，各随其时也。然举其名则殊制，究其极则同归。正如水火之相形，共济于日用也；寒暑之相代，共成乎岁功也。故史迁谓三王之道若循环然，其亦有见哉！

迨汉承秦、唐承隋、宋承五代，皆余分闰位之后，坏法乱制之余，宜若一无可因者。然易井田为阡陌，变封建为郡县，自汉以来，固因夫秦也；为明经词赋之科，改乡举里选之法，自唐以来，固因夫隋也；变什一之征，为两税之限，自宋以来，固因夫五代也。是岂秦、隋、五代顾能建不易之法，而汉、唐、宋开创之君臣，反出其下，而循其旧哉？盖道有升降，政由俗革，而情之所便，势之所趋，固有不可以人废者也。何可欲废阡陌为井田，则疆界混淆而难为理矣；欲废科目为选举，则矫饰百出，而难为辨矣；欲废两税为什一，则田不井授而难为赋矣。岂唯尔哉？结绳，固不可行于书契之既作也；俪皮，固不可行于六礼之既修也；蒉桴，固不可行于金石之既设也；毳毛，固不可行于衣裳之既制也；汙尊，固不可行于范金之既合也；席地，固不可行于几杖之既陈也。不然，则三王之世岂不欲一循五帝之轨，而周继商，商继夏，又何乐于损益为哉？此仲尼所以不欲生今反古，而孟轲氏谓今之乐犹古之乐也。汉、唐、宋之君臣，因陋就简，虽其见不至此，而其于前数者之法则，固不当谓其为五帝三王之所行者而尽复之也，亦不当谓其为秦、隋、五代之所行者而尽废之也，唯当因其所遇之时、所乘之势，据其道而斟酌之，要不失乎先王致治之初意而已！

曾子固曰："古今之变不同，而俗之便习亦异。"议者不原圣人制作之方，乃为设其器，制其物，为其数，立其文。至其说之不可求，其制之不可考，或不宜于人，不合于用，则宁至于漠然而不敢为，岂其惑哉？程正叔曰："天下之理，终而复始，所以恒而不穷。恒非一定之谓也，一定则不能恒矣。惟随时变易，乃常道也。"非知道者，孰能识之于乎？观于二公之言，而常道可达矣。

应该说，这是一篇具有相当价值的历史哲学文献。文中，薛应旂首先讨论了“道”与“时”的辩证关系，并从中导出“常”与“变”的问题。认为“道”是致治的根本，而“道”实现的重要条件是“时”。这里薛应旂所谓的“道”，是指正确的政令、规范和法度，即《尚书·洪范》所说的“无有作好，尊王之道；无有作恶，尊王之路；无党无偏，王道平平；无反无侧，王道正直”之“道”。文中说：“帝王致天下之治也，唯其道焉，其行天下之道也，唯其时焉。治匪其道，则涣而无纪；道匪其时，则泥而不通。时以从道，道以济时，夫然后顺其常而天下相安，通其变而天下不倦。而治化之成也，有莫知其然者矣。”时代变了，所谓的“道”也必须随之变化。“道”是相对的，而“变”则是绝对的，是“常”。因此薛应旂强调说：“惟随时变易，乃为常道。”并从这种认识出发，进而提出“达常”的历史思想。

所谓“达常”，就是依据历史的变化“应时变法”。薛应旂认为，远古的五帝时期“敦朴而纯于道化”，历史发展缓慢，变化相对微小，变革的意义亦小，但是随着历史的发展，“风气渐开”，“法制有作”，变革便成了不可避免的“常道”了。也正是因此，“盖道有升降，政由俗革，而情之所便，势之所趋，固有不可以人废者”，既不能说是因“五帝三王”等圣人之世实行的政令法规就一定采用，也不能说是因秦、隋、五代等闰朝霸世制定的典章制度就尽行废止，“唯当因其所遇之时，所趍之势，据其道而斟酌之”，才能“要不失乎先王致治之初意”。总之，在薛应旂看来，历史的发展，正像程颐所说：“天下之理，终而复始，所以恒而不穷。恒非一定之谓也，一定则不能恒矣，惟随时变易，乃常道也。”

在探讨“道”与“时”、“常”与“变”等历史哲学范畴及其辩证关系的基础上，薛应旂又进一步探讨了“势”的问题。他说：

> 天下之势不能以常，均则必至于偏有所重。偏有所重而不早为之所，则其势遂成而难反。故周子曰：“识其重而亟反之。”非灼见理道而极深研几者，不足与于此也。何者？势之来也，渐而莫觉，虽离朱之明莫能见也；既其成也，大而难图，虽贲育之力莫能支也。[1]

---

[1] 薛应旂：《方山先生文录》卷十六《识势》。

薛应旂这里所说的“势”，在某种意义上，也是指历史变动中的一定趋向。薛应旂认为，历史发展变动的过程，也是“势”的重心不断辩证运动的过程。“势”的发展，体现为一个由微而显的变化过程。“势”决定着历史发展的趋向。在具体的历史运动中，“势”一旦形成，“偏有所重而不早为之所”，使事物向着一定的方向发展下去，到了一定程度，也就不再有力量能够扭转它了。所以薛应旂提出要“识势”：“故曰：‘涓涓不息，将成江河；由蘖方萌，将寻斧戈。’言图当早也。又曰：‘勿谓胡伤，其祸将长；勿谓胡害，其祸将大。’言反当亟也。”尤其要注意那些貌似细小的事情，如“缙绅先生、文学博士，炫奇鼓众，立异聚交，以要誉于天下，宜若于世无所损益也。然人情作伪，附丽取资，若藤萝之延施，瓜蔓之缠绵，至于酿成大患，其势不容自已也”，认为“此尤识势者之所当三复也”。[1]

需要提出的是，薛应旂在强调“时”与“势”等客观因素在历史运动过程中的意义的同时，亦强调历史主体道德贤否对历史发展的影响。如前所述，其将宋朝的覆灭归结为小人当道即一例。而对此的系统阐述，则有《任人》一文。文中薛应旂说：

> 尧舜之道，不以仁政不能平治天下。是法固不容于不任人也。然其人存则其政举，其人亡则其政息，则是政之存亡系于人不系于政，又自可见也……然而何以谓之息也？盖无其人，则具在方策者，不过为往事陈迹，固不能推而达之天下也。纵能循其途辙，而时俗异尚，风气异宜，必不能化裁推迁，以得夫立法之本意，而行之无敝也。苟得其人，则虽不必事事牵合，然以是心而行是政，得其意而不拘其迹，而因革损益，天下之政，灿然毕举矣。[2]

薛应旂这里所论述的，也是其有关“时”与“势”历史思想的延伸。文中，薛应旂在历数了王莽、苏绰，乃至“一代豪杰”王安石，采用所谓周公致治之法的《周礼》反遭失败的事例后，结论说：“由此观之，信乎

[1] 薛应旂：《方山先生文录》卷十六《识势》。
[2] 薛应旂：《方山先生文录》卷十六《任人》。

法之不足任也。任法而不任人，则虽周公之法，吾未见其不蔽也，况汉之《三章》、唐之《六典》、宋之《家法》，苟非其人，曷足恃哉！此为治者之所以必先任人，而欲任人必先择相，其诸法制之详，固不必论也。”这就是说，法是因“时”、因“势”而不断变化的，而人之“心”则是不变的。于是，薛应旂对“时”与“势”讨论的最终落脚，又落到了王学的最高范畴——“心”——人的主观意识上：“数圣人之所以致治者，非有所作为于其间也。因时升降，由俗为政，而一顺乎民之心也。文为制度，崇尚损益，其粗迹也。所以同民心而出治道者，则固由在也”，“古之治天下者，必达乎斯民之心，通乎此心之理，其举措未必同也，其合于道一也”，“因天下而为天下也，天下之要不在于我而在于民，不在于民而在于民之心。心也者，天地生物之心，而古今圣愚之所同也”。[1]这些地方又展现出薛应旂史学思想中浓厚的折衷程朱、陆王之学的色彩。

附考　关于薛应旂的生卒年

此问题现代的研究著作均未见言及，其中侯外庐等主编的《宋明理学史》下卷第十四章称“不详”，而台湾“中央图书馆”编纂的《明人传记资料索引》及麦仲贵著《明清儒学家著述生卒年表》则径付之阙如。然考诸明刊本薛应旂《宪章录》卷首陆光宅撰《刻〈宪章录〉跋》，有“今年春，宅下第归自京师，过先生居，谒焉。先生年七十有五，癯癯老矣”语。按陆光宅此跋，署时为“万历二年甲戌秋七月望”，即公元1574年。依此上溯75年，则为弘治十二年（1499年）。又嘉靖刊《方山薛先生全集》卷四十六《林巡抚哀辞》云：“隆庆己巳夏五月，巡抚都御史念堂林公卒于姑苏之台。越月既望，其治下七十老人武进薛某，以瓣香束帛焚于柩前。”从隆庆三年（己巳，1569年）上溯70年，仍是弘治十二年。故此年似可断为薛应旂的生年。至于薛应旂的卒年，则可从《宪章录》的刊刻年代考虑，该书刊刻时间是万历二年，时薛应旂年已七十有五，按常人的寿夭推测，其卒年约定在万历初年，应是合理的。

[1] 薛应旂：《方山先生文录》卷十七《三代直道而行》。

第八章　王世贞史学理论的贡献

王世贞（1526—1590年），字元美，号凤洲，又号弇州山人，苏州太仓（今属江苏）人。王世贞出身官宦世家，祖父倬、父亲忬都曾在朝中任高官。王世贞本人亦于嘉靖二十六年（1547年）22岁时考中进士，并于次年授刑部主事。

王世贞虽然很早就步入仕途，但是一生宦程并不顺利。王世贞为官廉能正直，不阿附权贵，也正是因为这些，使得王世贞屡次得罪当时弄权的首辅严嵩，“吏部两拟提学皆不用”。嘉靖三十八年五月，严嵩又以王世贞的父亲王忬在滦河之役中与蒙古部族作战失利为由，下狱论死。闻此，正在青州任上的王世贞立即“解官奔赴，与弟世懋日蒲伏嵩门，涕泣求贷”。然而奸诈的严嵩，口头上“为漫语以宽之”，而实必欲置世贞父于死地。[1] 直至隆庆元年（1567年），其父之冤才得大白。后王世贞又历官大名副使、浙江右参政、山西按察使、广西右布政使等职。张居正当国，王世贞又与之不相能，罢归。张居正殁，方被起为应天府尹、南京刑部右侍郎，至南京刑部尚书。旋又因遭他人算计，王世贞倍感仕途的险恶，失望之中，于万历十八年（1590年）辞官归乡。是年冬天，王世贞辞世，享年65岁。多舛的命运，促进了王世贞对于历史与社会问

[1]《明史》卷二百八十七《王世贞传》。

题的思考。

王世贞的宦程虽然不亨达，文名却颇重于时。他少年时便颇具才名，成年后更与李攀龙同为当时文坛“后七子”首领，史称：“世贞始与李攀龙狎，主文盟，攀龙殁，独操柄二十年。才最高，地望最显，声华意气笼盖海内。一时士大夫及山人、词客、衲子、羽流，莫不奔走门下。片言褒赏，声价骤起。”[1] 是明代后期极具影响的文学家。

同时，王世贞也是明代后期最有成就的史学家之一。编写一部本朝的信史，一直是王世贞的夙愿。他曾感慨地说：“王子弱冠登朝，即好访问朝家故典与阀阅琬琰之详，盖三十年一日矣。而从故相徐公（阶）所得尽窥金匮石室之藏，窃亦欲藉薜萝之一日从事于龙门、兰台遗响，庶几昭代之盛不至忞忞尔。”[2] 而王世贞的史才，也受到同时代人的推崇和激赏，并对他虽然负“千秋轶才，而不得一登史馆，目击朝家掌故”[3]，“而老为文人以殁”，表示遗憾，认为这是“本朝大恨事也”。[4] 总之，出身官宦世家、少年登第等良好的客观条件，使王世贞能够搜访、阅读到大量的历史文献；对于史学的热爱和横溢的才华等主观条件，也使王世贞有可能在史学上大有一番作为。遗憾的是，由于种种主、客观条件的限制，王世贞终生只留下了一大批悉心考订、整理过的历史资料和一些有关史事的笔记，而未能写出一部体例完整的历史著作，令人扼腕称恨。

尽管王世贞最终未能完整写出一部成型的史著，但是他一生完成的史学工作仍是十分可观的，计留下的史学著作有《弇山堂别集》100 卷、《嘉靖以来首辅传》8 卷、《明野史汇》100 卷、《皇明名臣琬琰录》“卷亦过百”，此外王世贞还有《古今谥法通考》《古今法书苑》《古今名画苑》等专史著作，有《国朝丛记》《札记》《觚不觚录》《阉宦小纪》《少阳丛谈》《戚武梼杌》《弇山堂识小录》等史学笔记，还有大量生前未刊，后经由门生董复整理而成的百卷本《弇州史料》等。因此，王世贞对于明

---

[1] 《明史》卷二百八十七《王世贞传》。
[2] 王世贞：《弇山堂别集》卷首《小序》，中华书局 1985 年版。
[3] 陈文烛：《弇山堂别集序》。
[4] 陈继儒：《弇州史料序》。

代史学的贡献是非常突出的，而如此丰富的史学实践，也为王世贞对史学理论问题的思考奠定了坚实的基础，使之提出了许多富有价值的史学思想，对传统史学理论的发展做出了重要的贡献。

第一节　“天地间无非史而已”

王世贞最有理论价值的史学思想之一，是他相对超越了当时从理学范畴对经史关系所进行的讨论，直接从史学的本身去探讨史学的学术和社会价值，进而提出“天地间无非史而已”的理论命题，确立了史学自身的独立价值。

明代中期以来，王阳明以世界统一于意识的主观唯心主义看待六经的思想价值，提出“六经者，吾心之记籍也”[1]，并从“事即道，道即事”[2]，特殊体现普遍，普遍内在于特殊的理论层面，提出并诠释“五经亦史”的观点。尽管王阳明的主旨不是要提高史学的价值，史学家对史学本身独立学术价值的思考仍得到了较大的发展。

王阳明之后，其再传弟子薛应旂发挥王氏“五经亦史”，“六经者，吾心之记籍”的观点，针对朱熹“经精史粗”的观点，在所著《宋元通鉴》的《凡例》中，明确提出“经史一也”的命题，把史学的学术和社会价值提高了一大步。然而，尽管薛应旂“经史一也”的命题已是针对史学问题提出来的，但是从本质上讲，薛氏还是未能完全跳出理学的范畴来讨论史学价值，所以其论述最终仍然是落脚于“若以经史分精粗，何乃谓精意？入神之妙，不外于洒扫应对之间也”的道德修为的层面上。[3] 相较之下，王世贞对史学价值的论述，才是真正就史学本身阐述有关问题的。

王世贞自视颇高，曾经夫子自道曰：“吾读书万卷，而未尝从六经

[1] 王守仁：《王阳明全集》卷七《稽山书院尊经阁记》。
[2] 王守仁：《王阳明全集》卷一《传习录上》。
[3] 薛应旂：《宋元通鉴·义例》。

入。”[1] 白寿彝先生说，“这句话，在哲学上可以有不同的解释，但在强调学者要有独立见解这一点上，在当时是可贵的思想”[2]。王世贞对史学价值的论述，也正是他这一思想的体现。

首先，王世贞从纯粹史料的角度提出“稽古史即经也”，即考核古史不能离开“经”。这一观点的实质也是“六经皆史”说的翻版，只是此说完全是从史学与史料的关系上立论的。对此，王世贞阐述说，由于上古的历史文献从春秋战国以来，因为“日寻干戈，若存若亡，迄于秦火，遂茫不可迹”，于是《春秋》等作为“焰而犹存”的历史文献，对了解上古时代的历史便显得格外值得珍重，也正是在这种情况下，“故史也而尊曰经”，“经”也就是上古时代的史。[3] 此外，在一篇论《春秋》的著作里，王世贞还从史料与客观历史关系的角度，谈了他对《春秋》的看法。王世贞认为：“《春秋》，圣人之书也。其有疑焉者，阙之。阙之，尊之也，委曲而以意文其辞，误后世者，非尊《春秋》者也。”所以王世贞对宋胡安国等人脱离《春秋》的文本，以己之意任意臆解《春秋》，很不以为然，他说：“曰《春秋》圣人之书也，非欤？曰圣人胡可非也。经传之佚，秦烬久矣，吾征其信者，而阙其疑者，子姑反而求之于心可也！”[4] 认为《春秋》固然是“圣人”之书，在一定意义上也是不可否定的，但是从反映客观历史的角度看，《春秋》又是一部先秦史书，而且因为“经传之佚久矣”，所以就有必要对之“征其信者，而阙其疑者”，以历史的态度来看待它。

其次，王世贞还发展王阳明“事即道，道即事”，道内在于事，事体现着道，道与事是相即不离的统一的论述，提出“史不传则道没，史既传而道亦系之传”的观点。王世贞论述说：“夫道于宇宙间，奚物而非道？奚事而非道？史不传则道没，史既传而道亦系之传。”[5] 从而在将史作为“道”得以存在的根本条件的同时，也将史学的地位空前提高了。

---

[1] 李贽：《续藏书》卷二十六《尚书王公世贞》。

[2] 白寿彝：《中国史学史》第一册，第79页。

[3] 王世贞：《纲鉴会纂》卷首《纲鉴会纂序》。

[4] 王世贞：《弇州山人四部稿》卷一百十一《论四首·春秋四》，明万历五年世经堂刻本。

[5] 王世贞：《纲鉴会纂》卷首《纲鉴会纂序》。

再次，更重要的是，王世贞比较了经与史的价值说：“经，载道者也，史，纪事者也。以纪事之书较之载道之书，孰要？人必曰经为载道之书，则要者属经，如是遂将去史弗务。嗟乎！智愈智，愚愈愚，智人之所以为智，愚人之所以为愚，其皆出于此乎？”[1] 认为史学的价值更重于经。对此，王世贞详细地论述道：

> 愚尝读文中子之书曰：“史之失自迁、固始也。记繁而志寡，则又未尝不叹其言之失也。夫经有不必记，而史有不必志。孔子之作《春秋》也，而君臣、父子、夫妇、长幼之伦著焉，中国、夷狄、君子、小人之界判焉，盖二百四十二年而千万世揆是也。故经不敢续也，亦无所事续也。至于史则不然，一代缺而一代之迹泯如也，一郡国缺而一郡国之迹泯如也。贤者不幸而不见德，不肖者幸而不见慝。故夫三代非无史也，周衰，天子之史不在周，而寄于齐、晋之盟主。盟主衰，而又分寄于列国。国自为史，人自为笔。至秦务师吏，斥百家，而史亦随烬矣。五帝之事，若有若无，三王之事，若存若亡，则非史之罪也，祖龙为之也。执事试进操觚之士，而质之史，其论三代，有不尊称《尚书》者乎？然自舜、禹、汤、武及桀、纣而外，有能举少康、武丁、太康、孔甲之详以复者否？周之季，有不尊称《春秋》者乎？而自桓、文而上，有能举宣、平、共和之详者否？二汉而下，有不稗官《晋》，齐谐“六代”，期期《唐书》，芜《宋史》，而夷秽辽、金、元三氏者乎？然一展卷而千六百年之人若新，而其迹若胪列也。则是史之存与不存也。[2]

在王世贞看来，由于人们在观念上重经轻史，“遂将去史弗务”，致使出现“愚愈愚”的局面，所以王世贞鲜明地提出：“史学在今日倍急于经，而不可以一日而去者也。”而不读史书空谈义理之人，只能是“罔识岁时之变”的“夕死之虫”。[3] 王世贞的这些论述表明，在他的观念中已经

[1] 王世贞：《纲鉴会纂》卷首《纲鉴会纂序》。
[2] 王世贞：《弇州山人四部稿》卷一百十六《国史策》。
[3] 王世贞：《纲鉴会纂》卷首《纲鉴会纂序》。

意识到，“史”事实是具有“经”所不能替代的独立价值，是人们了解客观历史不可或缺的依据。史学的价值在某种意义上具有较之经学更高的价值：“然一展卷而千六百年之人若新，而其迹若胪列也。则是史之存与不存也。”

事实上，正是在努力提高史学的学术价值和社会价值思想认识的基础上，王世贞提出了“天地间无非史而已”的命题。这可以说是明代提出的最有价值的史学理论之一。关于这个命题，王世贞是这样论述的：

> 天地间无非史而已。三皇之世，若泯若没；五帝之世，若存若亡。噫！史其可以已耶？六经，史之言理者也；曰编年、曰本纪、曰志、曰表、曰书、曰世家、曰列传，史之正文也；曰叙、曰记、曰碑、曰碣、曰铭、曰述，史之变文也；曰训、曰诰、曰命、曰册、曰诏、曰令、曰教、曰札、曰上书、曰封事、曰疏、曰表、曰启、曰笺、曰弹事、曰奏记、曰檄、曰露布、曰移、曰驳、曰喻、曰尺牍，史之用也；曰论、曰辨、曰说、曰解、曰难、曰议，史之实也；曰赞、曰颂、曰箴、曰哀、曰诔、曰悲，史之华也。虽然，颂即四诗之一，赞、箴、铭、哀、诔皆其余音也，附之于文，吾有所未安。惟其沿也，姑从众。[1]

这里，王世贞所谓“天地间无非史而已”，也就是说天地之间无一不是史的命题，事实上已经超越了当时从经史关系角度展开的对史学的讨论，跳出原来针对所谓六经与史之性质、关系的讨论，形成将六经置于历史文献范畴中探讨的纯粹的史学问题。这样事实上也就完成了对史学本身价值认识的理论升华。

这里，王世贞显然是将史的范围扩大到无所不包的程度。然而，由于时代的局限，王世贞还是未能将作为史事之史与作为史书之史在观念里清楚地分开来，将作为客观过程的史，与在客观过程中遗存下来的文献史料混为一谈。因此，王世贞虽然提出了“天地间无非史而已”，但是他很快就又折回到了对客观之史与历史文献之关系的讨论。即王世贞所

---

[1] 王世贞：《弇州山人四部稿》卷一百四十四《艺苑卮言一》。

谓“天地间无非史而已”之“史”，实质仍然是指历史主体的文字遗存而言之“史”。所以王世贞论述说：上古“若泯若没”“若存若亡”而“史不可已”。即人们对于邈远之过去的了解和认识，只能依赖当时的文献遗存，从这个意义上讲，“史”是决“不可已”的。

在“天地间无非史而已”和“史不可已”的理论层面阐述历史文献遗存史学价值的基础上，王世贞又把“史”——历史文献遗存，从反映客观历史直接或间接关系、全面与局部等方面，由近及远，具体分为了以下几个层次：

第一层是“史之言理者”，即所谓的六经。认为它们是史之所本的历史观点，是史的灵魂。这种看法较之王世贞《纲鉴会纂序》从史料的角度提出的“稽古史即经也”——“经”就是古史的说法有所不同，实际在于二者论述的角度发生了变化。前者是仅就古史而言，这里是就整个史学而言。撇开具体的六经，从整个史学而非专就上古史而言，历史观点的指导无疑应在史学中占据重要地位。

第二层是“史之正文”，即以编年、纪传两大史书体裁为代表的主要历史撰述。这是对历史过程的全面记述，也是反映历史过程的最重要的文献遗存。

第三层是“史之变文”，是指或一人生平之表彰，或一事之记述的叙、记、碑、碣、铭等“序事如传”的文献。[1] 这类文献一般也是以时间为经，展现某一历史过程的文字记录，但与真正的史书又有所区别，所以王世贞以“史之变文”相称。

第四层是“史之用也”，所谓史之用，就是历史撰述中需要采用的重要史料，主要是与朝廷政治密切相关的历史文献。

第五层是“史之实也”，其中所列的文体，如辨、说、解、难、议等，都是针对一定事物而发的讨论文字，是反映不同观点，了解具体史实不同侧面的历史文献。

第六层是“史之华也”，这是指发抒对某人某事情感的赞、颂、箴、哀、诔、悲等文字，是了解历史的间接文献。

综上所述，王世贞文中所涉及的六类历史文献遗存，依照与史学关

---

[1] 刘勰：《文心雕龙·诔碑第十二》，周振甫注本，人民文学出版社 1981 年版。

系的疏密，大致可以概括为，历史撰述的指导思想或历史观点，历史撰述的正文及变文，历史撰述的基本材料等三个大的层面。

王世贞“天地间无非史而已”的提出，标志着中国古代史家对于史学本身理论认识的深化。但是这一观点的提出，并不是没有理论上的前导。作为当时重要的史学家兼文学家，明代文艺理论的探讨，对于王世贞这一史学理论的提出，具有相当重要的作用。事实上，王世贞这篇讨论史学问题的论文，正是在文学界讨论文体的问题中提出来的。当时文学界讨论的一些理论问题，尤其是明初宋濂所说的“凡有关民用及一切弥纶范围之具，悉囿乎文，非文之外别有其他也”，[1] 与王世贞此命题的提出，显然具有理论的渊源关系。

另外，第一，从社会发展与史学的关系讲，随着社会历史的推移，社会生活也越来越丰富，纳入史学家视野范围的历史文献也越来越多：“当左、马之世，天下未知有志、铭、家传之属……东京而后，以逮六季，始间有之，至今而极矣。”[2] 即“志、铭、家传之属”等历史文献，到了宋、明之时，由于氏族地主阶级的没落和世俗地主阶级的广泛发展，已成为社会中普遍存在的文献。第二，从史学的发展讲，随着史学学科的不断成熟，人们对于史学表述的真实性和丰富性的要求也越来越高，考核、补缀前史的要求必然促使人们挖掘新的史料文献，盖“自汉而后，幅员日益以广，而民日益以漓，则其事之不得不繁，而言之不得不详者，势也”，[3] 加之宋、明时期，私人修史空前发展，由于没有官方文献的支持，使得史学撰述与史料缺少的矛盾不断出现，从而逼迫人们开拓视野，从更广阔的方面挖掘文献史料，完善自己的史学撰述。社会变化和学科的发展推进了历史学科的建设。

事实上，在王世贞之前，尽管没有人自觉地对各类文献的史学价值做出全面的理论性阐述，但是针对某些具体门类历史文献的裒辑，宋代已经出现，例如宋人辑录的《唐大诏令集》《政府奏议》《名臣碑传琬琰集》等，明人辑录的《历代名臣奏议》《皇明名臣琬琰录》等。同时，也

---

[1] 宋濂：《宋文宪公全集》卷二十六《文原》。

[2] 王世贞：《弇州山人续稿》卷一百七十四《与许相公》，明刊本。

[3] 王世贞：《弇州山人四部稿》卷七十一《天言汇录后序》。

有一些史学家在编辑文选时，已开始对各类文章的史学价值有所认识，例如元代苏天爵的《元文类》“摭国初至今名人所作，若歌、诗、赋、颂、铭、赞、序、记、奏、议、杂著、书说、议论、铭志、碑传，皆类而聚”，而“所取者，必其有系于政治，有补于世教，或取其雅制足以范俗，或取其论述之足以辅翼史氏”，[1] 表明该著作的编辑本有作为史料供后来人采择的初衷。正是继承了前人的学术及思想成果，王世贞才有可能提出这些有价值的史学思想。

王世贞“天地间无非史而已”的提出，有力地促进了史学家对于史学本身的思考，促进了史学自身的建设，从史学思想的发展看，可以说是其后清代的章学诚在“六经皆史也，古人不著书，古人未尝离事而言理，六经皆先王之政典也”观念指导下，提出“盖天地间凡涉著作之林，皆为史学”等史学思想的理论前导。[2]

第二节　史学批评及其理论贡献

王世贞史学批评及其理论，有价值也有局限。其中，在对历代史学的批评方面，王世贞的思想，与其“文必西汉，诗必盛唐，大历以后书勿读”[3] 的文学复古主张相一致，带有明显崇古抑今的倾向。在历代史学家中，王世贞最推崇汉以前的史学家，尤其服膺司马迁以及司马迁所撰述的《史记》。王世贞曾不无感慨地说：

> 呜呼！子长不绝也，其书绝矣，千古而有子长也，亦不能成《史记》，何也？西京以还，封建、宫殿、官师、郡邑，其名不雅训，不称书矣，一也；其诏令、辞命、奏书、赋颂，鲜古文，不称书矣，二也；其人有籍、信、荆、聂、原、尝、无忌之流足模写者乎？三也；其词有《尚书》《毛诗》《左氏》《战国策》《韩非》、吕不韦之书

---

[1] 陈旅：《元文类序》。

[2] 分见章学诚《文史通义》卷一《易教上》及《章氏遗书》卷九《报孙渊如书》。

[3]《明史》二百八十七《王世贞传》。

足荟蕞者乎？四也。[1]

这里，王世贞认为斯时逝矣，纵有司马子长再世，也不会撰述出《史记》这样伟大的史著来，原因是后世已没有了秦汉以前那样雅训的文物制度，那样可歌可泣的人物故事，那样文辞生动的典籍著作。

从这种观点出发，王世贞很自然地将秦汉以下的史著一笔抹杀，其中“《晋书》《南北史》《旧唐书》，稗官小说也；《新唐书》，赝古书也；《五代史》，学究史论也；宋、元《史》，烂朝报也”。尤其不能让王世贞容忍的是欧阳修的《新五代史》。王世贞批评说：

> 欧阳公作《五代史》，而欲自附《春秋》之笔削，创立义例，而其文词颇为世所喜。杨士奇称之，以为与司马迁《史记》、班固《汉书》并，而义例胜之。予亟考其所谓义例者，亦不甚当，……至于文辞尤索莫，腴不如范晔，雅不如陈寿，比之两晋六朝，差有法耳，……而何以齿《史》《汉》哉！[2]

但是王世贞这种“是古非今”“唯古是好”的文学和史学观点，到其晚年，开始有所悔悟。他曾反省自己说：“作《卮言》时，年未四十，与于鳞辈是古非今，此长彼短，未为定论。行世已久，不能复秘，惟有随事改正，勿误后人。”[3] 并逐渐转向“博古通今”的学术主张。王世贞形象地阐述“博古通今”的思想说：“夫士能博古固善，其弗通于今也，古则何有？我以古而诮人，人亦以今而诮我，其失究同也。今夫夏敦商彝、牺尊兽罍，款识奥奇，文画深巧，天下之瑰器也，以烹以盛，则不若敝釜瓦缶之便。何者？适于用也。由通古无变今俗，然则通今之士可少哉！”“博古通今”思想的提出，表明晚年王世贞的史学思想、文学思想向积极方向的转变。

王世贞史学批评中最有价值的史学思想是他对当代史学的批判，及

[1] 王世贞：《弇州山人四部稿》卷一百四十六《艺苑卮言三》。
[2] 王世贞：《弇州山人读书后》卷三《书五代史后》，明刊本。
[3] 钱谦益：《列朝诗集小传》丁集上，上海古籍出版社1983年版。

其对各种史料的相对史学价值的分析。

德国汉学家傅吾康曾经评价明代史学说："明朝前半期，朱熹的理学派在思想中占统治地位。这一派对历史著述的影响是，它教人按照朱熹的《通鉴纲目》所传述的那样去接受传统及其价值，而不鼓励对历史记载的确实性与可靠性提出问题。""在16世纪中叶以前，历史作者通常不去对各种历史文献和来源可疑的记事甚至流言加以甄别。他们更不愿过问官方档案的可靠性。这种态度在正式著作、杂著和历史注释中都非常明显。"[1]这些表明，当史学在明代后期将做较大发展时，史学家所不得不面临的严峻的学术局面。即当时史学家在撰写史著时，不得不考虑如何甄别、考辨各种史料的相对价值及其真伪的问题。

明代后期以来，史学家面前的史料非常复杂。造成这种复杂局面的原因来自于上下两个方面：在上，是统治者对史学的政治干预，对实录等历史记录的任意篡改，以及国家修史制度的不完善；[2]在下，是受市民追新好异审美趣味影响，生活优裕，且不负责任的缙绅文士们撰写的野史稗乘充斥社会，致使历史事实真假难辨。[3]在这种情况下，史学要获得发展，首先要对各种不利于史学发展的因素进行批判，以维护史学的客观性和严肃性。当时史学家中对当朝史学的各种弊端进行批判的人很多，但是数王世贞的论述最系统，也最有史学理论的价值。

针对社会上下对于史学著述毫不负责，道听途说，任情褒贬，任意窜改的史学颓况，王世贞忧心忡忡地说：

> 明兴，其治统政化人才卓然越百世，而于史抑何湮略弗振也？夫金匮石室之闷，度非草茅所与闻，然往往传之荐绅，云革除、靖难

---

[1] 见《剑桥中国明代史》中译本，第780～781页。

[2] 关于明统治者对《实录》窜改的实例可参见Chan Hok-lam, "The legitimation of usurpation Historiographical revisions under Emperor Yunglo"(paper presented to the Conference on the Chinese Imperial Regimes. Asiloma, Msiloma, Monterey, California, June 1975)等论文。

[3] 例如陈于陛便称当时野史"其间多有山陬草泽，剽袭见闻，曲学宵人，私骋胸臆，览之若瑰异可喜，而于事实茫无根据"的作品。见《皇明经世文编》卷四二六陈于陛《恭请圣明敕儒臣开书局纂辑本朝正史以垂万世疏》，中华书局1962年影印本。

之际，其笔不能无曲与讳也。输款而美其知义，抗节而诬其乞哀，乃至英、宪、孝之际，秉如椽者，陈庐陵、刘博野、焦泌阳之辈，往往鸱张其臆，一人而代各贤否，一事而人各是非，甚或责阙供于仁孝之里，诋掠金于戡定之臣，将何所取衷哉！[1]

但是面对史学“湮略弗振”的颓况，王世贞并不是像当时某些学者那样，只是言辞激烈地简单抨击曰：“有明一代，国史失诬，家史失谀，野史失臆，故以二百八十年，总成一诬妄之世界”，[2] 而是在批判的同时，理性地对各种史料进行具体的分析，并从史学方法论的高度对之予以理论上的总结。

王世贞在他的著作里，多次对各种史料存在的优劣利弊进行讨论，如在《明野史汇小序》里，王世贞在谈他为什么编纂《明野史汇》后，详细地分析说：

……余时时从人间抄得之，因集为书，凡一百卷，曰《明野史汇》。何汇乎？野史，稗史也。史失求诸野，其非君子之得已哉！野史之弊三：一曰挟郄而多诬，其著人非能称公平贤者，寄雌黄于睚眦，若《双溪杂记》《琐缀录》之类是也；二曰轻听而多舛，其人生长闾阎间，不复知县官事，谬闻而遂述之，若《枝山野记》《剪胜野闻》之类是也；三曰好怪而多诞，或创为幽异可愕，以媚其人之好，不核而遂书之，若《客座新闻》《庚巳编》之类是也。其为弊，均然。而其所由弊异也：舛诞者无我，诬者有我。无我者使人创闻而易辨，有我者使人轻入而难格，于乎录之枝也而弗芟也。是宁非余之罪乎？[3]

这里，王世贞首先肯定野史的史学价值，认为“史失求诸野”，即在官方史学机构不能有效地履行其记述、编纂等职能的时候，野史作为历史的

[1] 王世贞：《弇州山人四部稿》卷一百十六《国史策》。
[2] 张岱：《琅嬛文集》卷一《石匮书自序》，岳麓书社 1985 年版。
[3] 王世贞：《弇州山人四部稿》卷七十一《明野史汇小序》。

记载，虽然存在种种弊端，仍要作为重要的史料来源，此实“其非君子之得已哉”。事实上，这也就是王世贞裒辑各种野史的史学原因。在王世贞看来，野史之弊虽然有三，“其为弊均然”，但是其“所由弊”的原因却不同，有无意造成记述失实者（舛诞者），有故意造成记述失实者（诬者），而二者相较，无意者易辨，故意者难以推究，因此本着尽量多地保存史料的原则，王世贞对于各种野史“于乎录之枝也，而弗芟也”。

与《明野史汇》主要是野史的裒辑不同，《皇明名臣琬琰录》所涉及的历史资料范围相对广泛，主要是对当朝“诸名公大夫志铭传状”等所谓家史材料的搜集编辑，也正是在广泛接触各种文献史料的基础上，王世贞对各种史料的优劣长短和史料价值，开始确立了初步的认识。王世贞说：

> 予少则已慕称先名公大夫之业，顾不得探石室窥国家之藏，其流之人间者，一二寓目焉而未敢凭也。夫琬琰，家史也。国史人恣而善蔽真，然其叙典章、述文献，不可废也；野史人臆而善失真，然其征是非、削讳忌，不可废也；家史人臾（谀）而善溢真，然其缵宗阀、表官绩，不可废也。国以草创之，野以谈论之，家以润色之，庶几乎史之倪哉。[1]

这是王世贞对于国史、野史、家史三史的是非利弊，以及各自在史料上相对价值的最初论述。

此后，王世贞在其史学笔记《弇山堂识小录》序言里，再一次指出当时国史、野史和家史三史的不足信，以及自己有意撰述一部当代信史的愿望：

> 故事，山陵毕，下翰林臣修实录。已上，取稿草焚之。其草固称焚，往往流传人间，然不过举诸曹之故牍，而翰林先生以意行，是是非者踵相接也。诸琬琰所载，谀墓之辞，亡非贤者，大要以位，或子孙差高下耳。而稗官小乘，类出迂人畸畯手，修怨之音与耳传

[1] 王世贞：《弇州山人四部稿》卷七十一《皇明名臣琬琰录小序》。

之讹半之，舜纂尹诛何以异于齐东之野、汲之冢也？然则天下遂无史哉。余谬不自量，冀欲有所论著，成一家言，卒卒未果……。[1]

而随着史学实践活动的深入展开，王世贞对于各种史料相对史学价值的认识也逐渐系统并上升到理论的高度。他在专门考辨史实真伪的专著《史乘考误》的引言中，对上述的史学思想做了进一步的发挥。他辩证地分析了当时不同史料来源的价值及其弊端，并从史学方法论的层面进行了概括。王世贞说：

国史之失职，未有甚于我朝者也。故事，有不讳，始命内阁、翰林臣纂修实录，六科取故奏，部院咨陈牍而已。其于左右史记言动，阙如也，是故无所考而不得书。国忸衮阙，则有所避而不敢书。而其甚者，当笔之士或有私好恶焉，则有所考无所避而不欲书，即书，故无当也。史求诸野乎？然而野史之弊三：一曰挟郄而多诬。其著人非能公平贤者，寄雌黄于睚眦，若《双溪杂记》《琐缀录》之类是也。二曰轻听而多舛。其人生长闾阎间，不复知县官事，谬闻而遂述之，若《枝山野记》《翦胜野闻》之类是也。三曰好怪而多诞。或创为幽异可愕，以媚其人之好，不核而遂书之，若《客坐新闻》《庚巳编》之类是也。无已，求之家乘铭状乎？此谀枯骨谒金言耳！[2]

这里，王世贞对影响当时史学健康发展的几种情况做出了理论上的分析与批判，其中，对于影响国史失实的：一是封建专制政治的干预、回护；二是国家记注制度不完善；三是当事的官员“有私好恶”。影响野史失实的：一是“挟郄而多诬”；二是“轻听而多舛”；三是“好怪而多诞”。影响家史失实的则是著者对死者的阿谀吹捧。

尽管对所谓的国史、野史、家史三史的种种弊端提出如此尖锐的批评，但是作为一个有见识的史学家，王世贞在理论上还是对其各自史学

[1] 王世贞：《弇州山人四部稿》卷七十一《弇山堂识小录》。

[2] 见王世贞《弇山堂别集》卷二十。

上的缺陷与价值做出了相对客观和辩证的评估。他分析说：

> 国史人恣而善蔽真，其叙章典、述文献，不可废也。野史人臆而善失真，其征是非、削讳忌，不可废也。家史人谀而善溢真，其赞宗阀、表官绩，不可废也。[1]

这样，王世贞的认识便深入到史学方法论的层面，从主观对客观认识的角度，具体地阐述了三史各自的史学价值与局限。认为国史在“叙章典、述文献”、野史在“征是非、削讳忌”、家史在“赞宗阀、表官绩”等方面有不可替代的史学价值。

我们说，史学是在主观和客观的不断矛盾运动的过程中展开的。史学存在的价值和任务在于求客观之真、存客观之真，但是要完成这一任务，实现这一价值，又不得不依赖于人的主观。然而由于人们主观认识的局限，事实上不可能达到完全客观意义上的真，而只能经过不断努力去逐渐地接近于客观的真。当然，作为生活在16世纪的史学家，王世贞不可能对史学的这一特质做出这样深入的认识，但是他已意识到了不同的史学主体，因所受到主、客观条件影响的不同，认识途径的不同，从而导致对客观事实记述上的差异；意识到不同层次、地位的主体所记述的事实虽然不尽相同，但是它们既然都是对共同客观过程的记述，那么它们也必然会在不同范围、不同意义上保存着一定的真。因此，只要对这些史著的各自优长局限以及它们的相对史学价值有清楚的认识，就会达到更接近事实的历史之真。所以王世贞结论说：

> 夫家乘是而疑誉者，吾弗敢擿也；野史非而疑毁者，吾弗敢救也。其龃龉而两有证者，吾两存之；其拂而核者，吾始从阳秋焉；鄙人之途听而诞者也，纤人之修隙而诬者也，则弗敢避矣。[2]

按：“擿”者，掷也；“救”者，纠也；“拂”者，戾也；“阳秋”即“春

---

[1] 王世贞：《弇州山人四部稿》卷七十一《皇明名臣琬琰录小序》。

[2] 王世贞：《弇山堂别集》卷二十《史乘考误一》。

秋”，代指《实录》等国史。这里王世贞针对家史与野史的几种情况相应提出了几种处理原则：一是当怀疑家史和野史所述都失实却无证据可证时，绝不能轻易“擿”或“救”；一是当家史和野史所记事实不一致却都各有证据可证时，则都予保存，有违事实的地方，则依《实录》等国史的记述为准；一是明确为“诞”、为“诬”的记载，则“弗敢避”，坚决指出并予以纠正。表明王世贞有关三史史学价值的论述，已不是一般直观表层的泛泛之论，而是上升到普遍方法论高度的概括，表明王世贞对史学的理性思考的深入。也正是在对各种史料相对价值的分析基础上，王世贞提出了对怎样才能写成信史的学术建议，即：

> 悉出金匮石室之秘而录其副，以授夫载笔之臣，而益以郡国志记及所云野史、家乘之可采者，使公平该博之士持衡其是非，而尔雅遒古之才，藻润其辞，事会典之所辑，星官之所职，六尚书之故牍，可以书、可以志、可以表，而我有明一代之业，当无逊于西京矣。[1]

应该说，王世贞的这个建议，在当时是相当全面而且是可行的。

王世贞的史学理论和方法论，在他的史学实践中得到充分的体现。事实上王世贞的史学实践，基本展现了他所谓“国以草创之，野以讨论之，家以润色之”的理论思想。[2] 为此，他不仅注意对实录、邸报等国史及第一手材料的收集，还广汇野史稗乘，“时时从人间抄得之，因集为书，凡一百卷，曰《明野史汇》”，[3] 并且裒辑“上自王侯将相，下逮四民女妇”的“状、表、志、传、家乘、地志、从谈、杂记”为《皇明名臣琬琰录》，“以备史氏之用”。[4] 与此同时，针对当时“国史人恣”“野史人臆”和“家史人谀”造成的记述失实，王世贞还专门撰述了《史乘考误》一书。这是明代后期历史考据的名著。书中不仅广泛采用以国

[1] 王世贞：《弇州史料》后集卷四十《弇州拟修史说》。
[2] 王世贞：《弇州山人四部稿》卷七十一《明野史汇小序》。
[3] 王世贞：《弇州山人四部稿》卷七十一《明野史汇小序》。
[4] 李维桢：《大泌山房集》卷八《皇明名臣琬琰录序》，明万历刻本。

史辨析野史、家史之误，以野史、家史参校辨析其各自之误，以典章制度实施年代辨析野史、家史记述之误，以诏诰等原始文献辨析野史、家史记述之误，以时间或地点的记述辨析野史、家史的记述之误，以揭示野史、家史所述史实又见于前代记载而辨析其伪等等考辨手法外，还在一定程度采用逻辑分析的推理方法推翻野史的记述。例如，《纪略》一书曾说朱元璋亲制文册封十王时，值李善长北征，唐之淳在军中为他起草檄文，朱元璋读到檄文后十分赏识，即令飞骑急召进京。当时唐之淳因其父唐肃有罪，非常害怕。但到京师后朱元璋不仅让他润色册文，还让他承嗣父职，官翰林应奉。对此，王世贞辨析道："考之十王册定于洪武三年四月，其六月唐肃始为翰林应奉，明年夏，例失朝免官，又二年以例责佃临濠。今以其时为唐肃得罪后事，一大谬也；李韩公既无北征，亦何尝有露布？二大谬也；之淳洪武末馆曹公景隆家，至建文二年始以方孝孺等荐拜翰林侍读，明年卒，原无仕高庙及为应奉，三大谬也。十王册文多宋濂草，是时虽唐肃不得与，况之淳乎？事概无一实。"从时间、北征之事、唐氏父子的任免以及册文起草的实况等四个方面，逐条批驳《纪略》的错误。充分体现了其引证材料的丰富和考证辨析的精审，所以对明人多有偏见的清四库馆臣在《四库全书总目》的《史乘考误》提要中，也不得不说该书"皆能辨析精核，有裨考证"，"虽征事既多，不无小误……然其大端可信，此固不足以为病"。充分说明了王世贞的史学理论和史学方法论在史学实践中的价值和意义。

从明代后期史学的发展看，王世贞之前，虽然也有一些史学家开始注意到史实的考辨，如祝允明《苏材小纂》"本之碑志、行状，而稍为考据异同，注于本文之下"[1]，郑晓《今言》对黄佐《南雍志》、李文达《天顺日录》及《九卿题名》等野史所记史实有所考辨，但是总体上仍是处于一种不自觉的状态，因此祝允明有《野记》"所记多委巷之谈"而为人诟病，郑晓《吾学编》对建文结局记述的前后矛盾等说明他们还未能真正摆脱颓败史学积习的影响。直至王世贞的史学理论和实践开始，明代史学才真正注意到对历史文献及史实的考辨。

王世贞的史学理论和方法论，对明后期的史学发展，产生了非常积

[1]《四库全书总目》卷六一《苏材小纂》提要。

极的影响。由于王世贞对有关思想阐述的明确和富有说服力，再加上王世贞在当时文人士大夫中的声望，使得王世贞的这些史学理论在当时社会中迅速传播，很多史学家在阐述相关问题时往往复述他的观点乃至语言。其中明显袭用者如郭正域《皇明大政记序》云：

……比者，陈南充得请于上，开馆执简以成正史。寓内向所撰记旧闻者，始得网罗以出，亡虑数十百家，大都如元美所谓修郄以灭公是，逞已以淆独非，剽时耳遂为目，信人舌用为笔，又或改事之非而称是，掠人之美而归己，若今家乘墓谀之遗文，致不足凭也。

黄光升《昭代典则》祝世禄《序》云：

夫家史兴而善失真，美而溢者也。野史兴而善涉谬，传而误者也。稗史兴而善入讹，琐而鄙者也……。

吴瑞登《两朝宪章录》陈登云《序》云：

世之纂述自号者，其弊多端：一则挟郄而多诬，其著人非能称公平，徒寄雌黄云耳；一则轻听而多舛，其生长闾阎间，不能度越，耳日闻而遂述之；一则好怪而多诞，或创为奇异，以媚人之好，不核而遂书之。是数者尚不足以称野史，推一家言，而况可以为昭代之实录，备亿祀之型范哉？

但我们也可以看出，包括上述在内的相当一部分史学家，在袭用王世贞观点的同时，又都表现出明显的局限，即只抓住了他对稗史家乘批判的一面，而未能汲取其探讨史学方法论的一面，忽略了王世贞辩证看待不同史料相对价值的思想理论和方法论。

第三节　历史的评判与现实的批判

王世贞的思想是相当复杂的，一方面，数代官宦世家的出身，以及其所带来的富庶平静的家庭生活，加上他自己少年登科，很早就交游周旋于官僚文人之间等，必然决定了王世贞思想中所具有的正统、保守的特点；一方面，王世贞生活的嘉靖时期不断出现的各种社会危机，尤其是严嵩专权导致的皇朝政治危机，以及因此而发生的家庭悲剧、自己仕途的蹇涩多舛等，加上当时耸动社会的王学思潮的影响，又往往使得王世贞的思想表现出一定的进步倾向，深化了他的史学思想，促进了他对历史的评判与现实的批判。

王世贞对历史的评判的特点是强调历史是非的相对性、历史性，而主张"师心自裁"，表达自己独立的思想见解。

如前所述，王世贞曾自称"吾读书万卷而未尝从六经入"，表现他在治学上对独立见解的强调。王世贞激赏创立心学体系的大思想家王阳明，对王阳明鼓吹的"良知"说也深表认同。他曾经说："余十四岁从大人所得《王文成公集》读之，而昼夜不释卷，至忘寝食，其爱之出于三苏之上。稍长，读秦以下古文辞，遂于王氏无所入，不复顾其书，而王氏实不可废。"并云："王文成公之致良知，与孟子之道性善，皆于动处见本体，不必究折其偏全，而沉切痛快，诵之使人跃然而自醒。"表明他对王阳明心学的尊崇。[1] 这种思想特点，反映于王世贞对历史的认识之中，则形成其对既定的、"为习惯所崇奉的"是非价值权威的否定。

这种史学思想特点，在王世贞刊刻《祝子罪知录》的序文中有突出的体现。该文正是从强调历史是非的相对性、历史性入手，婉转地对是非标准的普适性、同一性做出否定。序文云：

> 王子曰：是非之变若棼丝。然有一人之是非，有一事之是非，有片言可折之是非，有千古不决之是非。后之君子且奈何？亦存其

[1] 王世贞：《弇州山人读书后》卷四《书王文成公集》。

迹而已矣。曷为存□□（曰），有案矣，曰有断矣，则未知□是是而非非也。与其所以取是非者，的然而无万一讹也。信传信，疑传疑，一人不以一事蒙，一事不以一人废，开眼界于片言，窜齿余于千古，好而知其恶，恶而知其美，殆庶几焉。若曰：同不足以标胜，姑以异为奇，其不然。其不然，倒道而言，君子弗言也。要使束脩之儒，顾影自畏，善虽小而务聚，慝虽细而必捐，则君子表微之功于斯为大。或曰：尚父戮华士而周公咎之，颜回攫釜而孔子疑，圣哲相信之素目击之事而犹尔尔，又况其纷如者乎安用存？虽然天下而无是非可也；天下而有是非也者，与其过而亡，宁过而存。磨鉴考衡，捘遐剔幽，小人恐矣，君子则否。夫然则知我罪我奚恤焉？祝子所为，综是非之案，断而命曰《罪知》者，意如此。[1]

按照王的说法：一、是非的标准是不确定的，会因人、因事、因时而变动；二、是非是很不容易确定的，即使周公、孔子这样的圣人，对于熟人、常事都有判断错误的时候，更何况评判变幻纷纭的历史是非了；三、既然天下不能没有是非，作为君子就要根据自己的研究，做出自己的价值判断，而不去计较他人的同意与否。

正是依着历史的“是非之变若棼丝”而无定论，君子应有自己独立的价值判断，王世贞对很多历史事实与人物做出了自己的评判。

王世贞评判历史事件与人物的突出特点，是强调历史行为的事功结果，而相对来说轻视历史行为的道德目的。例如，王世贞曾以这种价值标准，对秦皇、汉武的功业做出肯定的评价。尽管王世贞也从道德的角度批评了“秦始皇之恶极矣”，“秦皇、汉武，不足为人主训也”，但是他更多的是从事功的角度认为他们“功足言也”，肯定二人的历史作用。王世贞评价二人功过说：

然其创制立法可纪也。称皇帝、罢侯、置守令，即王族懿亲，无尺土之奉，岂不亦廓然太公哉！春秋之时，徐有淮夷，青有莱夷，雍有犬戎、义渠，豫有三川陆浑之戎，冀有鲜虞、赤白长狄、山戎，

[1] 祝允明：《祝子罪知录》卷首。详见第225页本章“附考”。

荆、扬之地财无非蛮者，其人与鸟兽杂而生。尧舜之世，化不得过数千焉，荒服之外，大抵因俗为教，固耳。秦一荡洗之而至于今，即西北至于朔方，辽西无终、令支之地，南度百粤，逾五岭、巴笮、滇池，亡不袭衣冠、谈诗书而治礼乐者，于乎谁力哉？故秦皇、汉武，不足为人主训也，然功足言也。[1]

从创立制度和开疆拓土两个方面，充分肯定了秦皇、汉武废封建立郡县，统一中国，发展少数民族地区文化的历史功业。甚至称："秦之取天下而不以道者，其罪不在始皇而在庄、襄以前之主；所以失天下者，其罪不在始皇之取，而在守也。"[2]

值得注意的是，王世贞这种以事功为准，评判历史行为的思想，不仅使他在对历史的认识和评价中超越了迂腐的道德意识，甚至还使他超越了狭隘的夷夏之辨，客观地评价少数民族历史人物的历史地位。例如王世贞在评价前秦之君氐人苻坚时说：

苻坚之伐晋，其势在必克，而当时中外智勇之士，未有不谏而阻者。何也？其识在坚下也……若坚取晋而以仁义守天下，后世不得不以正统归之，夫岂惟晋、隋，又宁在唐下也！[3]

肯定苻坚统一北方后伐晋行为的历史意义，认为不能以所谓的"正统"来否定这位少数民族领袖的历史功绩。此外王世贞在评价金将粘罕时也说：

自古夷狄之得志于中原者，毋若金，而金之所以得志者，则皆粘罕为之也。其速于取辽而缓于定宋，皆有说……夫粘罕一小虏耳，取燕下汴，算无遗策，涸宋之府库而不与其富，建策立太祖之冢嫡

[1] 王世贞：《弇州山人读书后》卷五《读秦本纪一》。
[2] 王世贞：《弇州山人读书后》卷五《读秦本纪二》。
[3] 王世贞：《弇州山人四部稿》卷一百十《史论·苻坚》。

而其主不能夺，使金之吴乞买得贤于宋之太宗。噫！孰谓胡无人哉？[1]

末一句“孰谓胡无人哉”，充分表露出王世贞对粘罕历史地位的肯定。至于王世贞这种对待历史上少数民族的态度，与当时那些以禽兽视之的严夷夏之辨的观点，更是相差遥遥。

王世贞还评价金、元朝的国君曰：“金哀亡国而不亡其体，元顺失天下尚不失国，故曰夷狄之有君也。”[2] 评价元朝的几位大臣曰：“吾尝谓元有三仁焉，楚材调乳虎而驯之，使不尽血肉中国，又能以死塞利孔，其仁蔽天地矣。伯颜之下□也，肃而谧，其居功也，廉而约，其处废也，恬而智，其应世事也，毅而裁，古社稷臣哉。乃廉希宪又有学力焉，宰相之为真宰相也，男子之谓真男子也。噫！孰谓胡无人？”[3] 甚至称元将“察罕之忠也，庶乎岳飞矣，武则同而功过之”，即论道德之忠，察罕丝毫不让汉族的英雄岳飞，而要论事功，则察罕更超过了岳飞。这些可以说都表现了王世贞超越正统的、严夷夏之防的大汉族观，纯从对历史发展贡献的事功角度来评价历史事件与人物的史学思想。[4]

当时的文学家屠隆，曾形容王世贞“笔挟清霜，舌掉电光”，“鞭挞千古，掊击当代”。[5] 这个评价，在一定意义上正是王世贞历史评判特点的写照，即既以批判的目光审视过去，又以战斗的笔触针砭现实。

王世贞虽然在读史、撰史中写下大量的史论，如《读秦本纪》《读五代史》《读宋史》《读元史》，以及《纲鉴会纂》里的《周秦总论》《西汉总论》《东汉总论》《两晋总论》《刘宋总论》《萧齐总论》《梁朝总论》《陈朝总论》《隋朝总论》《唐朝总论》《后梁总论》《后唐总论》《后晋总论》《后汉总论》《后周总论》《北宋总论》《南宋总论》《元朝总论》等史论，“鞭挞千古”，总结历史盛衰经验，表述自己的历史见解，“使明君贤

---

[1] 王世贞：《弇州山人四部稿》卷一百十《史论·粘罕》。
[2] 王世贞：《札记·内篇》，明刊本。
[3] 王世贞：《弇州山人读书后》卷五《书廉希宪伯颜诸传后》。
[4] 王世贞：《札记·内篇》。
[5] 谈迁：《国榷》卷七十五，北京古籍出版社 1958 年版。

辅有以昭其功，乱臣贼子无所逃其罪，而古今难制之变，难断之疑，皆得参验稽决”，[1] 但是其更有价值，更能反映其史学思想的历史评判是他对现实的批判。

面对不断深化的各种社会矛盾，王世贞像当时许多史学家一样，也对皇朝的命运忧心忡忡，预感国祚不振，大规模的动乱可能会爆发，因此研究皇朝历史，分析社会弊端的症结，展开对现实的批判，呼唤政治改革，在一定程度上成了王世贞史学实践的重要内容。例如王世贞分析当时的社会阶级斗争形势说：

> 燕、赵、秦、晋、齐、鲁、周、楚之郊，其为侠结纳亡命，习射骑陆搏报仇者不可纪也，铸山煮海夜出而晨归者不可纪也，习妖书为妖服以妄希富贵者不可纪也。一旦而有豪喜乱者倡之，不旬月而数十万人可立受事于麾下，鼓行而前，谁为坚者？指淮漕则天下之咽喉塞，指中都则天下之耳目新，指陪京则天下之根本摇，指汴洛则天下之矛玲集。我欲抽北兵而虏控揣我，我欲抽南兵而倭扼掣我，我欲悉发诸夷而诸夷玩狃我。于乎，何以策之哉？……夫以天下全盛之势而举事一不当，而豪杰得以窥其间，吁，可畏哉！[2]

“夫以天下全盛之势而举事一不当，而豪杰得以窥其间，吁！可畏哉。”从当时日益尖锐的阶级矛盾来看，王世贞的分析绝不是危言耸听，因为明正统以来，农民、矿工及其他手工业者的暴乱此起彼伏，不绝如缕。

王世贞对潜伏的社会危机所流露出的深沉的忧患意识，在分析当时的民族关系中也有所体现。王世贞曾谈及当时严重的南倭北虏问题时说：

> 夫虏与倭乱我者，非欲有我者也。忧不在南北，而在中土；机不在将帅，而在朝廷；失不在地利，而在人心。呜呼！亦未如之何已？[3]

---

[1] 王世贞：《纲鉴会纂》卷首《读纲目要法》。
[2] 王世贞：《弇州史料》后集卷三十。
[3] 王世贞：《弇州史料》卷十八。

认为造成所谓南倭北虏问题的关键，不在少数民族，而在朝廷本身，尤其是在朝廷的当政决策者，在于当时的人心聚散，及其对社会问题的认识。

面对当时不断深化的各种社会矛盾，皇朝政治由盛及衰的发展颓势，以及世风由淳朴而日渐浇漓，王世贞也像孔子一样，“伤觚之不复旧觚”，发出“觚不觚”的感慨，以《觚不觚录》为题，撰述了一部当代史的笔记，来记述、揭露那些“士大夫之体则已糜烂不可收拾”的社会事实。他尤其难以容忍奸佞弄权的宦官和横行肆虐的厂、卫，并为之专门撰述了《中官考》和《锦衣卫志》等，通过对宦官制度和厂、卫特务制度在明皇朝中的政治地位演化的记述，不仅揭露了这些统治者的奴才、鹰犬的罪行，也暗含了对专制政治的批判。其中在《中官考》的序中，王世贞曰“余读范蔚宗所论撰寺人，而叹其德之无极也”，在历数战国至宋朝的宦官乱政祸国之患后，格外对“处则如鼠，出则类虎，黔首哀蹙，有司谁何”[1]的当朝宦官及其制度所造成的政治弊端进行了尖锐的批判。王世贞说：

> 明兴，高皇帝神断自天，朋亡不昵，虽制各监局以处中贵人，而不兼文武衔，不侵外庭政，不御外臣冠服。盖三十年之间，而官府谧如也。文皇之始，不能不有所私寄，是故俨、保之谮几得行，而抚监岌岌矣。监军之势张，而马骐以交趾予敌矣。天子幼冲，母后不中制，权必有所归，而竖振遂滔天矣。举全盛之四海，挟至尊之万乘，而授手于鹊起乌合之虏……濬开中兴，斯则英主之效哉！而丁丑一制，为之湔洗何也？吉祥之创变，积骄成怨，积怨成逆，汪直之启衅，缧绁盈朝，尸骨盈边，则此制媒之哉！夫以孝庙之仁圣，尚不能无李广，而况蒙不省务，狎游是好？八虎横，三老绌，瑾独斜牙其间，祖宗之法度德泽，荡涸且尽。幸而发自其偶，以收全胜。然一瑾死，百瑾生，参伍狡弁，表里作奸，非高庙神灵鼎成，期逑明事，殆有不可言者。嘉靖之始，不远殷鉴……虽晚节不无所向徇，然不至如累季之弊。以迨于今，即有隐忧，而无显患，斯何下景帝

[1] 见王世贞《阉寺小纪》。

焉？夫振、瑾至狼戾也，公卿台谏至狐鼠伏也，亿兆至鱼烂也，然而不为汉、唐之季者，高皇帝收天下之权，以归一人，即狼戾如振、瑾者，一嚬而忧，再嚬而危，片纸中夜下而晨就缚，左右无不鸟散兽窜，是以能为乱而不能为变也。虽然，不可恃也。[1]

这里，王世贞明确指出，当朝宦官弄权之弊，实是因为统治者“不能不有所私寄”造成的。而且指出，虽然因明太祖朱元璋“收天下之权，以归一人”的专制制度，使得当时宦官弄权之患“能为乱而不能为变也”，没有造成“汉、唐之季”的大乱，但是仍然指出，“虽然，不可恃也”，历史上的前车之鉴，不能不对之予以注意。而他在《锦衣卫志》中亦尖锐地批判说：“呜呼，锦衣一禁校耳！其领宿卫则光禄勋也，刺奸则司隶也，至炳而分将相任，极矣！一重于纪纲，再重于钱宁，三重于陆炳。其究乃位师保，参纶綍，不亦殆哉？”对当时握大权，参重务，横行不可一世的宦官及其把持的特务组织极尽揭露、批判之能事。

由于明代后期当代史撰述的发达，有相当程度是在明中叶以来社会危机逐渐深化的刺激下形成的，因此，当时的史学家一方面宣颂大明皇朝的丰功伟德，总结治世之绩“为当世借前箸筹”，一方面又在史学作品中抨击当朝弊政，批判封建专制弊政。其中对皇朝盛世的宣颂，其目的仍然是以盛参衰，对后世昏君弊政表示批判。同时，他们的这种批判往往是把对当朝弊病的批判、改良政治的要求与对封建专制政治的批判结合在一起，二者密切联系，形成明后期史学思想的发展特点。王世贞所撰的《皇明盛事述》《皇明异典述》《皇明奇事述》等，在一定意义上，正是这种史学思想的表现。

王世贞对封建专制政治的批判，比较典型地体现于对洪武、永乐二帝及其政治的批判。应该说，王世贞对这二位君主的态度十分矛盾，尤其是对于开国皇帝朱元璋。因为除朱元璋是大明帝国的建立者，对恢复汉族统治，恢复社会生产方面起了重大作用外，而且从古代中国的普遍

[1] 王世贞：《弇山堂别集》卷九十《中官考一》。又文渊阁《四库全书》本“豜牙”作“豮牙”；“参伍狡弁”作“参伍狡黠”。

知识与信仰来说，朱元璋实际已被视为“真命天子”。[1] 因此对朱元璋的批判，就更需要史学家的良知与勇气。当然在形式上也必然决定了这些批判所采取手法的隐晦。例如王世贞在《国朝丛记》“进表笺儒学官以诖误诛”条中，对朱元璋大施淫威实行文字狱，毫无道理地将为各府县官起草表笺的儒官处死的事件客观地叙述出来，虽然不加评论，但是这种把被《太祖实录》涂抹掉的事实揭示出来的做法，实际是表达了史学家对朱元璋猜忌和凶残的批判。而王世贞的《札记》则明确指出李善长“其人非反也，不善避功也”，[2] 表达了他对“狡兔死，走狗烹”的朱元璋猜忌、屠戮功臣行径的批判。此外，在《史乘考误》里，王世贞还通过对所谓“国史”中的讳笔的考辨，揭示朱元璋滥杀功臣的凶残行为。

至于王世贞对明成祖朱棣残暴专制行为的批判，则相对集中体现于其对所谓“建文忠臣”的表彰文字之中，如《改黄太常墓序》云：“当建文朝太常卿黄公子澄首用智囊故策，以敉宁宗社，不遂而死，以至参夷五宗，天下为之饮泣而不敢言，然固有笔之稗官者矣……盖匹夫有必伸，而万乘有不能屈者，死是也。当公之于壬午也，知一死而已，知死而死，则不死也。夫以人主之威，能寸析公之躯而不能夺公之志，能致辱于公之戚属而不能卒辱公之名。”[3] 又《书方正学文集后》云：“正学先生之死义，天下之人能壮之而又能痛之。当是时，人主不胜一念之愤，屠戮其宗室以至于朋友之属，无所不株累，片纸只字，皆有厉禁。然其文固已鸠于三十年之余，而大行于百年之后，然后知万乘之威不能与匹夫匹妇争胜者，此是也。”王世贞的这些言论，简直就是对明成祖专制淫威的

[1] 按：因为无论是至高无上的帝王还是普通的百姓，除了秦始皇称自己的皇朝要“一世二世以至万万世”外，其他在观念上无不认为任何王朝或皇朝的灭亡都是个历史的必然。但是当某皇朝在历史上终结了它的命运后，由谁逐得“中原之鹿”却是历史的偶然，于是也就形成了古代社会中普遍信仰的所谓“真命天子”的神话。在中国历史上只有明太祖朱元璋是真正地崛起于社会底层，因此在他的身上笼罩的神秘光环也最多。参见 Chan Hok-lam，“The Rise of Ming T'ai-tsu (1368-98): Facts and Fictions in Early Ming Official Historiography.” *Journal of the American Oriental Society*，1975，95（4）：679～715.

[2] 参见顾诚《王世贞的史学》，见《明史研究论丛》第二辑，江苏人民出版社 1983 年版，第 342 页。

[3] 王世贞：《弇州续稿》卷四十《改黄太常墓序》。

率直的抗议。

王世贞史学对现实的批判，还体现在他对当代其他统治者丑行秽为的揭露与批判。这些揭露批判在王世贞的史学撰述中可以说是俯拾皆是，例如对于永乐以降，国家的谥法日滥，以至公主、乳媪乃至方士皆有谥，而奸相严嵩持柄，其子更是以谥作为交易，“上所甚注怀者，必贿而后得，不贿不得也，即得之不腆，不上谥也”。对此，王世贞指斥说：“夫谥者，人主之《春秋》也，尊则称天以命之，不尊则与天下共隋之，而奈何为大臣修怨贾利地也！”[1] 而其中最直率、最尖锐的莫过于对明武宗荒淫行为的揭露批判。如在《弇山堂别集》卷六十六《巡幸考》里，王世贞以实录的笔法，详细地记述了明武宗在正德十二年至十五年(1517—1520年）的多次出巡中的荒淫丑行，令人读后真切地感受到这位本应是世人道德表率的最高统治者的无耻。

王世贞史学所体现的对现实的批判精神，其实旨是改良弊政。这种史学思想渗透在王世贞的许多历史撰述中。例如，在《读秦本纪》的史论里，王世贞曾对历史发展与制度改革的关系阐述说：

> 先王之法，有道穷而不得不变者，封建也、民之为君三年丧也；势穷而不得不变者，井田也、古文也。于古有益之而善者，纪元也；有损之而善者，肉刑也；有略而善者，氏族也。于乎时哉？宜哉！宜哉？时哉！[2]

此外，在《同姓诸王表》序里，王世贞分析了秦以后诸朝对同姓诸王分封制度的演变，“自秦始私天下”，尽废同姓分封，“孤立自雄”，“拱手以成关东诸侯之势”，到“汉祖大鉴其失”，大封同姓诸王，以至诸王“皆跨州兼郡，连城数十，宫室百官，并制京师”，最终酿成动乱，“识者讥其矫枉过正焉”。在这种情况下，“易世而后，势不得不分其地，降其官属，苛责以法，而削其权”，对分封制度逐渐予以改革，于诸王仅“养之以禄食，崇之以虚器”而已。然而明兴后，高皇帝朱元璋又再次恢复了

[1] 王世贞：《弇山堂别集》卷七十《谥法考序》。

[2] 王世贞：《弇州山人读书后》卷五。

诸王分封的制度，“其大指在封建本支，翼卫磐石”，但是朱元璋之后，“太孙御历，而二十三王者皆叔父行，以意行国中自如，礼乐刑政，几不自上，裁之伤恩，纵之伤法”，不得已而复裁抑之，于是又衍成所谓“靖难”革除事件，然而以诸王握重权毕竟不符合专制制度的发展，所以燕王朱棣易鼎之后，对诸王仍然要采取“养之以禄食，崇之以虚器”的政策，“然而‘麟趾振振，螽斯日蕃，殷之子孙，其丽不亿。’”随着诸王子孙繁衍，“虽尽大农之赋，不足以养之”，至王世贞时，已严重威胁到国家的经济与社会安定，于是王世贞在文末一再强调对之进行改革的必要，称：“《易》曰：‘穷则变，变则通，通则久。’此又不可舍置弗颟悉也!”[1] 强调随着历史发展不断改良改革的必要性。也正是从主张改良政治的思想出发，虽然王世贞与张居正不协，但是仍然一再表示：“予心服江陵（张居正）之功”，对于“江陵相业，吾始终不谓其非”。[2]

当然，尽管王世贞抨击君主专制制度，批判现实政治，呼唤改革，但是，对于君主专制制度弊病的根源是什么？现实弊政的症结在哪里？怎样才能进行更彻底的改革？王世贞在其历史的研究中并没有提出什么有价值的见解，甚至一再表示对农民起义的仇视，斥之为“盗”“贼”，对王阳明等人对农民起义的镇压倍加歌颂，这些都说明王世贞思想的阶级本质以及对之评价的复杂性。

附考　关于《祝子罪知录》王世贞序的问题

王世贞此序见于中国科学院图书馆藏明刊本《祝子罪知录》卷首，但未见收入王氏诸文集。此序文署时“万历壬申二月日”，有些令人不解。因万历时期并无“壬申”年。壬申为隆庆六年（1572 年）。考诸《明史》穆宗、神宗二纪，穆宗是在隆庆六年五月崩于乾清宫，六月甲子，神宗继位登极，同时“以明年为万历元年，诏赦天下”。所以从常理上讲，王世贞是不可能在隆庆六年二月，穆宗尚未崩驾，更未改元的时候，题署上“万历”的年号。但是检此序文中却有“文待诏先生尝与余言，

[1] 王世贞：《弇山堂别集》卷三十二。
[2] 见沈德符《万历野获编》。

是书足千古不可淹废，余无从索阅。偶养疴弇园，友人持京兆公手笔与其长君方伯公亲副本，得遍观之”语。考钱大昕《弇州山人年谱》及王氏《弇州山人四部稿》所附《太常寺少卿敬美行状》，隆庆四年十月，王氏因母病剧，曾于大名府任上疏乞休，并在即日南行。未至乡而讣至，遂扶服奔丧。自是时至万历元年（1573 年）四月除母服抵都下待职，王氏确实是在弇山园，也就是说与王氏《祝子罪知录序》所叙的时间、地点均相吻合。《弇州山人四部稿》卷一百二十二《与石拱臣书》云：“不肖近益治小祇园（即弇山园），不减白香山履道池上。它日抱瓮其间，不失作老圃；斥置金石古文近万卷，咀咏之余，不失作老蠹鱼。”是王氏这时生活的写照。同时，若从作伪者的角度看，作为当代人，也不可能留下如此明显的错误。故这里提出问题，就教方家。

第九章 李贽的历史批判与史学批判

李贽是一位孤寂的思想者，他的一些思想超越了他所在的时代，这使他常常为渴求知音而苦恼。他那特立独行、桀骜不驯的品行，他对真理的执着追求，对人生终极关怀的深沉关注，以及对虚伪矫饰的无情抨击，使他在当时即受到截然相反的评价：一方面他的著作受到社会大众的普遍欢迎，“实际上代表了全国文人的良心”；[1] 一方面则在一些知识分子中间激起激烈的批判，视之为“导天下于邪淫”的“名教罪人”，认为“自古以来，小人之无忌惮，而敢于叛圣人者，莫甚于李贽”。[2] 而他本人，则背负着“敢倡乱道，惑世诬民”的罪名，以一把剃刀悲观地在狱中自绝了追求真理的一生。“在中国思想史上，李贽有着其他思想家所难比的地位，因为他是中国思想史上以学术问题而被害死的唯一无二的一个思想家”，蔡尚思先生如是评论说。[3]

黄仁宇先生曾说：“李贽的悲观不仅属于个人，也属于他所生活的时代。传统的政治已经凝固，类似宗教改革或者文艺复兴的新生命无法在这样的环境中孕育。社会环境把个人理智上的自由压缩在极小的限度之

[1] 黄仁宇：《万历十五年》，第 232 页。

[2] 见王夫之《读通鉴论》卷末《叙论》三及《日知录集释》卷十八《李贽》条。

[3] 蔡尚思：《焚书·续焚书序》，岳麓书社 1990 年版。

内，人的廉洁和诚信，也只能长为灌木，不能形成丛林。"[1] 应该说正是这种"活的东西要冲破死的，而死的东西还在束缚着活的"，"新旧因素的矛盾大大发展的"社会局面，[2] 决定了李贽历史批判和史学批判的思想基础。

第一节　李贽的思想形成与史著

李贽，号卓吾，又号宏甫、百泉，别号温陵居士。福建泉州晋江人。李贽生于明嘉靖六年（1527年），他在监狱自绝那年是万历三十年（1602年），76岁。

李贽的思想品格，与他生活的环境和成长道路具有一定的关系。福建泉州是古代中国一个重要的对外贸易港口城市，这里居住的家族大多有过从事海外贸易的历史。李贽所在的家族也是如此。其中李贽的二世祖李驽就是当地有名的钜商，据《林李宗谱》讲，李驽曾在洪武十七年（1384年）被征为官商，"奉命发舶西洋"，值"忽鲁谟斯"（伊朗）内乱，被困，"娶色目人，遂习其俗"，皈依了伊斯兰教。四世祖李恭惠，也因通晓外语，而被"荐为通事官，引日本诸国入贡京城"，"景泰、天顺间，奉简书使外国，不辱朝臣嘉命"。但是由于明皇朝实行严格的禁海政策，使得经商之路受到很大限制，所以至李贽高祖时，李贽家族就开始衰落了。李贽之时，李家早已不再经商，但是这世代经营海上贸易的家族传统，对于李贽思想和品格的形成，仍然具有很大影响。[3]

李贽是在嘉靖三十一年（1552年）他26岁那年，一举考中福建乡试举人的。考中后的李贽，为家境所困踬，不得不放弃继续搏击举业的愿望，只以举人的资格踏上了仕宦之途，先后担任了河南辉县县学教谕、

[1] 黄仁宇：《万历十五年》，第232页。

[2] 侯外庐：《中国思想通史》第五卷。

[3] 李贽对于商人往往表示出同情，例如他在《焚书》卷二《又与焦弱侯》中说："且商贾亦何可鄙之有？挟数万之赀，经风涛之险，受辱于关吏，忍垢于市易，辛勤万状……。"李贽还常常把一切事物，放在商业交易的关系中进行考察，认为"天下尽市道之交也"，明显表现出一种市民的思想意识。参见《续焚书》卷二《论交难》文。

南京国子监教官、北京国子监博士、礼部司务等低级官职，最后由南京礼部员外郎调任云南姚安知府。四年任满后，李贽已无意随人俯仰继续在官场上的跋涉，遂于七次上疏坚请辞职后，挂冠而去，往依友朋之处，开始了他专意求道和著述的生涯。

李贽的思想来源相当复杂，他曾回忆说："某生于闽，长于海，丐食于卫，就学于燕，访友于白下，质正于四方。自是两都人物之渊，东南才富之产，阳明先生之徒若孙及临济的派、丹阳正脉，但有一言之几乎道者，皆某所参礼也，不扣尽底蕴固不止矣"。[1] 从李贽的自述可以看出，他的思想来源至少应包括王阳明的心学、佛教的禅宗以及道教的全真派等儒、释、道三家。[2]

在李贽76年的人生旅途中，40岁那年是他思想发展最关键的一年。在此之前，李贽性格虽然倔强，"唯以不受管束之故"，"为县博士，即与县令、提学触；为太学博士，即与祭酒、司业触"，为"司礼曹务，即与高尚书、殷尚书、王侍郎、万侍郎尽触也"，[3] 但并没有形成什么深刻的思想。直至嘉靖四十五年（1566年），李贽携妻女至京，授补礼部司务之职，才开始真正接触王阳明的学说，并很快地卷入到当时风靡两京的王学思潮当中。[4] 他后来回忆当时接受王学的情况说：

> 余自幼倔强难化，不信学，不信道，不信仙释。故见道人则恶，见僧人则恶，见道学先生则尤恶。惟不得不假升斗之禄为养，不容不与世俗相接而已。然拜辑公堂之外，固闭户自若也。不幸年甫四十，为友人李逢阳、徐用检所诱，告我龙溪先生语，示我阳明

[1] 李贽：《焚书》增补一《答何克斋尚书》。

[2] 参见吕景琳《李贽与明末三教合一思潮》，载《中国文化研究集刊》第一辑，复旦大学出版社1984年版；江灿腾《李卓吾与晚明佛教思想以及其对"狂禅"的批评》，载江氏《明清民国佛教思想史论》，中国社会科学出版社1996年版。

[3] 李贽：《焚书》卷四《豫约·感慨平生》。

[4] 嘉靖中叶以后，人文汇集的两京已经成了王学传布的中心。尤其是嘉靖三十二年到三十三年间，王门弟子内阁大学士徐阶、礼部尚书欧阳德、兵部尚书聂豹、礼部侍郎程文德等，发起并主持了灵济宫讲会，千人云集讲论王学，时间持续一二年之久，把王学的传布活动推向高峰。

书，乃知得道真人不死，实与真佛、真仙同，虽倔强，不得不信之矣。[1]

对此，黄宗羲的《明儒学案》也有记载。该书在卷十四《徐用检传》中说：

(徐用检)在都门从赵大洲讲学，礼部司务李贽不肯赴会，先生以手书《金刚经》示之曰："此不死学问也，若亦不讲乎？"贽始折节向学。尝晨起候门，先生出，辄摄衣上马去，不接一语。如是者再，贽信向益坚。语人曰：徐公钳锤如是。

这些文献可作两方面的说明：一、从诱以佛经，杂以禅机的讲学形式看，反映了王门一些后学的学术特点。二、从李贽所说"乃知得道真人不死，实与真佛、真仙同"的认识看，可知李贽之接受王阳明的学说，是把它作为仙佛之"道"来理解的，儒、释、道的性命之"道"是等量齐观的："三教圣人，顶天立地，不容异同，明矣，故曰：天下无二道，圣贤无两心。"这种三教合一，各有所取的思想及学术特点，对于李贽的史学思想是有很大影响的，例如他对很多历史人物的评价，就是从佛或道家的立场提出来的。

"五载春官，潜心妙道"，北京的五年，使李贽的思想得到一定的升华，也使他追求真理的心情更为急切，并且开始有些"厌京师浮华"了。于是李贽向上司"乞就留都"南京，并很快被改任为南京刑部主事。在南京，李贽的思想得到又一次大的突破。

当时的南京，也是王门学者聚集的地方，在这儿，李贽与王门学者接触得更加广泛，不仅拜王门泰州学派的座主王艮之子王襞为师问道，[2] 而且还先后两次拜会了"把良知作佛性看，悬空期个悟"的王门

[1] 王守仁：《阳明先生道学钞》附《阳明先生年谱后语》，明万历刊本。

[2] 《续焚书》卷三《储瓘》曰："后泰州有心斋先生，其闻风而兴者欤。心斋之子东崖公，贽之师。东崖之学，实出自廷训，然心斋先生在日，亲遣之事龙溪于越东，与龙溪之友月泉老衲矣，所得更深邃也。东崖幼时，亲见阳明。"

大弟子王龙溪先生畿，拜会了得“王门嫡传”的罗近溪先生汝芳。[1]王、罗二氏对李贽的思想影响相当大，他在以后的言语之中，常常流露出对二人的崇敬之情。他曾回忆说：“我于南都得见王先生者再，罗先生一，及入滇，复于龙里得再见罗先生焉。然此丁丑以前事也。自后无岁不读二先生书，无口不谈二先生之腹。”[2]其中李贽尤其推崇王龙溪，他在《王龙溪告文》叹道：“圣代儒宗，人天法眼；白玉无瑕，黄金百炼。今其没矣，后将何仰！”认为自己“虽生也晚，居非近”，但是“其所为凝眸而注神，倾心而悚听者，独先生尔矣。先生今既没矣，余小子将何仰乎”？[3]与此同时，李贽还结交了耿定向、耿定理兄弟及耿定向弟子焦竑。后来，耿定理和焦竑成了李贽最知心的挚友。其中耿定理虽然小李贽7岁，李贽却对他待之以师礼，他曾有诗曰：“我是君之友，君是我之师，我年长于君，视君是先知。”[4]万历九年（1581年）李贽从云南姚安退隐，未归乡而径赴黄安，就是要与耿定理讨论学问。耿定理的学术特点是“论学不烦言说，当机指点，使人豁然”，有很浓重的禅学味道。焦竑小李贽15岁，然而自从二人这次在南京订交后，一直是李贽最知心的挚友，黄宗羲说他“师事耿天台、罗近溪，而又笃信卓吾之学，以为未必是圣人，可肩一狂字，坐圣门第二席，故以佛学即为圣学。”[5]这样，在南京，从导师到挚友，李贽所交往师从的都是所谓王门后学中相对激进，且濡染浓重禅机道风的左派人物，而李贽思想的基本倾向，也在这些师友的交往中逐渐形成。

李贽一生勤于著述，晚年一直笔耕不辍，据侯外庐先生《中国思想通史》统计，李贽生前刊刻的著作有《李氏藏书》68卷、《李氏焚书》6卷、《初潭集》30卷、《易因》2卷、《王龙溪先生文录钞》9卷；李贽身后刊刻的有《九正易因》2卷、《李氏文集》20卷、《李氏续藏书》27卷、《李氏续焚书》5卷、《李氏丛书》12本、《李氏六书》6卷、《卓吾老子三

---

[1] 黄宗羲：《明儒学案》卷首《师说》。

[2] 李贽：《焚书》卷三《罗近溪先生告文》。

[3] 李贽：《焚书》卷三。

[4] 李贽：《焚书》卷六《哭耿子庸》之二。

[5] 黄宗羲：《明儒学案》卷三十五《处士耿楚倥先生定理》及同卷《文端焦澹园先生竑》。

教妙述》4集、《阳明先生道学钞》8卷附《阳明先生年谱》2卷；此外还有一些真伪参半须加考定的著作，如《四书评》19卷、《读升庵集》20卷、《枕中十书》6卷、《世说新语补》20卷、《坡仙集》16卷、《评选三异人集》24卷等等。[1] 在这些著作中，《藏书》《续藏书》是李贽的史学代表作，[2] 但是其他著作也包括有许多有价值的史学思想。

所谓《藏书》的书名，据李贽友侪梅国桢《藏书序》云，乃是因其对历史人物"分类定品，一切断以己意，不必合于儒者相沿之是非，知其与世不相入，而曰：'吾姑书之而姑藏之，以俟夫千百世之下有知我者而已。'"反映了李贽清楚地意识到这些史著与社会正统观念的冲突，但又期望会在后世产生影响。所以他不无自信地说：他的《藏书》"纵不梓，千万世亦自有梓之者。盖我此书，乃万世治平之书，经筵当以进读，科场当以选士，非漫然也"。[3]

《藏书》的写作，大约是在万历十年（1582年）左右，当时李贽已经辞去了姚安知府的职务，寄居在黄安耿家山中的别业"天窝"潜心著述。对此李贽在《与焦弱侯》自陈道：

> 山中寂寞无侣，时时取史册披阅，得与其人会觌，亦自快乐，非谓有志于博学宏词科也。尝谓载籍所称，不但赫然可纪述于后者是大圣人，纵遗臭万年，绝无足录，其精神巧思亦能令人心羡。况真正圣贤，不免被人细摘，或以浮名传颂，而其实索然。自古至今，多少冤屈，谁与辨雪！故读史时真如与百千万人作对敌，一经对垒，自然献俘授首，殊有绝致，未易告语。近有《读史》数十篇，颇多发明。[4]

而在另一封《答焦漪园》书中，李贽亦谈道：

---

[1] 参见侯外庐主编《中国思想通史》第四卷下，人民出版社1960年版。

[2] 传世的还有题为"温陵卓吾李贽评纂""新都宁野吴从先参订"的《史纲评要》三十六卷，但可能是伪书，详见第272页本章"附考一"。

[3] 李贽：《续焚书》卷一《与耿子健书》。

[4] 李贽：《续焚书》卷一《与焦弱侯》。

承谕，《李氏藏书》谨抄录一通，专人呈览。年来有书三种，惟此一种系千百年是非，人更八百，简帙亦繁，计不止二千叶矣。……其中人数既多，不尽妥当，则《晋书》《唐书》《宋史》之罪，非余责也。窃以魏、晋诸人，标致殊甚，一经秽笔，反不标致。真英雄子，画作疲软汉矣；真风流名世者，画作俗士；真啖名不济事客，画作褒衣大冠，以堂堂巍巍自负，岂不真可笑？……今不敢谓此书诸传皆已妥当，但以其是非堪为前人出气而已，断断然不宜使俗士见之。……中间差讹甚多，须细细一番乃可。若论著则不可改易，此吾精神心术所系，法家传爰之书，未易言也。[1]

这些夫子自道之语，正是李贽撰写《藏书》时的情景写照。

《藏书》是一部准纪传体史著，记述了从战国到元代，李贽所认为具有重要历史地位的800多个历史人物的事迹。《藏书》的价值不在史实的叙述，而在李贽对史实的评论及价值判断。《藏书》的刊刻是在万历二十七年（1599年）。这部与众不同的历史著作一俟问世，立即在社会中激起巨大的反响，激进者激赏“以为奇货”，[2]而保守者则痛诋其为“离经叛道”之作。

与《藏书》不同，《续藏书》没有“世纪”只有“传”，按照“开国名臣”“开国功臣”“逊国名臣”“靖难名臣”“靖难功臣”“内阁辅臣”“勋封名臣”“经济名臣”“清正名臣”“理学名臣”“忠节名臣”“孝义名臣”“文学名臣”“郡县名臣”等类传叙述。《续藏书》是在李贽殁后七年，由王惟俨刊刻的。据说这部手稿是得自于通州马经纶的子嗣辈。[3]

---

[1] 引文见《焚书》卷一《答焦漪园》。按：钱茂伟据明人顾大韶《顾仲恭文集》续刻《温陵集序》所谓“《藏书》百卷，止凭（唐）应德《左编》，恣加删述”等语，及两书体例比较考证，认为李贽《藏书》乃因唐顺之《左编》改编而成。详见钱氏提交“李贽学会成立大会交流论文”《李贽与启蒙史学思潮》。

[2] 朱国祯：《涌幢小品》卷十六《李卓吾》，《笔记小说大观》六，江苏广陵古籍刻印社1984年版。

[3] 焦竑《续焚书序》曰：“李宏甫《藏书》一编，余序而传之久矣。而于国朝事未备。因取余家藏名公事迹绪正之。未就而之通州。久之宏甫殁，遗书四出，学者争传诵之，其实真赝相错，非尽出其手也。岁己酉，眉源苏公吊宏甫之墓，而访其遗编于马氏，于是《续藏书》始出。余乡王君惟俨梓行之。”见《续藏书》卷首。

李贽被捕入狱前，曾携此稿从江南至马经纶的家中居住了一年的光景。但是在此之前，其中的部分稿子已先行由刘东星以《史阁》之名刊行过。[1]

关于《续藏书》的内容，焦竑曾在该书的《序》中提出为什么“独存其美者”的疑问，焦竑满腹狐疑地诘问说：“昔楚史名‘梼杌’，《春秋》则乱臣贼子之戒每拳焉，岂宏甫意不及此耶？抑有所待耶?”这种只扬善不刺恶的风格，确实与李贽一贯的作风相径庭。但是《续藏书》的一些内容，又的确是李贽的作品，例如前此刘东星刊刻过的《史阁》二十一篇，就都在《续藏书》之中；而《续藏书》中的很多史评，又见载于《续焚书》卷三的《读史汇》及卷二的《序汇》之中。除这些之外，焦竑《续藏书序》清楚地提到：“李宏甫《藏书》一编，余序而传之久矣，而于国朝事未备，因取余家藏名公事迹绪正之。未就而之通州。”肯定了李贽撰述当代史的事实。因此，我们对《续藏书》是否可作如是看：一、《续藏书》是部李贽未完成的史著，其中历史中一些有争议、不易把握的人物大多未能述及；二、今传《续藏书》有相当部分是李贽的作品，但也有后人杂入的成分，即焦竑《续藏书序》所说的“其实真赝相错，非尽出其手也”。

第二节　李贽对历史运动的理论阐述

李贽曾依据自己的理解，对战国至元的历史运动做出理论的阐述。这些理论阐述，也正是其展开历史评论与批判的思想基础。

历史展现着怎样的运动？对此，李贽在《藏书》卷一《世纪总论》中阐述说：

> 李生曰：一治一乱若循环。自战国以来，不知凡几治几乱矣。方其乱也，得保首领，已为幸矣。幸而治，则一饱而足。更不知其为粗粝也；一睡为安，更不知其是广厦也。此其极质极野无文之时

[1] 见《续焚书》卷二《史阁叙述》及其所附刘东星《史阁款语》。

也。非好野也，其势不得不野，虽至于质野之极，而不自知也。迨子若孙，则异是矣：耳不闻金鼓之声，足不履行阵之险，惟知安饱是适而已，则其势不极文固不止也。所谓其作始也简，其将毕也必巨，虽神圣在上，不能反之于质与野也。然文极而天下之乱复起矣。英雄并生，逐鹿不已，虽圣人亦顺之尔。儒者乃以忠、质、文并言，不知何说。又谓以忠易质，以质救文，是尤不根之甚矣。夫人生斯世，惟是质、文两者。两者之生，原于治乱。其质也，乱之终而治之始也，乃其中心之不得不质者也，非矫也。其积渐而至于文也，治之极而乱之兆也，乃其中心之不能不文者也，皆忠也。夫当秦之时，其文极矣，故天下遂大乱而兴汉。汉初，天子不能具钧驷，虽欲不质可得耶？至于陈陈相因，贯朽粟腐，则自然启武帝大有为之业矣。故汉祖之神圣，尧以后一人也；文帝之用柔，文王羑里以后一人也。西楚继蚩尤以兴霸，孝武绍黄帝以增廓，皆千古大圣，不可轻议。群雄未死，则祸乱不息；乱离未甚，则神圣不生；一治一乱，于斯见矣。

按《藏书》全书分“世纪”与“列传”两部分，其中“世纪”是对战国至元整个历史的表述，而《世纪总论》则是对这整个历史发展的理论提炼与概括。从这篇史论中可以看出，李贽不同意司马迁以“忠”“质”“文”的嬗递来划分历史的运动进程，认为这种说法是“不根甚矣”，而是把历史运动的理解，进一步简化为“一治一乱”，文质相嬗，盛衰相递的过程。在李贽看来，当历史的发展达到极盛的时候，也就是历史开始逐渐向衰敝发展的开始。相反，当历史的发展至极衰敝时，也就具备了向盛发展的条件。历史运动过程中盛衰的嬗递也是历史的必然，是历史发展中不可改变的“势”，“虽圣人亦顺之尔”，人在其中，只能是顺应这变化的趋势而无可作为。

从字面上看，李贽这种对历史运动所做的“一治一乱若循环，自战国以来，不知凡几治几乱矣”的概括，似乎带有一定循环史观的色彩。一些学者也正是从这表面的认识出发，把它作为李贽历史思想的局限来看待。但是实际上，李贽这种历史观点，与先秦两汉社会中广泛流行的“五德终始”的循环史观，及宋邵雍以元、会、运、世作为宇宙历史周期的循环史观，存在本质上的区别。因为所谓的治乱盛衰，只是事物发展的相对概念，李贽在文中并没有给盛及衰做出任何程度的明确说明。事实上，李贽这里对历史运动的描述，只是把历史运动过程看作是盛衰之势相互依存、相互转化、不断发展的辩证过程，即“乱之终而治之始也”，“治之极而乱之兆也”，从量的积累到发生质的变化，再开始新的量的积累，以至新的质的变化之辩证发展过程。然而，也正是由于李贽将历史看作是一个治乱盛衰不断运动的过程，使得正统道学家宣扬的所谓王霸、圣凡、正闰等等时代和思想纲常的界限消解泯灭于过程之中，使一切时代都在一个时间序列中等量齐观。可以说，在一定意义上，正是这种历史运动的观点，为李贽的历史批判奠定了理论基础。

李贽的《藏书》，事实上正是一部展现盛衰嬗递的历史著作。作为一部准纪传体裁的通史，《藏书》的“世纪”部分，并不是将各朝各代的帝王作为历史叙述的核心，而是从整个历史盛衰运动的总过程之中把握历史人物和事件，选取关系盛衰转折的重要君主及一些影响历史进程和自认为道德品质有所表彰的英雄等，其他虽贵为天子，也仅以“无可纪”而“书附”于下，表示其对历史影响的藐如。例如《藏书》的首卷是“九国兵争”，分别记述了战国七雄和东、西周的历史，并在东、西周下注云：“周之无主久矣，此东、西周君耳，非周王也。周王早已寄食于东、西周矣。”卷二分别题为“混一诸侯”，记秦始皇，注云：“始皇帝，自是千古一帝也”；“匹夫首创”，记陈胜，注云：“古所未有，故特揭而书其名”；“英雄草创”，记项羽，注云：“自是千古英雄，不成帝，故书名”；“乘时复业”，记田横，注云：“贤矣哉！田氏三君安可免也”；“神圣开基”，记汉高祖，注云：“西汉共二百一十一年”，所附惠帝，则注云：“书附，无可纪也，称帝，犹成君也”。卷三则记汉文帝、汉武帝、汉昭帝、汉宣帝、王莽、公孙述等，至于元、成、哀、平诸帝则被认为“此不足称帝矣”，而附于宣帝之下，一笔带过。依此原则，则以后历史中的曹魏、孙吴、刘蜀及李密、窦建德等均在“世纪”之列。此外，李贽还以“混一诸侯”“混一南北”“华夷一统”来概括秦、隋、元的历史地位，表现了李贽与正统史家或将三朝置于“闰”位，或称三朝为“霸”道而鄙视之的历史观点的鲜明区别，以及李贽对历史过程的通识。

除“世纪”外，《藏书》“列传”部分的分类安排，也体现了李贽对不同人物及其活动，予之历史发展不同影响的不同凡响的认识。对于历史中的各类人物，李贽同样有一个整体的通识。这种对历史发展的通识，从其《藏书·世纪列传总目后论》可以看出。论中，李贽将影响历史盛衰的人物除圣贤之主外分析了几个层次：

第一，大臣。李贽认为，由于“圣主不世出，贤主不恒有”，于是贤明大臣的作用便在历史中显现出来，李贽说：“唯圣主难逢而贤主亦难遇，然后大臣之道斯为美矣，故传大臣”。其中“大臣之道非一，有因时而若无能者，有忍辱而若自污者，有结主而若媚，有容人而若愚，有忠诚而若可欺以罔者”。但是无论这几类大臣的品质如何，都是“随其资之所及，极其力之所造，皆可以辅危乱而致太平”的历史人物。

第二，名臣。名臣较之大臣低一层次，李贽说：“夫大臣之难遘，亦犹圣主之难遭也。倘得名臣以辅之，亦可以辅幼弱而致富强。”李贽将名臣分为“经世名臣”“强主名臣”“富强名臣”“讽谏名臣”“循良名臣”“才力名臣”“智谋名臣”“直节名臣”等8类。

第三，儒臣。李贽认为“名臣未必知学而实自有学。自儒者出，而求志达道之学兴矣，故传儒臣”。但是李贽对儒臣的评价最低，他说：“儒臣虽名为学而实不知学，往往学步失故，践迹而不能造其域，卒为名臣所嗤笑。然其实不可以治天下国家，亦无怪其嗤笑也。”李贽分儒臣为“德行”与“文学”二门共8类。这8类分别是“德业儒臣”“行业儒臣”“词学儒臣”“史学儒臣”“数学儒臣”“经学儒臣”“艺学儒臣”等。

第四，武臣。李贽反对将文武分为二途，他说：“自儒者以文学名为儒，故用武者遂以不文名为武，而文武从此分矣，故传武臣。夫圣王之王也，居为后先疏附，出为奔走御侮，易有二也。唯夫子自以尝学俎豆，不闻军旅，辞卫灵，遂为邯郸之妇所证据，千万世之儒皆为妇人矣，可不悲乎？使曾子、有子若在，必知夫子此语，即速贫速朽之语，非定论也。”

第五，贼臣。凡七门：为盗贼，汉刘盆子、后魏破六韩拔陵、唐黄巢等是也；为妖贼，东汉张角、张鲁、东晋孙恩、隋宋子贤等是也；为贪贼，宋蔡京、贾似道等是也；为反贼，唐仆固怀恩、李怀光等是也；为残贼，汉宁成、周阳由、赵禹、张汤……宋蔡确、邢恕、史嵩之等是也；为逆贼，东汉董卓、晋王敦、桓温、桓玄、唐安禄山、史思明……

是也；为奸贼，唐李林甫、卢杞、宋秦桧等是也。可以看出，李贽所说的贼臣成分很复杂，既有农民起义领袖，也有奸宦佞臣，李贽显然认为这些人都是导致社会动乱、发展衰敝的历史人物。

第六，亲臣、近臣。关于亲臣、近臣的历史作用，李贽是从武臣的存在价值说起的，他说："武臣之兴，起于危乱，危乱之来，由于嬖宠。"所以他在叙述过"贼臣传"之后，要"传亲臣，传近臣"。所谓亲臣是各朝的皇亲国戚，所谓近臣则包括宦官、嬖幸和方士。

第七，也就是最后一层，是外臣。"外臣者，隐逸之臣也"。关于"外臣"在历史中出现的逻辑及地位，李贽论述说："天下乱则贤人隐，故以外臣终焉。"李贽认为："受人家国之托者，慎无刻舟求剑，托名为儒，求治而反以乱，而使世之真才实学、大贤上圣，皆终身空室蓬户已也。"根据不同隐逸形式，李贽划分"外臣"为"时隐""身隐""心隐""吏隐"4类，而最推崇的则是所谓的"吏隐"。[1]

可以看出，李贽所分析的几类历史人物之间，相互具有密切的逻辑联系，显然在李贽的历史观念里，认为正是这些历史人物的不同的历史活动，留下了不同的历史轨迹，为历史发展做出各自或积极或消极的贡献，构成了历史盛衰变动的长链。这里，不管李贽上述对战国以来整个历史运动过程的理解和说明是否合理，但是这种摆脱"天命论"和"唯道德论"的历史解释，在中国古代史学思想的发展史中，仍然具有重要的进步意义。

由于认为历史的盛衰运动是历史的必然之"势"，"虽圣人亦因之也"，所以李贽十分强调"因时"，即顺应历史发展的趋势而行事。李贽在《藏书·大臣总论》中称："大臣之道亦难矣。予观古大臣之用心，略有此五等者，故别而论之。夫因时者，无作为之迹，遐哉邈乎，不可尚矣。但能忍辱者，亦妙于趋时；务结主者，尤贵于含垢，此非休休有容者不能也。"他在《藏书》"大臣传"中亦首述"因时大臣"，而"因时大臣"的第一人，则是遭到司马迁讥讽的叔孙通，因为在"当汉时，君臣方免于战争之苦，而歌呼庆幸于殿陛之间，皆自以为至乐"的历史时

[1] 以上引文均见《藏书》卷首《世纪列传总目后论》。

刻，[1] 叔孙通向汉高祖提出："五帝异乐，三王不同礼。礼者，因时世人情为之节文者也。故夏殷周礼所因损益可知者，谓不相复也。"并且因时变通，"颇采古礼，与秦仪杂就之"，制定出新的礼仪，[2] 为新统治秩序的建立，促进社会的安定，做出贡献。

对于因势趋时历史行为的历史价值及实质，李贽在《因时大臣·谢安传》后的"卓吾曰"中，曾以病情与饮食进药的关系为例做了说明，他说：

> 然而晋祚卒延之者何？王、谢之力也。伟焉哉，二公之于晋也！无求备，无取必，无敢侥幸，譬如人有虚怯之症，饮食可进则进之，不可进则俟之，不遽试以金石之药、攻劫之剂，以无病视病，故其病不治而自愈矣。何者？忘之也。夫天下之病，皆以治而失之者多矣。若当卧病之时，而能忘其为病，此其忘身无患，固非扁鹊、仓公之所能惊也，而况世医乎？自道德教远，世之言治者，皆苟而已。不思因时之政，治以不治，虽黄帝不能违，而况于累卵之时欤？善乎王茂弘有言曰：人言我愦愦，后人当思此愦愦。谢安石亦曰：不尔，不成京师。至哉言乎，于道德深且远矣。吾独怪夫有宋之末，其君臣俱犯虚怯之病，其不足有为明矣。一时大贤，起而欲救之，务为求全，果于取必，乃百药杂试，以图侥幸，而遂坏之也。悲乎！[3]

在李贽看来，譬如治病必须依情而行，针对病情施治一样，施政必须"因时"，"不思因时之政，治以不治，虽黄帝不能违"，而若"务为求全，果于取必，乃百药杂试，以图侥幸"，则必然要遭到失败。

这里，李贽所谓"因时"的历史思想，显然是渊自道家的"无为"理论，所以他一再慨叹："自道德教远，世之言治者皆苟而已。不思因时

[1] 李贽：《藏书》卷九《丙吉传》"李卓吾曰"。
[2] 李贽：《藏书》卷九《叔孙通传》。
[3] 李贽：《藏书》卷九。

之政，治以不治，虽黄帝不能违，而况于累卵之时欤!”认为对于衰敝已极的社会，应“无求备，无取必，无敢侥幸。譬如人有虚怯之症，饮食可进则进之，不可进则俟之，不遽试以金石之药、攻劫之剂，以无病视病，故其病不治而自愈矣”；认为王茂弘之云“人言我愦愦，后人当思此愦愦”，及谢安所说“不尔，不成京师”等，为“至哉言乎，于道德深且远矣”，深得道家以主体的“无为”，顺从社会历史发展之思想的三昧。反映了李贽历史思想中道家思想的影响。

但是这里李贽的历史思想又有些矛盾：虽然上面说“因时”是“无求备，无取必，无敢侥幸”，待“其病不治而自愈”的“无为”，但是在一些地方又强调不能苟且，要深思“因时之政”，考虑时代的变化，制定相应的制度以及相应的施政方针策略，与时俱进。这样，又使李贽的“因时”思想，有时带上一定的历史发展的思想倾向。例如李贽《藏书·王通传》批评王通说：“文中子于道稍有见，其自负亦不小。然学未离门户，教不出垣墙，而责房、魏不能兴礼乐，舛矣!”认为王通“彼其区区，欲以周公之礼乐，治当时之天下，以井田、封建、肉刑为后世之必当复。一步一趋，舍孔子无足法者。然则使通而在，犹不能致治平也，况其徒乎?”这些都说明李贽历史思想所具有的复杂性。

第三节　李贽历史批判的史学理论

李贽历史思想更重要的价值，是他对历史与众不同的评论。这些历史评论所带有的浓重的早期启蒙思想色彩，体现了当时深刻的社会变化，以及这些变化对当时史学思想的影响。

恩格斯曾在《路德维希·费尔巴哈与德国古典哲学的终结》中，曾肯定黑格尔的观点说：“在黑格尔那里，恶是历史发展的动力的表现形式。这里有双重意思，一方面，每一种新的进步，都必然表现为对某一神圣事物的亵渎，表现为对陈旧、日渐衰亡的，但为习惯所崇奉的秩序的叛逆，另一方面，自从阶级对立产生以来，正是人的恶劣的情欲——贪欲和权势欲成了历史发展的杠杆，关于这方面，例如封建制度的和资产阶级的历史就是一个独一无二的持续不断的证明。”[1] 李贽对历史的评论，在一定意义上，也是他“对某一神圣事物的亵渎”，以及“为习惯所崇奉的秩序的叛逆”思想的反映。

早在李贽之前，著名的吴中文人祝允明，就撰述了历史评论著作《祝子罪知录》，明确表示自己的历史认识“异夫近代学者”，声称自己要“本自心师，非劳旁启”，以自己的价值观，通过“举（是是）、刺（非非）、说（原是非之故）、演（布文覆之情）”[2] 等形式来重新评价古今历史，还一再强调，这些评论“是耶？非耶？我不敢知，盖宇宙茫茫，终归腐亡，聊自信以行志，无论知与不知，毁誉祸福，虽然将怒骂者滔滔焉，亦听之而已矣”。[3] 表明早期启蒙性史学思想在李贽之前的发展。

李贽历史评论的批判倾向，较之祝允明《祝子罪知录》又有所新的发展，已不再仅仅局限于对旧的思想秩序及正统的历史观、价值观的简单抗议和呐喊，而是对历史的进程和价值评判，做出了更多带有理性的思考。

正如前引李贽的自述，他读史的过程，也就是历史批判的过程，李贽感慨“自古至今，多少冤屈”，无人予之辨雪，即使是“真正圣贤”，也“不免被人细摘”，其中“真英雄子，画作疲软汉矣；真风流名世者，画作俗士；真啖名不济事客，画作褒衣大冠，以堂堂巍巍自负”，所以李贽著《藏书》要“与千百万人作对敌”，[4] 明确提出“不能以孔子之是非为是非”，提出要“颠倒千万世之是非”，并把这种观点作为全书的总纲置于卷首。阐述这一观点的论文，是史学思想史上的重要文献《藏书·世纪列传总目前论》。文中李贽从理论层面阐释说：

> 李氏曰：人之是非，初无定质；人之是非人也，亦无定论。无定质，则此是彼非并育而不相害；无定论，则是此非彼亦并行而不相悖。然则今日之是非，谓予李卓吾一人之是非，可也；谓为千万

[1] 《马克思恩格斯选集》第四卷，第 237 页。
[2] 祝允明：《祝子罪知录》卷首发凡。
[3] 祝允明：《祝子罪知录·自序》。
[4] 李贽：《续焚书》卷一《与焦弱侯》。

世大贤大人之公是非，亦可也；谓予颠倒千万世之是非，而复非是予之所非是焉，亦可也。则予之是非，信乎其可矣。前三代，吾无论矣。后三代，汉、唐、宋是也，中间千百余年，而独无是非者，岂其人无是非哉？咸以孔子之是非为是非，故未尝有是非耳！然则予之是非人也，又安能已？夫是非之争也，如岁时然，昼夜更迭，不相一也。昨日是而今日非矣，今日非而后日又是矣，虽使孔夫子复生于今，又不知作何非是也，而可遽以定本行赏罚哉?!

我们说，历史是非的评判，实质是社会价值体系在历史认识上的体现。对于中国中古社会来说，自汉武帝“罢黜百家，独尊儒术”起，儒家的价值标准便很自然地一直是衡量历史是非的正宗准则。“天不变道亦不变”，一代代的历史，基本都是按照这些正统价值标准进行裁量的。宋代以后，这种以儒家价值标准或道德纲常作为衡量历史是非唯一正宗准则的意识，又被程朱理学从本体论的高度做了论证而得到强化。因为理学化的历史评价标准及理论有利于封建国家的思想文化控制，适应近乎凝固的小农社会，以及与之相适应的专制主义、宗法制度和伦常秩序，所以也格外受到统治者的青睐与推崇。而这里，李贽却要将历史价值判断置于不断变动的历史过程之中，而使之相对化：“夫是非之争也，如岁时然，昼夜更迭，不相一也。昨日是而今日非矣，今日非而后日又是矣，虽使孔夫子复生于今，又不知作何非是也”，则不啻成为一篇向统治意识形态的正宗历史观、价值观挑战的学术宣言。

从李贽上述阐述的史学观点看，显然是受其精神导师王阳明及其左派后学的影响。

首先，上述李贽赖以立论的所谓“人之是非，初无定质；人之是非人也，亦无定论”的观点，实际来源于王阳明以“无善无恶”规定心体的理论。

王阳明晚年，曾以“无善无恶是心之体，有善有恶是意之动，知善知恶是良知，为善去恶是格物”四句话概括他的整个心学体系。[1] 在这所谓“四句教”中，王阳明将心体规定为“无善无恶”，其逻辑的推绎，

[1] 王守仁：《王阳明全集》卷三十五《年谱三》。

必然为主体的发展提供了多种可能性的空间。因为所谓“无善无恶”，在逻辑上就意味着发展的可善可恶。而以这种存在多向度发展可能的品质，去界定所谓体现天理的良知，其结果必然是使固定的权威消解，而突出了主体选择的可能性。此后，王阳明的高足王龙溪，更从“无善无恶是心之体”的观点出发，继续向“无”的方向发挥，形成他的“四无”说，即“若悟得心是无善无恶之心，意即是无善无恶之意，知即是无善无恶之知，物即是无善无恶之物”。[1] 这种以“无”说心的观点，反映于道德是非判断方面，就是“良知无知，然后能知是非。无者，圣学之宗也”。[2] 究其原因，是“夫未发之中，是太虚本体，随处充满，无有内外。发而中节处，即是未发之中。若有在中之中另为本体，与已发相对，则诚二本矣”，“良知知是知非，原是无是无非，正发真是真非之义，非以为从无是无非中来”。[3] 于是在逻辑上，从心体的“无善无恶”，走向否定一切既定的是非善恶，走向淡化乃至消解虚构的普遍是非标准。

如前所述，李贽深受王阳明，尤其是王龙溪思想的影响，分析他在《藏书·世纪列传总目前论》的论述，就是从讨论人性问题开始，在强调历史是非标准的相对性和历史性的同时，又进一步从人性论的高度，论证了为什么不能“以孔子之是非为是非”，为什么不能“遽以定本行赏罚”的史学理论问题。文中提出的所谓“人之是非，初无定质，人之是非人也，亦无定论”，实质也就是王龙溪所说的人之心体“无善无恶”，“夫未发之中，是太虚本体，随处充满，无有内外。发而中节处，即是未发之中”，“良知知是知非，原是无是无非，正发真是真非之义，非以为从无是无非中来”等哲学观点的翻版。由于“无”是对先验的“有”，即既定价值标准的否定，从而使主体的选择得到解放，所以李贽认为“然则今日之是非，谓予李卓吾一人之是非，可也；谓为千万世大贤大人之公是非，亦可也；谓予颠倒千万世之是非，而复非是予之非是焉，亦可也。则予之是非，信乎其可矣”。于是，既定的、权威的善恶是非标准，

[1] 王畿：《龙溪王先生全集》卷一《天泉证道记》，清光绪海昌朱氏重刻本。
[2] 王畿：《龙溪王先生全集》卷八《艮止精一之旨》。
[3] 王畿：《龙溪王先生全集》卷十《答耿中丞》。

在“无”的发展不确定性中被一一消解，而主体选择的意义及价值则凸显出来。

其次，李贽反对“以孔子之是非为是非”，反对“遽以定本行赏罚”评判历史的史学思想，是王学否定权威、张扬自我的精神在历史评论中的积极发挥。

王阳明心学理论的根本点是将程朱理学逻辑中分裂的心与理合而为一，把外在的天理融入主体的意识之中，从理论上赋予“吾心”极大的能动性、自主性，使主体从外在天理的服从者，一变成为天理的拥有者。由于原君临主体的外在的思想权威被消解，使主体的思想获得解放，个体的意志得到强调，这样个体性的“吾心”良知便成了选择、评判是非善恶的价值标准，按照王阳明的话就是：“尔那一点良知，是尔自家底准则，尔意念着处，他是便知是，非便知非，更瞒他一些不得，尔只不要欺他，落落实实依着他做去，善便存，恶便去。”[1] 他强调人与人之间禀赋的差异性和“各为说”“有异处”的合理性。他说：“圣人何能拘得死格！大要出于良知同，便各为说何害？且如一园竹，只要同此枝节，便是大同。若拘定枝枝节节，都要高下大小一样，便非造化妙手矣。汝辈只要去培养那良知，良知同，更不妨有异处。”[2] 又说：“圣人教人，不是个束缚他通做一般。只如狂者便从狂处成就他，狷者便从狷处成就他。人之才气如何同得？”[3] 甚至非常明确地提出：“学，天下之公学也，非朱子可得而私也，非孔子可得而私也。”[4] “夫学贵得之于心。求之于心而非也，虽其言之出于孔子，亦不敢以为是也，而况其未及孔子者乎？求之于心而是也，虽其言之出于庸常，不敢以为非也，而况其出于孔子者乎？”[5] 认为“与愚夫愚妇同的，是谓同德；与愚夫愚妇异的，是谓异端”[6]。表现出明显摆脱程朱理学束缚，最大限度地发挥主体判断能力的思想倾向。

---

[1] 王守仁：《王阳明全集》卷三《传习录下》。
[2] 王守仁：《王阳明全集》卷三《传习录下》。
[3] 王守仁：《王阳明全集》卷三《传习录下》。
[4] 王守仁：《王阳明全集》卷三《传习录下》。
[5] 王守仁：《王阳明全集》卷二《传习录中》。
[6] 王守仁：《王阳明全集》卷三《传习录下》。

王阳明上述思想的初衷，本是要挽救日趋解纽的封建纲常，但是由于突出地强调了道德践履的主体性，反而促进了主体个性的张扬，促进了思想解放，促进了学术思想中启蒙意识的发展。从史学的发展看，对于历史是非价值评判的准则，从程朱理学的诉诸“天理之正，人心之安”，到王阳明的将之诉诸主体的“良知”及“与愚夫愚妇”之同的转变，显然为其从不可变更的原则走向是非评判的相对化、多样化转变提供了认识论上的依据。尤其王学所鼓吹的“不信自家原具足，请君随事反身观”；“尔身各各自天真，不用求人更问人”，[1] 高扬主体价值，认同人人本然具足之良知，坚持以自己的理性和良知独立地判断事物的精神及所谓“狂者胸次”，更是直接形成了促使史学家突破封建专制思想的藩篱，独立认识历史的理论渊薮与思想动力。李贽正是汲取了王学中的这些积极因素，构筑起他反对思想专制的史学思想。

为了从理论上进一步阐明“以孔子之是非为是非”，“遽以定本行赏罚”的不合理性，反对统治阶级的文化专制，李贽鲜明地提出“执一便是害道”的观点。在《藏书》卷三十二《孟轲传》中，李贽同样是从人性论的高度否定思想文化的专制，他论述说：

> 夫人本至活也，故其善为至善，而其德为明德也。至善者无善无不善之谓也。惟无善无不善，乃为至善；惟无可无不可，始为当可耳。若执一定之说，持刊定死本，而欲印行以通天下后世，是执一也。执一便是害道！

所谓“至善者无善无不善之谓也，惟无善无不善，乃为至善”，也就是前面讲的，以“无善”的本质否定既定的“至善”，以相对的真理，否定既定的绝对的真理，否定圣贤经典在知识、道德、政教等一切领域的无上权威地位。所以李贽认为：“天生一人，自有一人之用，不待取给于孔子而后足也。若必待取足于孔子，则千古以前无孔子，终不得为人乎?”[2] 这样，李贽在王阳明及其后学观点的基础上，向否定既定思想权威，反

---

[1] 王守仁：《王阳明全集》卷二十《示诸生三首》。

[2] 李贽：《焚书》卷一《答耿中丞》。

对思想文化专制的方向又进了一步。

在李贽看来，具有自己对历史是非的独立的价值判断对于史学家来说格外重要，是成为真正史家的一个重要条件。李贽认为亦步亦趋地对前人鹦鹉学舌，只能失去史学家的独立人格而不能成为真正的史家：“今之践迹者，皆婴儿之类，须赖有人在前为之指引者也，非大人事也……今之所谓师弟子，皆相循而欲践彼迹者也，可不大哀乎?!”[1] 没有自己独立的价值观、历史观而“咸以孔子之是非为是非”，就是“未尝有是非耳”![2] 对史学家的这种要求，李贽在《藏书》卷四十《史学儒臣》的司马谈、司马迁传中，做出了深刻的阐述。其中针对班氏父子说司马迁“是非颇缪于圣人”的批评，李贽论道：

> 李生曰：此班氏父子讥司马迁之言也。班氏以此为真足以讥迁也，当也，不知适足以彰迁之不朽而已。使迁而不残陋，不疏略，不轻信，不是非谬于圣人，何足以为迁乎？则兹史固不待作也！迁、固之悬绝，正在于此。夫所谓作者，谓其兴于有感而志不容已，或情有所激而词不可缓之谓也。若必其是非尽合于圣人，则圣人既已有是非矣，尚何待于吾也？夫按圣人以为是非，则其所言者，乃圣人之言也，非吾心之言也。言不出于吾心，词非由于不可遏，则无味矣。有言者不必有德，又何贵于言也？此迁之史所以为继麟经而作，后有作者，终不可追也已！《春秋》者，夫子之史也，笔则笔，削则削，初未尝案古圣人以为是非也，故虽以游、夏文学，终不能出一词以赞之。言不待赞也，而况为之传与注乎？盖夫子之心，则天下后世之人自知之矣。至其言之不可知者，初无害其为可知，又何必穿凿傅会，比拟推测，以求合于一字一句之间也。当时惟有左氏直传其事，使人详其事，览其词，高下浅深各自得之。故昔人有言，左氏本为经作，而《左传》实自孤行，良有见也。《史记》者，迁发愤之所为作也，其不为后世是非而作也，明矣。其为一人之独见也者，信非班氏之所能窥也与。若责以明哲保身，则死于窦宪之

---

[1] 李贽：《藏书》卷三十二《孟轲传》。

[2] 李贽：《藏书》卷首《世纪列传总目前论》。

狱，又谁为之？其视犯颜敢诤者，又孰谓不明哲与？

我们说，李贽的《藏书》是中国史学史上明确在人物分类中列出“史学儒臣”专类的史学著作，其中将史学家置于词学家之后，数学家、经学家、艺学家的前面，反映了他对史学在整个社会文化中地位的重视。李贽在这里提出的史学家对于历史必须要有自己独立的价值判断，要言“吾心之言”，否则“兹史固不待作也”的理论，是从反对封建思想文化专制的立场，对史学家的史识及史德问题的讨论，较之刘知幾的“直书”说有更深刻的思想内容。可以说李贽这些对史学家品质的论述，正是他所谓“天生一人，自有一人之用，不待取给于孔子而后足”，追求独立人格，反对思想文化专制的启蒙意识在史学中的具体体现。

值得注意的是李贽提出的“童心说”所具有的史学理论价值。《童心说》在李贽的思想文献中占有重要位置，一般多以它为依据讨论李贽的文学思想，其实它也是反映李贽史学思想的重要材料。

在这篇重要论文中，李贽首先界定了什么是“童心”，认为：

夫童心者，真心也。若以童心为不可，是以真心为不可也。夫童心者，绝假纯真，最初一念之本心也。

这里，李贽以“真心”及“最初一念之本心”来界定童心，显然具有从孟子到王阳明所说本心或本体之知，以及王畿所说的“初心”的影子，但是联系更多的是泰州学派主将罗汝芳所说的“赤子之心”，[1] 即把“童心”作为个体存在的依据，所以李贽进一步阐述说：

童心者，心之初也。夫心之初曷可失也！然童心胡然而遽失也？盖方其始也，有闻见从耳目而入，而以为主于其内而童心失。其长也，有道理从闻见而入，而以为主于其内而童心失……夫道理闻见，皆自多读书识义理而来也。

[1] 分别参见《孟子·公孙丑》、王阳明《传习录》、王畿《南游会记》及罗汝芳《近溪语录》等。

这里，李贽将外在的义理与内在个体的本真对立起来。在李贽看来，“学者既以多读书识义理”，就会“以从外入者闻见道理为之心”，障住自己的童心。“障其童心”的结果是使童心丧失，而“若失却童心，便失却真心，失却真心，便失却真人”，就会“发而为言语，则言语不由衷；见而为政事，则政事无根柢；著而为文辞，则文辞不能达”。总之，李贽《童心说》的根本思想，是要通过对既定之理的拒斥来达到维护自我本真的目的：

苟童心常存，则道理不行，闻见不立，无时不文，无人不文，无一样创制体格文字而非文者。诗何必古选，文何必先秦。降而为六朝，变而为近体，又变而为传奇，变而为院本，为杂剧，为《西厢曲》，为《水浒传》，为今之举子业，皆古今至文，不可得而时势先后论也。故吾因是而有感于童心者之自文也，更说甚么六经，更说甚么《语》《孟》乎？

联系李贽《焚书》卷一《答耿中丞》所论：“夫天生一人，自有一人之用，不待取给于孔子而后足也。若必待取足于孔子，则千古以前无孔子，终不得为人乎?”以及《焚书》卷五《贾谊》所云：“班氏，文儒耳，只依司马氏例以成一代之史，不宜自立论也，立论则不免搀杂别项经史闻见，反成秽物矣。”则其从主体存在的意义，拒斥既定的普遍之理对个体的强制性压抑，或者说否定所谓的“执一”，强调个体思想自由的思想便格外清晰明确了。

李贽的《童心说》不仅从维护主体存在，或自由人格意义的角度说明不可“执一”泯灭自我，还在这基础上，进一步从史料学的角度分析了不可“执一”定评万世之是非的理由。李贽说：

夫六经、《语》《孟》，非其史官过为褒崇之词，则其臣子极为赞美之语。又不然，则其迂阔门徒、懵懂弟子，记忆师说，有头无尾，得后遗前，随其所见，笔之于书。后学不察，便谓出自圣人之口也，决定目之为经矣，孰知其大半非圣人之言乎？纵出自圣人，要亦有为而发，不过因病发药，随时处方，以救此一等懵懂弟子、迂阔门徒云耳。药医假病，方难定执，是岂可遽以为万世之至论乎？然则六经、《语》《孟》，乃道学之口实，假人之渊薮也，断断乎其不可以语于童心之言明矣。

李贽对六经、《语》《孟》等所谓圣人经典的史料学分析，不啻是釜底抽薪，从根本上说明了这些经典不能执之“遽以为万世之至论”，去评判历史之是非。这也就在更深的理论层次，阐明了稍早的王世贞所谓“尚父戮华士而周公咎之，颜回攫釜而孔子疑，圣哲相信之素目击之事而犹尔尔，又况其纷如者乎，安用存”，即评价历史是非不能执一衡万的理论论述。[1]

我们说，启蒙就是人的理性的觉醒，它要求一切是非善恶都要遵从理性法庭的裁决，而理性法庭的法官就是作为主体的自我。而李贽正是在“执一便是害道”的抗议中，柄持着个体本真的“童心”，“程量今古”，“颠倒千万世之是非”，通过对历史的重新评价，表达自我的价值观点，以及他对封建文化专制的反抗呼声，这也正是“童心说”的史学理论的价值所在。

第四节　李贽历史批判实践的思想特点

李贽历史批判的理论，直接指导了他的历史批判的实践。

李贽的历史著作，从史书的编纂形式到其中的历史评论，处处表现出“不与旧时公案同”，而“断自本心，不随人唇吻”的史学特点，[2]反映出在社会变化下史学中一些历史观点、价值观点的变化。

作为一位反封建思想文化专制的思想斗士，李贽对历史上思想文化的问题倾注了更多的关注与评论，其中，从反对“执一”的思想立场出发，李贽对历史上许多非正宗思想家表达了自己的同情。他将孔、老在

[1] 按：王世贞的相关论述见其所作《祝子罪知录序》。

[2] 李贽：《藏书》卷首《刘东星序》。

价值上平列，譬之一稻一黍，俱足饱人；[1] 鼓吹“超然于名利之外，不与利名作对者，唯孔夫子、李老子、释迦佛三大圣人尔”[2]。李贽虽然主要信奉儒家学说，却反对独尊儒家，认为墨、法、道、名、阴阳诸家与儒家不应有尊卑之别，他说：“申、韩何如人也？彼等原与儒家分而为六。既分为六，则各自成家；各自成家，则各各有一定之学术，各各有必至之事功，举而措之，如印印泥，走作一点不得也。”[3] 反映他在学术问题上的平等观。

李贽对于诸家思想学说一视同仁的平等观，实质也是他反对思想文化专制、反权威思想的表现。同样，对儒学本身的历史批判也反映了李贽的这种思想倾向。例如李贽不满正宗历史观念中抑荀扬孟的观点，认为荀子与孟子时代接近，但是二人相比较，荀子“其文更雄杰，其用之更通达而不迂”，孟子则是“至尽排众说，犹未免执定说以己见，而亦以死语活人也”，表示“不晓当时何以独抑荀而扬孟也”，[4] 李贽在论中辩驳道：“宋人谓卿之学不醇，故一传于李斯，即有坑儒焚书之祸。夫弟子为恶而罪及师，有是理乎？若李斯可以累荀卿，则吴起亦可以累曾子矣。《盐铁论》曰：‘李斯与苞丘子同事荀卿，而苞丘子修道白屋之下。’卓吾子曰：使李斯可以累荀卿，则苞丘子亦当请封荀子矣。”[5] 因此李贽一反正宗定式，把荀子传排在孟子传之前，冠居“儒臣”之首。

与李贽对诸家学说一视同仁相应的是其对宋明儒者的矫情、迂腐、虚伪、懦怯及教条的不以为然。史论中，李贽一再批评朝廷所尊崇的朱熹虚假且无学无用，不过是个惹是生非的家伙，认为“道学之受祸，晦翁导之也”。认为“治贵适时，学必经世”，“彼其时，为人臣子者触目激哀，哀号痛恨”，“吾意先生当必有奇谋秘策，能使宋室再造，免于屈辱，呼吸俄倾，危而安，弱而彊。幼学壮行，此其时矣。乃曾不闻嘉谋嘉猷，入告尔后，而直以内侍为言，是为当务之急与？或者圣人正心诚意之学，

---

[1] 李贽：《焚书》卷三《子由解老序》。
[2] 李贽：《续焚书》卷一《复李士龙》。
[3] 李贽：《焚书》卷五《孔明为后主写申韩管子六韬》。
[4] 李贽：《藏书》卷三十二《荀卿传》“李卓吾曰”及《孟轲传》。
[5] 李贽：《焚书》卷五《宋人讥荀卿》条。

直为内侍一身而设，顾不在夷狄、中国之强弱也，则又何贵乎正心诚意为也?”甚至认为已成为统治意识形态的程朱道学是“快一己之喜恶，流无穷之毒害”，南宋末年的“伪学之禁，有以也”，即是有道理、可理解的政治、文化行为。[1] 我们说，在李贽生活的时代，孟轲和朱熹都是朝廷崇奉的圣贤，他们的学说也都是国家悬为科举考试的标本，对于这样的历史人物，李贽却大胆地做出截然相反的评价，这实质上是“一种新的进步”。

否定历代钦定圣贤的同时，李贽还从历史主义的角度，对理学家所宣扬的道统论进行了尖锐的批判。

所谓道统论，是理学家所宣扬的一个假想的儒家思想授受传承的思想统绪。[2] 从晚唐到南宋，为抗衡佛、道二教势力发展对儒学统治意识形态地位的威胁，诸儒入室操戈，整合佛、道学说，直探心性之学，在改变汉代以来只重疏注经典章句的研究方式的同时，亦明确提出并逐步完成了所谓尧、舜、禹、汤、文、武、周公、孔、孟，直接北宋周（敦颐)、程（颢、颐）至朱熹的道统授受统绪，意在强调自己在意识形态上的正统地位。应该说，从抽象思想发展的逻辑过程看，所谓的道统有它的合理因素。但是由于这种思想统绪带有明显的自我张大和排他性，尤其是随着程朱理学上升为官方统治意识形态，这种思想统绪受到统治者的认同，这原本独立于治统的学统也被异化为政教合一国家的思想统治工具，以致社会“言不合朱子，率鸣鼓而攻之”。[3] 道统说完全堕落成了思想专制控制的象征。在这种情况下，要使学人恢复学术思想的创新能力和独立人格，就必须打破道统说的神话。正是在这种思想和社会背景下，李贽展开他对道统论的历史批判。[4]

李贽《藏书》卷三十二《德业儒臣前论》评论宋儒宣扬的道统论说：

---

[1] 李贽：《藏书》卷三十五《赵汝愚传》。

[2] 按：当初孔子《论语·尧语》历述尧舜的传授之言，及《孟子》中的《离娄下》《滕文公下》《尽心下》等篇章中的言论，已为道统说张本了。

[3] 朱彝尊：《道传录序》。

[4] 详见第272页本章“附考一”。

李生曰：道之在人，犹水之在地也，人之求道，犹之掘地而求水也。然则水无不在地，人无不载道也审矣。而谓水有不流，道有不传可乎？顾掘地者，或弃井而逃，或自甘于溷浊咸苦，终身不见甘泉而遂止者有之，然而得泉者亦已众矣。彼谓轲之死不得其传者，真大谬也。惟此言出，而后宋人直以濂、洛、关、闽接孟氏之传，谓为知言云。吁！自秦而汉而唐，而后至于宋，中间历晋以及五代，无虑千数百年，若谓地尽不泉，则人皆渴死久矣。若谓人尽不得道，则人道灭矣，何以能长世也？终遂泯没不见，混沌无闻，直待有宋而始开辟而后可也，何宋室愈以不竞，奄奄如垂绝之人，而反不如彼之失传者哉？好自尊大标帜，而不知其诟诬，亦太甚矣！

这里，李贽以水在地为喻，诘问那些编造道统论的人说："自秦而汉而唐，而后至于宋，中间历晋以及五代，无虑千数百年，若谓地尽不泉，则人皆渴死久矣。若谓人尽不得道，则人道灭矣，何以能长世也。"并且尖锐指出：如果说所谓的道统"直待有宋而始开辟而后可也。何宋室愈以不竞，奄奄如垂绝之人，而反不如彼之失传者哉"？对程朱为自我张大，排斥异己而编造的道统论，进行了有力的揭露与批驳。认为程朱等宋儒是"好自尊大标帜，而不知其诟诬，亦太甚矣"！

在鼓吹诸家学说思想价值平等，反对思想文化专制，对封建正宗意识形态吹捧崇奉的圣贤们展开批判的同时，李贽往往对一些遭到非议的历史人物表示肯定。例如他称赞秦始皇为"千古一帝"；汉武帝是"英雄继创"，"乃大有为之圣人也"；为商鞅"平反"，认为他"相秦不过十年，能使秦立致富强，成帝业"；称颂桑弘羊的理财政策，"以司马光论桑弘羊欺武帝为可笑"；一反寡妇不得再嫁的传统观点，认为卓文君的私奔"有眼光"，是"忍小耻而就大计"，而她与司马相如的结合犹如孟光之与梁鸿，是千古良缘，并且嘲笑那些非议卓文君的道学先生是"斗筲小人"；说武则天是圣后，"具慧眼"，"试观近古之王，有知人如武后者乎"；将农民起义领袖陈胜、窦建德等列入"世纪"，称他们是"匹夫首倡"和"亡命草创"，在历史上功不可没；甚至为"其视丧君亡国未尝屑意"，自号"长乐老子"的冯道，以及在敌国兵临城下劝蜀后主投降的谯周等不守臣道、不尽臣节的人大唱赞歌。正是这些颠倒正宗历史观点的史评，引起了统治者及其卫道者的恐慌。史载，当李贽的《藏书》《焚书》等著作刚刚刊刻不久，当时的礼部给事中张问达便上书弹劾李贽说："……近又刻《藏书》《焚书》《卓吾大德》等书，流行海内，惑乱人心。以吕不韦、李园为智谋，以李斯为才力，以冯道为吏隐，以卓文君为善择佳偶，以司马光论桑弘羊欺武帝为可笑，以秦始皇为千古一帝，以孔子之是非为不足据。狂诞悖戾，未易枚举，大都刺谬不经，不可不毁……。"

分析、比较李贽的这些历史评论，可以看出其中明显的事功倾向和一些新的社会文化意识。

以什么作为衡量历史进步的标准，是个和世界观、价值观及历史观分不开的问题。对于历史进步的问题，我国古代的史学家、思想家早就有所探讨。一般来说，儒家学者多是从人是"理性人"的认识基点出发，更注重历史发展的道德问题，强调以历史活动主体的善、恶目的作为评价历史的价值标准，主张"正其谊不谋其利，明其道不计其功"。[1] 所以上古三代虽然文明并不发达，却是他们歌颂的理想社会。相反，法家及后来一些受法家思想影响的人，则多是强调人还具有"生物人"的一面，因而相对更注重历史发展的事功问题，即把物质文明及制度文明作为社会进步的标准，强调从历史行为的事功或结果的立场判断历史的价值，而不太看重历史行为主体的善与恶、公与私的动机或目的。这样，在中国史学思想中便形成了两条对立的历史评价路线，以及在不同认识路线指导下的不同历史价值标准。宋以后，受理学发展的影响，以道德作为衡量历史发展标准的历史认识路线畸形发达，形成压倒重视事功、重视结果的历史认识路线的格局。

应该说，传统儒家的历史伦理观点是含有某些合理的因素的，因为人毕竟是"理性动物"，社会的正常运作不能没有公认的普遍道德准则。但是问题是，人本身的存在首先是作为具有各种感性欲望的"生物人"而存在的，其次才是具有道德意识的"理性人"。趋利避害，追求美好生活，是人的最基本的，也是最普遍的愿望，是生产发展，社会进步的最基本的动力。现实中不可能将所谓的"理"与合理的欲望完全对立起来。

[1] 班固：《汉书》卷五十六《董仲舒传》。

更何况作为评价社会及历史行为的道德准则本身也是历史的产物，除存在如何在不同时代予之界定的问题外，随着专制制度的不断强化，正统儒家所鼓吹的道德原则之“理”，早已成了统治者片面利用于只强调被统治者的义务而抹杀其权利的统治工具，构成了封建社会中使人异化的普遍的道德压抑。

但是随着明中叶以来商品货币经济的繁荣，封建人身依附关系的相对松弛及市民阶层势力的发展壮大等社会变化，以及随之发生的哲学思想的变化，一些史学家也开始对历史发展及其所涉及的伦理问题，做出了更深一层的追问与思考，开始通过对人的正当感性欲望的肯定，把人从封建社会普遍的道德压抑中再“发现”出来，“使人成为真正人”，再从人的存在意义上探讨历史的发展问题。[1] 也正是在这种社会背景和思想下，李贽展开他对历史的评论与批判。

首先，在对历史的评论中，李贽对人的“私欲”，从历史伦理的层面进行了思考，肯定了所谓“私欲”对于历史发展的积极意义。

对于历史伦理的思考，是从肯定曾被视为万恶之源的“私欲”，即人的正当感性欲望起步的，从肯定人的私欲的合理性，到认同人类趋利避害的普遍自然本性，再到不计目的的善恶、手段的王霸，唯以事功结果为尺度衡量历史人物、历史事件的价值，正是李贽的基本逻辑思路，它体现了李贽历史思想里蕴涵的准近代的思想因素。李贽的《藏书·德业儒臣后论》曾评论说：

> 李生曰：圣人之学，无为而成者也。然今之言无为者，不过曰无心焉耳。夫既谓之心矣，何可言无也？既谓之为矣，又安有无心之为乎？农无心则田必芜，工无心则器必窳，学者无心则业必废，无心安可得也！解者又曰：所谓无心者，无私心耳，非真无心也。夫私者，人之心也。人必有私而后其心乃见，若无私则无心矣。如服田者，私有秋之获而后治田必力；居家者，私积仓之获而后治家必力；为学者，私进取之获而后举业之治也必力。故官人而不私以禄，则虽召之，必不来矣，苟无高爵，则虽劝之，必不至矣，虽有

[1] 详见第273页本章“附考二”。

孔子之圣，苟无司寇之任、相事之摄，必不能一日安其身于鲁也决矣。此自然之理，必至之符，非可以架空而臆说也。然则为无私之说者，皆画饼之谈，观场之见，但令隔壁好听，不管脚跟虚实，无益于事，只乱聪耳，不足采也。故继此而董仲舒有正义明道之训焉，张敬夫有圣学无所为而为之论焉。夫欲正义，是利之也，若不谋利，不正可矣。吾道苟明，则吾之功毕矣。若不计功，道又何时而可明也。今曰圣学无所为。既无所为矣，又何以为圣为乎？……由此观之，以无心及无私心尚论无为之学者，皆不根之论，未尝先行之故耳！吾以为羲皇以前，未暇论矣，自舜以下，要皆有为之圣人也。太公之富强，周公之礼乐，注措虽异，有为均也。[1]

此外李贽还在《焚书》卷五《贾谊》中说：

汉之儒者咸以董仲舒为称首，今观仲舒不计功谋利之云，似矣，而以明灾异下狱论死，何也？夫欲明灾异，是欲计利而避害也。今既不肯计功谋利矣，而欲明灾异者何也？既欲明灾异以求免于害，而又谓仁人不计利，谓越无一仁又何也？所言自相矛盾矣。且夫天下曷尝有不计功谋利之人哉！若不是真实知其有利益于我，可以成吾之大功，则乌用正义明道为耶？

可以看出，在这些论述里，李贽正是首先从自然人性的角度肯定了人的私心："夫私者，人之心也。人必有私而后其心乃见，如无私则无心矣。"继而揭穿董仲舒的虚伪："既欲明灾异以求免于害，而又谓仁人不计利，谓越无一仁又何也？"说他表面上高喊着"仁人不计功谋利"，实际上想方设法探求灾异问题"以求免于害"。在批判的同时，李贽还揭示了因私而求利与明道的对立统一关系："若不谋利，不正可矣……若不计功，道又何时而可明也？"明确表示自然就是当然，也就是应然。不但肯定了"利""功""私""我"，而且还认为它们是"谊""道""公""群"的基础，这样就与正统儒家"正其谊不谋其利，明其道不计其功"的说教正

[1] 李贽：《藏书》卷三十二。

唱了个大反调。同时，针对南宋儒者张栻的“平生得意之论”——“学莫先于义利之辨，凡所为而为者，皆私也，非义也”，李贽的回答是：“嗟乎！世岂尝有无所为而为之事哉？真欺我矣。”[1] 这样李贽就把对历史问题的思考深入到了包括人性论在内的历史伦理层面的思考。

其次，在肯定人首先是具有追求私欲、具有趋利避害本性的自然人、生物人的认识基础上，李贽对历史的事件与人物，从历史事功或历史结果的角度，做出了不同于正统儒家观念的价值判定。

由于从人性论的意义看待人的“私欲”的历史价值，所以文明的进步，历史的发展，也就没有了预设的崇高天理，没有了超凡圣人的先见安排，只是趋利避害，真真切切、实实在在的人的求生本性。而以这样的认识论来考察历史，必然是将事功的结果视为评判历史人物、事件的首要标尺，置于对历史行为道德目的的考察和价值的判断之上。这种历史思想的特点，在李贽的很多史论里都有所体现。例如，《藏书》卷三十二《德业儒臣后论》中，李贽以汉文帝与汉武帝的品德和功业做比较，然后阐述了他对所谓“德业”意义的理解。文中，李贽论道：

> 夫汉文无为之圣人也，自以其身同于含哺鼓腹之民，而以其可为必为者以付景、武，虽语之有为，如风过耳！……孝武帝乃大有为之圣人也，当其时，拓地几二万余里，视汉高所遗不啻倍之，虽民劳财伤，骚然称费，精力亦几竭矣，然历昭、宣以及元、成、哀、平百二十余年，边城不闭，兵车不用，虽抱孺子于天下之上，而单于且稽颡来朝矣。盖至于易姓更主，而百姓犹案堵如故者，然后知其为孝武之赐而不自知也。截长补短，其利百倍，有为之功业亦大矣，而又何用相羡乎？

认为对于历史人物来说，只要有所作为，又何必“第牵于意见，狃于成说，必欲补缀傅会，勉强凑合，以求万全”呢？“无道之君主，建千秋之功业”，即使是恶目的，为己一私的目的，只要其结果是善的，就具有历史进步的价值。这种将事功作为首要历史价值判断标准的思想倾向，在

[1] 李贽：《藏书》卷三十五《张栻传》。

一定意义上，也正是李贽将原在正统史家的观念中视为“千古暴君”的秦始皇，称为“功在万世”的“千古一帝”的思想原因。

在历史评论中重事功轻道德，重结果轻目的的思想倾向，在李贽《藏书》中的《智谋名臣论》中也表现得非常清楚。文中，李贽阐述说：

> 李生曰：士之有智谋者，未必正直；正直者，未必有智谋，此必然之理也。世之贵正直久矣。余谓惟智谋之士不用，而后正直之臣见，节义之行始显耳。节义者，败亡之征也，东汉之末事可见已。夫惟国家败亡，然后正直节义之士收其声名，以贵于后世，则何益矣……予以谓智谋之士可贵也。若夫惇厚清谨，士之自好者亦能为之，以之保身虽有余，以之待天下国家缓急之用则不足，是亦不足贵矣。[1]

这里，李贽显然是与正宗儒家的历史价值观不同，认为智谋之士德虽不济，却能经世济民，安邦救国，有功于世，至于“惇厚清谨之士”，“正直节义之臣”，除了“收其声名，贵于后世”外，于国于民毫无用处，明确地将功利事功置于道德之上。

李贽这种淡化历史价值评价的道德意义，突出事功功利意义的思想倾向，还可从他对五代冯道的评价中看出。

冯道可以说是位很有争议的历史人物，50年历4朝，事12君并耶律契丹，史称“其视丧君亡国，未尝屑意”，自号“长乐老子”。对于这样一位“臭名昭著”，大违正统道德准则的历史人物，李贽却提出与正统截然相反的评论。

首先，李贽认为冯道是真正不计荣辱隐于朝市，能于乱世中得到全性保身等功利的大隐。李贽在《藏书》中把冯道置于专述隐者的《外臣传》，该传将所谓全节保身的隐者分为“时隐”“身隐”“心隐”和“吏隐”等几类，而李贽最推崇的是吏隐中的冯道，认为：“……如庄周、严光、陶潜、邵雍、陈抟数公乎，盖身虽隐而心实未尝隐也。此其隐盖高矣，然犹未大也。必如阮嗣宗等，始为身心俱隐，无得而称焉。嗟夫！

---

[1] 李贽：《藏书》卷二十二。

大隐居朝市，东方其人也，彼阮公虽大，然犹有逃名之累，尚未离乎隐之迹也。吾谓阮公虽欲为冯道之事而不能，若冯公则真无所不可者也。”[1] 在这点上，李贽表现出了与其精神导师王艮及罗汝芳等强调自我存在价值的所谓“保身论”间的理论联系。[2]

其次，李贽认为冯道能将百姓的存亡置于君主和自身的荣辱之上，在保身的同时又使百姓免遭涂炭。《藏书·冯道传》论道：“卓吾曰：冯道自谓长乐老子，盖真长乐老子者也。孟子曰：社稷为重，君为轻。信斯言也，道知之矣。夫社者，所以安民也；稷者，所以养民也，民得安养，而后君臣之责始塞。君不能安养斯民，而后臣独为之安养斯民，而后冯道之责始尽。今观五季相禅，潜移嘿夺，纵有兵革，不闻争城，五十年间，虽经历四姓，事一十二君并耶律契丹等，而百姓卒免锋镝之苦者，道务安养之之力也。”[3] 两弊之间取其轻：荣辱与生，则荣辱为轻；社稷与君，则君为轻；社稷与民，则社稷为轻，故在这层意义上，“宁受祭器归晋之谤，历事五季之耻，而不忍无辜之民日遭涂炭”的谯周、冯道的事功是值得称道的。[4]

由于强调超越道德目的的事功结果，在李贽的历史观念中，有时甚至认为，某些从个人行为来看是恶的事务，将之置于历史的进程中，却具有积极的意义。例如，李贽就说过：“汉武以雄才而拓地万余里，魏武以英雄而割据有中原，又何尝不自声色中来！”[5] 认为汉武、魏武一己的“声色之好”，正是促使他们建功立业的动力。而这些历史行为的结果，则是“拓地万余里”、统一中国的历史之善。因此，从这些历史视角来看，所谓历史的发展并不是什么固定不变的道德法则的体现，历史之道就是历史的本身，“善”与“恶”是并存于其中而共成因果的，所以对于历史的发展来说，对其进行道德意义上的评判，必然是毫无意义的。

当然，善与恶、目的与结果、道德与事功的矛盾是历史认识中很复

[1] 见《藏书》卷六十六《外臣总论》，又见《续焚书》卷二《隐者说》。

[2] 参见王艮《王心斋先生遗集》卷一《明哲保身论》《答问补遗》及罗汝芳《罗近溪先生语要》等。

[3] 李贽：《藏书》卷六十八《外臣传·吏隐·冯道传》。

[4] 李贽：《焚书》卷五《孔明为后主写申韩管子六韬》。

[5] 李贽：《初潭集》卷三《夫妇三》，见《李贽文集》，北京燕山出版社1998年版。

杂的历史哲学问题，但是仅就超越传统儒家的道德史学观念，对历史的价值判断不以道德动机而以事功结果为标准的思想倾向看，在中古泛道德的时代，李贽有关历史评价问题的思想和理论无疑具有思想启蒙的意义，应是当时史学界、思想界理性觉醒的一种表现。

总之，在“当其时，士方持文墨，矩步绳趋”[1]，人们大多“剿其成说以衡论古今”，将对历史的认识，镶嵌于封建专制权威思想框架之中的情况下，[2] 李贽的历史批判与史学批判，无论是对既定正宗历史的翻案，还是对统治阶级认同的道统论的揭露与批判，及其对历史认识及价值判断的理论思考等，从一定意义上讲，在当时无疑都是一种启蒙，一种理性的发展，“一种新的进步”，代表着当时史学思想发展中的新气象。它与涌动在文学之中，主张“抒写真情”的文学思潮，与涌动在哲学中“造命由我”，抗议封建思想专制的哲学思潮，一起构成明后期波澜壮阔的新文化大潮。当然，在当时极端专制的封建思想文化压抑下，在极端严密的封建政治势力控制下，李贽这种“颠倒千万世之是非”的历史“翻案”，这种历史、史学认识上的突破与思考并不轻松，他所面临的政治、文化压力，是我们今天难以想象的：“自古至今，多少冤屈，谁与辨雪？故读史时真如与百千万人作对敌。”[3] 李贽给友人的这封信所吐露的苦衷，正是其所感受到的精神压力，同时也说明了当时从事思想启蒙的艰辛，反映出新的极欲突破旧的，但最终“死的捉住活的”的时代悲哀。

附　焦竑的学术特点与史学思想

焦竑（1540—1620年）字弱侯，号澹园，又号漪园，谥文端、文宪，江宁（今南京）人，《明史》本传称其“博极群书，自经史至稗官、杂说，无不淹贯，善为古文，典正驯雅，卓然名家”，是晚明最负盛名的学

[1] 梅国桢：《藏书序》，见《藏书》。
[2] 黄宗羲：《明儒学案·自序》。
[3] 李贽：《续焚书》卷一《致焦弱侯》。

者，其中尤精于史学。明代史学风气至嘉靖、万历时期丕变，开始由空疏转向谨严，其中功绩，王世贞之外，则首推焦竑。在焦竑传世的三十余种著作中，史学著作计有《献征录》120卷、《熙朝名臣录》27卷、《逊国忠节录》4卷、《国史经籍志》6卷、《玉堂丛语》8卷、《皇明人物考》6卷、《京学志》8卷、《词林历官表》3卷等，此外尚有汇录大量考史笔记的《焦氏笔乘》6卷和《续笔乘》8卷。[1] 在明代史学的发展中有重要的影响。

焦竑的学术特点是“以知性为要领而不废博综”。关于焦竑，《四库全书总目》子部杂家类三方以智《通雅》提要在评论明中叶至清初学术的发展时曾提及说：“明之中叶，以博洽著者称杨慎……次则焦竑，亦喜考证，而习与李贽游，动辄牵缀佛书，伤于芜杂。惟以智崛起崇祯中，考据精核，迥出其上。风气既开，国初顾炎武、阎若璩、朱彝尊等沿波而起，始一扫悬揣之空谈。”而黄宗羲《明儒学案·泰州学案》则称他“积书数万卷，览之略遍。金陵人士辐辏之地，先生主持坛坫，如水赴壑，其以理学倡，率王弇州所不如。”这两个评论，前者是清人从考据学发展的角度评论焦竑作为考据学家的学术地位；后者是明人从理学发展的立场论述焦竑作为理学家的学术地位。两者的结合，恰恰勾画出了焦竑以理学领袖的身份博综学术的风貌、特点，以及其在由明及清学术风气转折中的地位。

从焦竑的思想体系看，是属于“大多能赤手以搏龙蛇”的王学泰州学派。[2] 史称他“讲学以（罗）汝芳为宗，而善（耿）定向兄弟及李贽”，[3] 尤其是与所谓“异端之尤”的李贽声气相投，“笃信卓吾之学，以为未必是圣人，可肩一狂字，坐圣门第二席”，[4] 是李贽最贴己的朋友之一。“二人相率而为狂禅，贽至于诋孔子，而竑亦至崇杨、墨，与孟

[1] 按其中《皇明人物考》，《千顷堂书目》著录在薛应旂的名下，但是国家图书馆所藏万历刊本却题焦竑著。据傅吾康推测是当时书商所为。参见 Wolfgang Franke，*An Introduction to the Sources of Ming History*，Kuala Lumpur and Singapore：University of Malaya Press，1968，pp. 93～94. 具体待考。

[2] 黄宗羲：《明儒学案》卷三十二《泰州学案序》。

[3] 《明史》卷二百八十八《焦竑传》。

[4] 黄宗羲：《明儒学案》卷三十五《文端焦澹园先生竑》。

子为难”，[1] 认为“孔孟之学，尽性命之学也”，“唐疏宋注，锢我聪明”，“学道者当尽扫古人之刍狗，从自己胸中辟取一片乾坤，方成真受用，何至甘心死人脚下”，[2] 并且与李贽一样表现有“囊括三教，熔铸九流，以自成一家之言”[3] 的学术倾向，同样是明代后期启蒙史学思潮的主要逐浪弄潮者。但是诚如第五章所述，明后期的启蒙史学思潮，在其后来的发展中，因王学左派激进的狂禅之风的衰退和朱学倡导的知识传统的复起，使得史学中黜虚征实的思潮急剧发展，在史学界形成越来越大的学术势头。这些变化在较李贽小 15 岁的焦竑身上反映得相当明显，即在基本思想与李贽接近或相似的同时，某些观点已有所变化。例如李贽死后，焦竑回顾他的这位挚友的品行时，曾婉转地说李贽“快口直肠，目空一世，愤激过甚”[4]。又，李贽曾说：“穿衣吃饭即是人伦物理”[5]，焦竑却冷然问曰：“倘知人人寻常日用无时不见前，无人不具足，又何必钻研故纸，强生枝节，如蚕作茧，自苦自缚?”[6] 因此，与李赞相比较，焦竑已开始更强调为学研习知识、下学而上达的修为的途径。对此，焦竑的弟子陈懿典概括焦竑学术的特点是“以知性为要领，而不废博综”[7]，即承继泰州学派的余绪，在重心性之学的同时不废为学的博综，“反对吐弃事物，索之窈冥之乡以为道”[8]，“饱食安坐，典籍满前，束书不观，游谈无根”[9] 的学风，强调读书博闻，由博返约的求道途径。[10] 所以《明史》本传在对焦竑“颇以禅学讥之”的同时，也不得不说他“博极群书，自经史说至稗官、杂说，无不淹贯”。其他的清代学者亦承认，“明代自杨慎以后，博洽者无过于竑”，而焦竑的考据成

[1] 《四库全书总目》卷一二五子部杂家类存目二《焦弱侯问答》提要。
[2] 焦竑：《焦氏笔乘续集》卷二《支谈》。
[3] 焦竑：《澹园续集》卷十四《管志道墓志铭》，金陵丛书本。
[4] 焦竑：《焚书序》，见《焚书》卷首，中华书局排印本。
[5] 李贽：《焚书》卷一《答邓石阳》。
[6] 焦竑：《澹园续集》卷二十二《题袁太史》。
[7] 陈懿典：《尊师澹园焦先生集序》见《澹园集》卷首，金陵丛书本。
[8] 焦竑：《澹园续集》卷三《送翁郡侯周野之抚州序》。
[9] 焦竑：《焦氏笔乘续集》卷四《韩忠献》条。
[10] 参见金陵丛书本《澹园集》卷四十八《古城答问》及《澹园续集》卷四十七《崇正堂答问》等。

就则“是跨杨氏以上”。[1]

焦竑学术上的这些特点，表现于史学思想方面，第一是决定了焦竑史学思想的批判性，第二是决定了焦竑史学思想的征实性。

焦竑史学思想中的批判性，突出地表现于他对有关“史职”的论述。

万历十七年（1589年），已蹶于科场数十年的焦竑，终于“以殿试第一人官翰林修撰”，从此“益讨习国朝典故”，[2] 倾心于史学。对此焦竑回忆说：“余自束发，好观览国朝名公卿事迹。迨滥竽词林，尤欲综核其行事，以待异日之参考。”[3] 当时，作为“年五十始魁天下”的焦竑，显然是亟想依国家的“石室金匮之藏”，恪尽史官职守，一展自己的史学抱负和史才，在史学上有所作为，“白首廷对，领史官，毅然思有以自举其职”。[4]

然而焦竑身历目睹的情况却使他大失所望。首先是号称“国史”的实录记述失实。当时的统治者为了掩盖骨肉君臣相斫的丑行，不惜大施淫威于神圣的史学殿堂，其中“《太祖实录》凡经三修，当时开国功臣，壮遒伟略，稍不为靖难归伏诸公所喜者，俱被划削，建文帝一朝四年，荡然无遗，后人搜刮捃拾，百千之一二耳；景帝事虽附英宗，录中其政令尚可考见，但曲笔为多”[5]。其次是修史制度的滤漫。明代一改唐、宋以来施行的史馆制度，将史馆与原备为文学顾问的翰林院合而为一，但是“虽设修撰、编修、检讨为史官”，却仅仅“特有其名耳”。[6] 加之洪武以后取消了历代的起居注制度，致使“二史虚员，起居阙注，衣冠百家罕通述作”，既无完善的记注制度，也没有可循的修史章程，形成“求风俗于郡县，讨沿革于台阁，著作无主，修章靡立”的史学局面。[7]

面对如此颓败的史学现状，身任史官的焦竑深感不安，对刘知幾对史馆制度的批评有了切身的感受，于是在对以往史学考察的基础上撰述

---

[1] 蒋国榜：《焦氏笔乘跋》，见《焦氏笔乘》。

[2] 《明史》卷二百八十八《焦竑传》。

[3] 焦竑：《玉堂丛语》卷首《自序》，中华书局1981年版。

[4] 顾起元：《献征录序》，见《献征录》卷首，上海书店1987年版。

[5] 沈德符：《万历野获编》卷二《实录难据》条，中华书局1959年版。

[6] 郑晓：《今言》卷二，中华书局1985年版。

[7] 焦竑：《澹园集》卷四《论史》。

了《论史》一文，概要总结了《史记》《汉书》以来的史学情况，针对当时国家修史的种种弊端，表述了自己的史学思想，酣陈史职的神圣地位，以及其在修史中的重要意义。文中，焦竑尖锐地提出：

> 史之职重矣！不得其人不可以语史；得其人不专其任，不可以语史。故修史而不得其人，如兵无将，何以禀令？得人而不专其任，如将中制，何以成功？苏子谓：史之权与天与君并，诚重之也！[1]

用兵与将、将与职权的相互关系，形象地阐述了史职在整个国家修史过程中的关键地位。焦竑认为，史职必须安排才、学、识兼备的人才担任，并且要专人专任，尽其所长。只有做到“权不他移，事有所统”，才能使国史“道与事词并茂，刊削与铨配兼行”，成为良史。所以焦竑总结说：

> 盖古之国史，皆出一人，故能藏诸名山，传之百代。而欲以乌集之人，勒鸿巨之典，何以胜之？……今之开局成书，虽籍众手，顾茂才雅士，得与馆阁之选者，非如古之朝领史职而夕迁之也。多者三十年，少者不下二十年，出为公卿，而尤兼翰林之职，此即终其身以史为官也。自非遴有志与才者充之，默然采其曲直是非于中外雷同之外，以待他日分曹而书之所不及，吾不知奚以举其职哉！[2]

这里焦竑所强调的重视“史职”的史学思想，无疑是对唐刘知幾批判史馆修史思想的发挥。尤其是焦竑强调史之权与君临万物之“天”，与统治人世之君同重，更是直接针对当朝统治者任意篡改实录，践踏史学的行径而发出的抗议，是一个富于责任感的正直史学家对史学严肃性的捍卫。但是时代毕竟是向前发展了，焦竑强调史职的史学思想与刘知幾对官修史书批判角度已有了很大的变化。刘知幾所攻讦的是刚刚建立不久的史馆制度，而焦竑生活的时代，史馆制度已经施行了数百年，其间，虽然并没有消除多少弊端，但是实践也使它显露出了私人修史所无法替代的

[1] 焦竑：《澹园集》卷四《论史》。
[2] 焦竑：《澹园集》卷四《论史》。

优越性。因此在这种情况下，焦竑考虑的已不是从根本上否定史馆修史制度的问题，而是怎样才能克服史馆修史中的官僚通病的问题。

焦竑认为，在史馆修史的制度中不得不众手修书的情况下，必须要有人来总其大成，这就需要在职权方面予以保证，使之不受人事与政治的干扰，细致地考核史实，即所谓“章奏采矣，而又参之时论；志铭收矣，而又核之乡评；馆局开矣，而又总之一家”，只有这样才可以“伪不胜真，同可为证，权不他移，事有所统，然后道法与事词并茂，刊削与铨配兼行，虽未必进之作者，庶可以备采来兹矣。”[1] 事实上，焦竑这种强调通过国家专门修史机构众手分纂，最后一人总其大成的史学思想，也是对宋司马光撰修《资治通鉴》成功经验的借鉴和发挥。

万历二十二年（1594 年），即焦竑担任史官的第五年，大学士陈于陛上疏朝廷，建议撰修国史，并因“深知先生以国朝正史议”[2]，曾经写过《论史》一文，遂与当时的内阁首辅王锡爵共“欲焦竑专领其事”[3]。对此，焦竑“稽首三让，不能得，因请与词林分曹别类”共成此盛事。同时经过详细思考，向朝廷提出《修史条陈四事议》曰：一本纪之当议，一列传之当议，一职官之当议，一书籍之当议。[4] 系统讨论了有关修史的具体问题，比较全面地反映了焦竑的史学思想。其中：

——关于本纪：焦竑针对当朝实录失实、失记的情况，再次提出批评，认为“国朝实录代修，如建文、景泰二朝，少者垂四年，多者七八年，向无专纪。景帝位号虽经题复，而实录附载，未为是正。夫胜国之君，人必有纪，以其临御一时，犹难泯没，所谓国可灭史不可灭也。况在本朝，乃使之孙蒙祖号，弟袭兄年，名实相违，传信何据”？此外焦竑还建议说：世宗之父睿宗献皇帝“事属追王，无编年之体”，应该依照“德、懿、熙、仁四祖”附于“高庙本纪之首”例，而“不必另纪”。

——关于列传：焦竑对于“大臣三品以上乃得立传”的修史旧例，以及当时“褒贬出之胸臆，美恶系其爱憎”的史学颓风，深不以为然，

---

[1] 焦竑：《澹园集》卷四《论史》。

[2] 《明史》卷二百八十八《焦竑传》。

[3] 黄汝亨：《国朝献征录序》，见《献征录》卷首。

[4] 焦竑：《澹园集》卷四《论史》。

认为立传的标准，一是“当贵贱并立，不必以位为断”，二是“当善恶并列，不必以人为断”，三是当客观地记述及评价历史人物，认为“今历世既多，公论久定”，应乘编修国史之机，将那些因不为统治者所喜而被划削的“开国功臣，壮遒伟略”，“亟为改正”过来，以还历史的本来面目。

——关于职官：除了重申《论史》有关重视史职的观点外，焦竑又进一步提出了一些具体的组织工作的建议，其目的是使国家的修史工作在保证遴选有德和史学才识之人担任史职的同时，能够“裁冗费”“抑侥幸”，杜免那些“于纂修无益有损”的史馆通病。焦竑具体说道：“今承明著作之廷，济济多士，供事有余，宁需外索？中惟星历、乐律、河渠三项，非专门之人，难于透晓，宜移文省直，访有精通此学者，或召其人，或取其书，史官就问，大加删润，以垂永久。此外决当谢绝，勿启幸门。至史馆两房中书，本供缮写，今始事之日，方翻阅遗文，搜讨故实，下笔之期茫无影响，誊录之官安所用之？而已窃大官之供，同太仓之鼠，甚属无谓，似当暂为停止，俟他日脱稿之后，经总裁改定，方可取用，量为资给。”

——关于书籍：焦竑认为“古之良史，多资故典，会稡成书，未有无因”，但是“臣向从多士之后，读中秘之书，见散失甚多，存者无几”。所以建议应如洪武、永乐初年那样，“责成省直提学加意寻访。见今板行者，各印送二部。但有藏书故家愿以古书献者，官给以值；不愿者，亦钞写二部，一贮翰林院，一贮国子监，以待纂修诵读之用。即以所得多寡为提学官之殿最。书到，置立簿籍，不时稽查，放失如前者，罪之不贷”。焦竑认为，“此不但于史学有资，而于圣世文明之化，未必无补”。将书籍的访查贮藏上升到国家文化建设的高度来认识。[1]

这样，从《论史》论文的写作，到《修史条陈四事议》对朝廷面陈的直接意见，焦竑作为史官的责任感和在这种责任感驱使下的基本史学批判思想也展现在了我们的面前。与稍早一些的王世贞等人的批判不同，焦竑对当朝史学的批判，都是以史官的身份直接向当朝统治者提出来的，因此也就别有了一番意义。从焦竑史学批判的思想看，其中除了受李贽及其他一些王学左派思想的影响外，这种捍卫史学严肃性的批判意识及

[1] 以上引文见《澹园集》卷五《修史条陈四事议》。

思想，也是对唐刘知幾批判史馆修史和强调史学自得之学传统的继承和发扬。事实上，焦竑不仅悉心研读过刘知幾的史学理论著作《史通》，而且他的一些史学批判理论也很多来自《史通》中的《忤时》《辨职》等篇章。[1]

作为焦竑史学思想第二个特点的征实性，在焦竑的史学著作中也表现得十分突出。

关于焦竑学术的博洽征实，可以从一些学者的评价中看出。明清以来，除黄宗羲称焦竑“积书数万卷，览之略遍”外，朱彝尊亦说他“储书之富，几胜中簿，多手自抄”。[2] 亲眼看到焦竑藏书的澹生堂主人更是描绘说，焦竑“藏书两楼，五楹俱满”，“一一皆经校雠，尤人所难”。[3] 这些都说明焦竑学术研讨的广博与刻苦，而焦竑的史学著作也大都体现其这些广博的特点，例如《献征录》收录的各种文献资料多达近千种，至于学术笔记《焦氏笔乘》《续乘》所涉及的学术范围，更是包括了上起先秦，下至当代的经学、史学、哲学，以及宗教、博物、典章制度、金石文字、目录版本等各个方面。

与时人的肆意炫耀夸博不同，焦竑的治学是博而精审，即“义例精而权量审，闻见博而取舍严”[4]。其中对于史学来说，闻见博主要是得之于焦竑的勤于搜讨。焦竑曾说自己是“读书之暇，多所札记”[5]，“追牵丝入仕，随所见闻，辄寄笔札”，“追滥竽词林，尤欲综核其事，以待异日参考”。并在当时“顾衙门前辈，体势辽阔，虽隔一资，即不肯降颜以相梯接，苦无从咨部”的情况下，转“就简册中求之”，凡见有用的材料，“辄以片纸志之，储之巾箱”。[6] 至于焦竑史学的取舍严，则是基于他对史学严肃性的自觉意识。焦竑认为史料的搜集，“此为史职，非第为欧阳公所云夸于野老而已者”[7]。

---

[1] 焦竑：《焦氏笔乘》卷三中有“史通”“史通所载书目”等条可以为证。

[2] 转引自粤雅堂丛书本《焦氏笔乘》伍崇曜跋。

[3] 转引自《焦氏笔乘》李剑雄点校说明。

[4] 顾起元：《玉堂丛语序》，见焦竑《玉堂丛语》卷首。

[5] 焦竑：《焦氏笔乘》卷首《自序》。

[6] 焦竑：《玉堂丛语自序》。

[7] 焦竑：《玉堂丛语自序》。

焦竑博而精审，追求征实的史学思想，主要表现在两个方面：第一个方面是焦竑对于各种史料相对价值的理解和批判性把握的史学思想；第二个方面是焦竑对学术渊源的熟稔和重视，这两个方面实际也正是其史学能够达到“取舍严”的学术境界的重要保证。

关于焦竑对于各种史料相对价值的理解和批判性把握的史学思想，可以说相对集中地体现于其史学代表作《献征录》的编纂中。

《献征录》是有明一代最为完整的传记资料集，“煌煌巨编，足当明代传记之冠”[1]，具有很高的史学价值。明末清初著名史学家黄宗羲回忆说，他的父亲黄尊素临终前曾经嘱咐他：“学者最要紧是通知史事，可读《献征录》。”[2] 而清初最娴于明代史料的史家万斯同，则更具体地论述到《献征录》在明代史学中的地位。他在比较了明代最有影响的史学著作后认为，诸书“要皆可以参观而不可为典要，惟焦氏《献征录》一书，搜采最广，自大臣以至郡邑吏，莫不有传，虽妍媸备载，而识者自能别之，可备国史之采择者，惟此而已”。[3] 说明该书所具有的学术价值及其在当时社会中的影响。

《献征录》最初编纂于焦竑担任史职期间。当时是为国史的编纂准备的。不料会三大殿灾起，而在这“绪业未竟”的同时，“忌才者至，踬先生成东山之高”，即焦竑因万历二十五年（1597 年）“主顺天乡试，举子曹蕃等九人文多险诞语”而被劾，“谪福宁州同知”，[4] 不久便辞官回到故里。“然先生即归田，若而年不忘其初，凡所睹闻，佥命掌记，时为缵辑”，最终成就《献征录》一书。[5]

为了保证“储一代之史材以信今传后人”，《献征录》尽可能广泛地收录有关的史料，其中不仅“累朝训录、方国纪志与家乘野史，分类别采而辑之；自禁中之副、名山之藏、通都大邑之传，毕登于简”，使得有明“一代史料犁然大备”，[6] 而且往往在一人的传下收录有包括碑铭、

[1] 见《献征录》出版说明。

[2] 全祖望：《鲒埼亭集》卷十一《梨洲先生神道碑铭》。商务印书馆 1936 年版。

[3] 万斯同：《石园文集》卷七《与范笔山书》，四明丛书本。

[4] 《明史》卷二百八十八《焦竑传》。

[5] 见《献征录》卷首黄汝亨《序》。

[6] 参见《献征录》卷首顾起元《序》。

实录及各种杂传等好几种史料。例如王守仁，《献征录》除收录了王世贞撰《新建伯文成王公守仁传》外，同时还收录了《封爵考》和《耿恭简集》中的有关内容。又，如徐达，除全文收录御制《徐达神道碑》外，又附录了节录的《李氏（续）藏书》。此外像杨士奇，在收录王直《杨文贞公传》的同时，亦收录了陈赏的《东里先生小传》，并注明道："此传专记居家乡行谊"，最后节录《胡子衡庐稿》和《灼艾集》所记相关逸事附于后。这样各种史料相互补充，使一个人的情况完整地呈现于后人。焦竑认为实录尽管存在着"名实相违"，"是非多谬"的地方，[1] 而墓志更是"后之子孙稍有赀力，妄违刻画，盖无不铭之祖父，亦无不美之铭"[2]，但是在具体的史学编纂实践中，他仍是将包括实录在内的官方文献资料和碑刻墓志等视为第一手史料而予以格外的重视，表现他对各种史料相对价值的理解。

焦竑对各种史料具有不同相对价值的理解，在他的《国史经籍志》史部各类小序中得到反映。例如该书卷三杂史类的《小序》便论述说：

> 前志有杂史，盖出纪传、编年之外，而野史者流也。古之天子、诸侯皆有史官，自秦汉罢黜封建，独天子之史存。然或屈而阿世，与贪而曲笔，虚美隐恶，失其常守者有之。于是岩处奇士，偏部短记，随时有作，冀以信己志而矫史官之失者多矣。夫良史如迁，不废群籍，后有作者，以资采拾，奚而不可？但其体制不醇，根据疏浅，甚有收摭鄙细而通于小说者，在善择之而已。

不但指出了所谓"杂史"产生的原因、"杂史"所具有的史料价值以及"杂史"作为史料所存在的种种缺陷，而且指出对于"杂史"的利用关键，在于"善采择之已矣"。

面对当时"改弦易辙则疑于纷更，循途守辙则疑于胶固，野史、家乘则疑于越俎，甲是乙非则疑于聚讼"的史学颓况，怎样处理这些史料

[1] 焦竑：《澹园集》卷五《修史条陈四事议》。
[2] 焦竑：《澹园集》卷四《论史》。

问题呢？根据对于各种史料相对价值的理解，焦竑提出修史中必须要做到“章奏采矣，而又参之时论；志铭收矣，而又核之乡评”，针对各种史料存在的问题综合地予以处理。认为只有这样，才能“伪不胜真，同可为证”，编纂成一部有价值的信史。焦竑这些对于各种史料相对价值理解的理论，应是明代史学中比较有价值的史学思想。

关于焦竑博而精审，追求征实史学思想表现的第二个方面，即对学术渊源的熟稔和重视，其突出地表现在焦竑编纂的《国史经籍志》中。

《国史经籍志》凡 6 卷，在分类上是首列制书类，其他则依照传统分为经、史、子、集四类。此外，各目类之后附有论。所收各书主要采自历代史志书目，不论存亡一并收录。全书之后附录《纠谬》1 卷，驳正《汉书》《隋书》《唐书》《宋史》等正史艺文志，及《唐四库书目》、《崇文总目》、郑樵《艺文略》、晁公武《郡斋读书志》等诸簿册分门的错误。初为国史的编纂而作，后国史事废，其书遂单独板行。

《国史经籍志》在部类厘分上的特点，一是仍晋李充《晋元帝四部目录》以来确立的四分法。但于四部之上首列制书，分有御制、中宫御制、敕修及记注时政诸门类。这是明代孙明传、张萱等校辑《内阁藏书目录》首列圣制以来，文献分类的一个特点。一是采取三级分类，准郑樵《通志・艺文略》例，各项之下又详分子目。一是史部分为十五类，其中时令、食货二项是其他史志不置于史部范围里的内容，表明焦竑史学思想中对社会经济问题的重视。

《国史经籍志》之所以仍采用经、史、子、集的传统四分法，除了它的编纂之初是为明国朝正史所作，必然要受传统正史体例的局限外，也与焦竑本人对学术的思想认识有关。在焦竑看来，《国史经籍志》的编纂“若循《七略》，多寡不均，故谢灵运、任昉悉以（荀）勖例诠书，良谓此也”[1]。认为后来一些欲打破四分之法的尝试，“总不如经、史、子、集之分简而尽，约而且详”。“类聚得体，多寡适均”，应是焦竑采用传统四分法部类图籍的学术出发点。

《国史经籍志》充分体现了焦竑对《汉志》和《隋志》“辨章学术，

---

[1] 焦竑：《国史经籍志》卷首《国史经籍志序》，丛书集成初编本。

考镜源流”学术传统，以及郑樵讲求类例的学术思想的继承和发扬。

在中国古代目录学的发展史上，创立者刘向、刘歆父子著录图籍时所表现出来的“剖次条例，将以辨章学术，考镜源流”的学术精神，在一定程度上，为《汉志》和《隋志》以各部类冠以序说，来阐述所统部类的范围、性质和学术发展脉络的形式继承了下来。但是《隋志》以后的史志却不再继承这种做法，直至焦竑纂《国史经籍志》才再次恢复了这个学术传统，复于每类之后附以小序，说明学术的源流、沿革和发展。

《国史经籍志》各部类的小序，涵有许多学术内容，并且反映出焦竑博洽征实的学术思想。其中很多论述绝不是简单地抄袭成说，而是结合前人和自己的研究，提出对某一学术的新认识。例如其卷二《尚书》类序云：

> 古者言为“尚书”，事为“春秋”，盖左右二史分职之。秦置尚书禁中，通章奏；汉诏命在尚书，主王言，故秦汉因以名官。《七略》曰：“尚书，直言也。”而以为上古之书者，失之矣。始伏生授晁错书二十八篇，汉魏数百年间，诸儒所治仅此耳。至东晋梅赜增多二十五篇，即所称壁藏《书》也。考《汉志》有《古经》十六卷，以其后出，别于经，不以相溷，其慎如此。唐人不能深考，猥以晚晋杂乱之书，定为义疏，而汉魏专门之学遂以苐废。近吴幼清《叙录》一出，乃悉还伏生之旧，而赵子昂、归熙甫之流，各著为书，靡不悬合，盖涣然有当于心。夫古书淆于后人，至不可胜数，其文辞格制之异，固可望而知之也。朱元晦尝深疑之，而未及是正。今学官既有著令，学士大夫往往循习不辨，遂使唐虞三代之遗，掇拾于故老者，尽乱于伪人之手而不觉，可胜惜哉！故于胪列诸家，而特著其事，俟广石渠、白虎之义者，有所考镜焉。

力陈后世流传的《古文尚书》之非而廓清之，其辨章学术的思想于此粲然可见。此外其他如序《易》类时指出：《易》学之中原本“一以象数为宗”，至专以义理的“王弼之说出”，则象数之学“皆为数术之流，而《易》晦矣”，其原因为“繇象无筌蹄可寻，而理则管蠡可测”；序《诗》

类时则曰，与它经不同，“《诗》当以声论”，“以义求者离性远”等，都是经过自己的研究而形成的有一定识见的学术看法。[1]

与焦竑“辨章学术，考镜源流”思想密切相关的是《国史经籍志》中体现的讲求类例的思想。在这一点上，焦竑是郑樵类例思想的追随者，即同样是本着“类例既分，学术自明”的宗旨编纂书录，通过对图籍类例的区分，进而达到探求“学术之源流”的目的，同样是强调书录类例区分的明晦正误对于图籍存亡的影响。例如郑樵说：

> 学之不专者，为书之不明也；书之不明者，为类例之不分也。……士卒之亡者，由部伍之法不明也；书籍之亡者，由类例之法不分也。类例分，则百家九流，各有条理，虽亡而不能亡也。[2]

同样，焦竑也说：

> 《记》有之：“进退有度，出入有局，各司其局。”书之类例亦犹是也。故部分不明则兵乱，类例不立则书亡。[3]

而且焦竑正是本着这种思想，在编纂《国史经籍志》的时候，虽然仍按一般史志的旧例，将图籍析四部诠配，却采用三级分目，于各项之下格外注重子目的划分，从本质上显示出与郑樵历史文献学思想的继承关系。

除了通过对图籍著录的类例区分来“辨章学术，考镜源流”外，焦竑又因感“古今簿录胜劣不同”，多有错误，即使是郑樵这样重类例、有识见的学者，也仍不免有“伦类溷淆，或自蹈之”的错误。[4] 于是焦竑遂在对前人文献分类研究的基础上，撰述了《纠谬》一卷附在《国史经籍志》的后面，在对前人学术源流认识进行批评的同时，也进一步阐述

[1] 焦竑的这些学术观点，在其早年读书和讲学的笔记《焦氏笔乘》（初刻于万历八年）中均有论列，例如该书卷一的《尚书古文》《希夷易说》《驺虞》以及该书卷三的《古诗无叶音》等等。

[2] 郑樵：《通志·校雠略第一》，见《通志略》，上海古籍出版社 1990 年影印本。

[3] 焦竑：《国史经籍志》卷五《史部簿录类序》。

[4] 焦竑：《国史经籍志》卷五《史部簿录类序》。

自己的有关历史文献学的思想，“申明家学之咎也”。对于《纠谬》一书，清代的史学理论家章学诚的评价是：“虽识力不逮郑樵，而整齐有法，去汰裁甚，要亦有可节取者焉。”[1] 在一定程度上表示对焦竑有关学术源流演变思想的认同。

总之，在焦竑生活时代以前的相当一段时期，史学乃至整个学术，基本处于一种虚伪而萎靡不振的状态之中。其中明初的文化专制高压政策、官方提倡的抄袭成书的做法，以及社会经济繁荣、生活安逸舒适和道学末流空谈心性风气的侵蚀等上下因素的交互作用，对于整个社会学术都产生了相当消极的影响。这些影响在史学中的表现主要包括两个方面：一是有“国史”之称的实录失实，原因是统治者出于政治目的的窜改，以及修史制度改变后史官的敷衍与渎职；二是社会中荒诞舛讹、不重考核的野史稗乘大量流行，原因是缙绅士大夫学风虚伪，“束书不观”，以及对市民审美趣味的迎合。其影响所及，即使是一些比较严肃的史学家，如陈建、郑晓及薛应旂等，在他们的史著中也多少不等地存在不加考核地采用野史稗乘传说资料的情况。[2] 但是明初以来的这些史学弊病，到了16世纪中叶，开始受到一些富有责任感的史学家的抨击，并纷纷以自己的史学实践推动史学转向注重考核的健康方向发展，而焦竑正是这些史学家中最重要的史学家之一。尤其焦竑作为当时最风靡的王学思潮的左派思想领袖，他所振臂疾呼宣扬的征实学术思想和对史学颓风的批判，实远非一般拘束一隅的文人所能比肩，因此，焦竑史学思想和实践的更深层的时代意义也正在于此。

附考一　明人对“道统论”的批判

在明代思想史中，首先对象征着思想专制和文化独断的道统论进行挑战的，是创立心学体系的王阳明。王阳明从心学核心理论的立场出发，认为：“道，天下之公道也；学，天下之公学也，非朱子可得而私也，非

[1] 章学诚：《文史通义校注》附《校雠通义》卷二，中华书局1985年版。

[2] Wolfgang Franke, *An Introduction to the Sources of Ming History*, Kuala Lumpur and Singapore: University of Malaya Press, 1968, pp. 6～23.

孔子可得而私也。"[1] 否认程朱等宋儒在儒学思想传承中的地位，认为只有自己的"致良知说"才是"真圣门法眼"，"实千古圣圣相传意识点滴骨血也"。当时对道统论进行批判的还有文学家、史学家祝允明。与王阳明从思想学派之争出发批判道统论不同，祝允明认为在道的传承授受上，汉、唐诸儒的功劳不可没，正是他们对儒家经典的"注之疏之"及"讲明讨究，纂述记载，付畀演绎"，才使儒学不断发展。[2] 李贽对道统论的批判，事实上也是在继承祝允明观点的基础上，从理论上做出发挥的。

附考二　明人对人生问题的思考

从当时哲学发展的情况看，首先是王阳明心学理论中的一些因子对于唯物主义和自然人性论的诱发。王阳明既以心说理，融理于心，就使他理论中作为本体的"心"始终不能摆脱物质性的血肉躯壳，即"心"虽然被划分为"道心"和"人心"，但是在所谓"道心"反对"人心"的同时，又不能不依赖"人心"才能存在，于是形成了整个王学体系的逻辑矛盾。"这样，知、意、觉则已带有人类肉体心理性质而已不是纯粹的逻辑的理了。"于是一方面"从这里，必然发展出'天理即在人欲中'，'理在气中'的唯物主义"；一方面，使"所谓'良知'作为'善良意志'或'道德意识'反而被染上了感性情感色调"，再经王畿到泰州学派，愈益把心学推向感性方向发展，何心隐甚至提出"育欲"说，"坐在利欲胶漆盆中"鼓动众人[3]，走向朱熹所担心的"专言知觉者……其弊或至于认欲为理者有之矣"，而靠近了近代资产阶级的自然人性论。[4] 在这种以肯定人的私欲，"认欲为理"的观念支配下，在评价历史发展的问题上，也就很自然地更强调历史行为的事功结果。其次，除王学及其左派从肯定自然人性的角度强调事功的历史发展意义外，一些笃守程、朱理

---

[1] 王守仁：《王阳明全集》卷三《传习录下》。

[2] 祝允明：《祝子罪知录》卷五。

[3] 参见《何心隐集》卷二和顾宪成《小心斋札记》卷十四。

[4] 参见李泽厚《宋明理学片论》，载《中国古代思想史论》，人民出版社 1986 年版。

学的学者，在社会商品经济繁荣的影响下，也对正统的理学做出修正，在继承张载“气本论”思想的基础上，将对世界基础的理解从抽象超验的“理”移到物质性的“气”上，形成富有唯物主义色彩的世界观，与一些王学学者在思想上殊途同归，同样得出“天理即在人欲中”，“理在气中”的唯物主义人性认识。例如吴廷翰云：“义利原是一物，更无分别，故曰：‘利者，义之和也。’又曰：‘利物足以和义。’盖义之和处即是利，必利物而后义乃和。……然专言义而不知利之为义，则义反失之，而非圣人言义之本旨。《易》曰：‘利用安身。’又曰：‘利用出入。’故舍义而言利者，必有人欲陷溺之危；舍利而言义者，亦无天理自然之安。”“义利亦只是天理，人欲不在天理之外也。‘饮食男女，人之大欲存焉’。日用饮食，男女居室，苟得其道，莫非天理之自然。若寻天理于人欲之外，则是异端之说，离人伦出世界而后可。然岂有此理乎！”[1] 此外像王廷相、罗钦顺、吕坤、朱健等，都提出过类似的思想，可以说都是从这一思想路线出发探讨历史伦理问题的典型代表。

[1] 吴廷翰：《吉斋漫录》卷下，中华书局排印本。

第十章 胡应麟的史学和历史文献学理论

胡应麟（1551—1602 年）字元瑞，号石羊生，又号少室山人，浙江兰溪人。《明史》因学术上的渊源关系，将其事迹附于《王世贞传》下。胡应麟的祖、父皆在朝中担任过下层官员，“名位不甚称”，其中祖父胡富官至礼部主事，父亲胡僖担任过云南副宪。胡应麟本人虽然聪慧异常，仅仅五岁，就父“口授之书辄成诵，见客，客属对辄工”，但是由于他自少年时就“习经生业而心厌之”[1]，总不能全身心地投入于其中，因此自万历四年（1576 年）26 岁中举后，便一直踬于科场，始终未能跻身仕宦之途。然而科场的坎坷并未息泯胡应麟治学的热情，他筑室山中，倾心研读，最终以其渊博的学识和丰富的著述，在有明一代为自己赢得了重要的学术地位并泽惠后人。

第一节 胡应麟的学术特点及著述

《明史·儒林传序》评论明代学术说：“要之，有明诸儒，衍伊、雒

[1] 王世贞：《石羊生传》，胡应麟《少室山房集》卷首，上海古籍出版社影印四库全书本。

之绪言，探性命之奥旨，锱铢或爽，遂启岐趋，袭谬承讹，指归弥远。至专门经训授受源流，则二百七十余年间，未闻以此名家者。经学非汉、唐之精专，性理袭宋、元之糟粕，论者谓科举盛而儒术微，殆其然乎。”[1]尤其是明代中后期以后，“直指本心”“径致良知”的王阳明心学崛起并在士大夫间广泛流行，致使“笃信程、朱，不迁异说者，无复几人矣”。再经“时时不满其师说，益启瞿昙之秘而归之师，盖跻阳明而为禅”，“只是率性，所行纯任自然”的心斋、龙溪等学者的发挥，更走上“非名教之所能羁络”的道路，在促进人们思想解放的同时，也越来越远离了程、朱相对重视知识的思想传统。当然，在当时社会空疏的学术氛围里，仍有一些未随波逐流的学者坚持笃实的学风，以他们的勤勉和博学，为明代的学术增添了不少的光辉，而有“读书种子”之誉的胡应麟就是这些学者中比较重要的一位。[2]

胡应麟最突出的学术特点是淹博与征实。

胡应麟年少时曾得到当时的大文豪王世贞的赏识和提携，所以他对王世贞也极尽推崇之能事，甚至说“诗家之有王世贞，实集大成之尼父”[3]。在这种情绪的影响下，胡应麟的学术必然有意无意受到王世贞的很大影响。客观来看，王世贞对于胡应麟学术的形成，有积极影响也有消极影响。从消极方面讲，王世贞文学上的复古拟古审美趣味，使得胡应麟在文艺主张上沾染浓重的复古拟古的色彩；从积极方面讲，王世贞学术的渊博、征实也促进胡应麟向这方面的学术境界努力。

胡应麟一生无他嗜，唯好读书，王世贞说他“自髫鬌厌薄荣利，于子女、玉帛、声色、狗马、服玩诸好一切泊然，而独其嗜书籍自天性，身先后所购经、史、子、集四万余卷，手钞集录几十之三，分别部类，大都如刘氏《七略》而加详密，筑室三楹贮之”[4]。为了读书，胡应麟几乎是终生在访书、买书、藏书和写书。对于书，胡应麟可以说是达到

[1] 《明史》卷二百八十二《儒林一》。

[2] 《四库全书总目》卷一二三胡应麟《少室山房笔丛》提要云：“朱彝尊称其（胡应麟）不失读书种子，诚公论也。”

[3] 《明史》卷二百八十四《胡应麟传》。

[4] 王世贞：《石羊生传》，胡应麟《少室山房集》卷首。并参见胡应麟《少室山房集》卷八十九《石羊生小传》。

了痴迷的程度，为了搜求到珍籍善本，胡应麟“穷搜委巷，广乞名流，录之故家，求诸绝域，中间解衣缩食，衡虑困心，体肤筋骨靡所不惫”[1]，每到书肆众多的文化都市，则“必停舟缓辙，搜猎其间，小则旬余，大或经月，视家所无有，务尽一方乃已”[2]。以至“时时乞月奉不给，则脱妇簪珥而酬之，又不给，则解衣以继之”，“盖十余岁而尽毁其家以为书”。[3] 这样大约经过近 30 年的搜讨购置，至万历八年（1580年）左右，胡应麟的藏书已达到了四万二千三百八十四卷，“几可与前代等”[4]，其中“书以经类者三千七百余卷，以史类者再倍之，子三倍，集四倍”。为了收藏这些视如生命的书籍，胡应麟专门建构了“二酉山房”，亲自为之编目。[5] 面对一生辛勤搜集的这些图书，胡应麟骄傲地慨叹说：此“不可谓非布衣之幸也”。[6]

广泛专意地搜求、收藏各类历代图籍，为胡应麟的学识打下了坚实的基础。据胡应麟自己所说，他是“大而皇王帝霸之事功，显而贤哲圣神之谟训，曲而稗官野史之记录，葩而墨卿文士之撰述，奥而竺乾柱下之宗旨，亡弗涉其波流，咀其隽永”[7]，涉猎的学术范围不可谓不博，所以在清四库馆臣看来，“明自万历以后，心学横流，儒风大坏，不复以稽古为事”，而“应麟独研索旧文，参校疑义”，“以雄博之才亦颇纵横变化，而不尽为风气所囿”。认为“当嘉、隆之季，学者惟以模仿剽窃为事，而空疏弇陋皆所不免，应麟独能根柢群籍，发为文章，虽颇伤冗杂，而记诵淹博，实亦一时之翘楚矣”。[8] 这样的评论对于极力贬低明代学术的清人来讲，实在是不低的评价了。

除了涉猎广博外，胡应麟的学术还相当征实。胡应麟在谈及自己“尤嗜读书，自所购藏，几等邺架。经史子集，网罗渔猎，时有发明”

[1] 胡应麟：《少室山房笔丛》甲部《经籍会通四》，中华书局 1958 年版。
[2] 胡应麟：《少室山房集》卷九十《二酉山房记》。
[3] 王世贞：《二酉山房记》，《少室山房笔丛》甲部《经籍会通二》附。
[4] 胡应麟：《少室山房集》卷八十三《二酉山房书目序》。
[5] 胡应麟：《少室山房集》卷九十《二酉山房记》。
[6] 胡应麟：《少室山房集》卷八十三《二酉山房书目序》。
[7] 胡应麟：《少室山房集》卷九十《二酉山房记》。
[8] 分见《四库全书总目》集部六《少室山房集》和子部十《少室山房笔丛》提要。

时，曾明确地说自己“不敢以鸿硕自居，不致以空疏自废”[1]。说明胡应麟对于当时空疏学风的警觉与戒惕。胡应麟对那些只以聚书为好，充栋而不知用的虚伪文人提出尖锐批评。他认为他搜购图籍的目的是“以书为用，枕籍揽观”，所以对于那些喜爱的图籍“一旦持归”，便“亟披亟阅”，悉心研读，与那些专好“宋梓直至与古遗墨、法帖”，但“悬赀购访”后，却“束之高阁，经岁而手弗敢触”的人，具有根本上的不同。[2] 按照王世贞的说法，在胡应麟收藏的四万余册图书中，“手钞集录几十之三”，其用功的勤奋，学术态度的诚恳，于此可以窥测一斑。

胡应麟常常感慨当时“文章学问士，弗多见于天下，而空疏谬悠，窃性命以自文其陋”者比比也，其中“冒士之名者，畏恶其能而且自揣其弗能，至乃欲以虚名高之，远宗主静之禅机，近述良知之觚说，以词章为雕饰，以文字为浮华，诗书名物，问之茫然，曰：六经皆注脚也。秦汉君臣，诘之莫对，曰：诸史皆陈编也”，以至“视笔札为仇雠，以载籍为疣赘，标同伐异，造作名字，冥心闭目，树徒扇党，其流相引而不已，其祸循环而无端”，“虽东晋清谈诸君子，且未能揖让其间”。胡应麟认为：“夫士也，艳称于世，非以其稚朴无文，执锄犁、规什一，下同于耕农坐贾也，又非以其浮夸无实，绝文采、屏见闻，窜迹于黄冠梵流也。盖古今言士，自道德事功外，其途辙概有二焉。执事所课文章，所谓学问是已。文章者，上而皇帝王霸之谟，下而神圣贤喆之撰，远之而弥纶宇宙，幽之而感格鬼神，亡弗赖焉。其功用若是大也。士亡贵乎文，即六经咸虚说矣。问学者，上下古今之迹，百家众技之方，礼乐声明事物之烦，鸟兽昆虫草木之细，无弗贯焉。其统括若是备也。士无贵于学，即‘六艺’咸虚文矣。夫文以阐乎学，学以博乎文，二者未始不交相用。”[3] 强调学对于文的意义。

胡应麟学术的另一特点是讲求会通。

胡应麟的学术不仅淹博征实，而且十分讲求学术的会通。他曾批评

[1] 胡应麟：《少室山房集》卷一百十一《与王长公第二书》。
[2] 胡应麟：《少室山房集》卷九十《二酉山房记》。
[3] 胡应麟：《少室山房集》卷一百《策一首》。

郑樵，认为“郑之学术深于探索而短于会通”[1]。可见胡应麟对于会通是看得很重的。由于对于各种学术的广泛涉猎和悉心研读，使胡应麟能够以联系和发展的眼光看待各门学术，从而奠定了胡应麟会通的学术特点。会通既是胡应麟的学术特点，也是胡应麟学术研究的重要方法。以会通的方法考察学术发展，以会通的方法研究各种学术的联系与问题的学术特点，在胡应麟的许多学术批评中都有所体现。例如，以其学术笔记《少室山房笔丛》的内容为例，其中“《经籍会通》四卷，皆论古来藏书存亡聚散之迹”，“《史书占毕》六卷，皆论史事”，“《九流绪论》三卷，皆论子部诸家得失”，“《四部正讹》三卷，皆考证古来伪书”，“《三坟补遗》二卷，专论《竹书纪年》《逸周书》《穆天子传》三种，以补《三坟》之阙”，“《二酉缀遗》三卷，皆采摭小说家言”，“《华阳博议》二卷，皆杂述古来博闻强记之事”，“《庄岳委谈》二卷，皆正俗说之附会”，“《玉壶遐览》四卷，皆论道书”，“《双树幻钞》三卷，皆论内典”，“《丹铅新录》八卷”“《艺林学山》八卷，则专驳杨慎而作”等，皆“征引典籍，极为宏富”，[2] 并以会通的观点和方法找出其中的问题予以探讨，从而使胡应麟的学术研究获得了很丰硕的成果。

史称胡应麟“尤好纂述”，一生在博览会通的基础上撰述了许多学术和文艺著作，是一位多产的学者，38 岁以前便已撰著了 18 种著作，此外还辑集了图籍 6 种，编纂了类书 4 种。其中据胡应麟自叙《石羊生小传》，其所著书有《寓燕》《还越》等集六十余卷，《诗薮》内外杂编二十卷，《笔丛》三十六卷，《丹铅新录》八卷，《艺林学山》八卷，《弇州律选》六卷，“他未行世者：《六经疑义》二卷、《诸子折衷》四卷、《史蕞》十卷、《婺献》十卷、《皇明诗统》三十卷、《皇明律范》十二卷、《明世说》十卷、《古韵考》一卷、《二酉山房书目》六卷、《交游纪略》二卷、《兜玄国志》十卷、《酉阳续俎》十卷、《仝姓名考》十卷；搜辑诸书有《群祖心印》十卷、《方外遐音》十卷、《两司马录》二卷、《考槃集》十卷、《谈剑篇》二卷、《采真游》二卷、《会心语》二卷；类萃诸书有《经籍会通》四十卷、《图书博考》十二卷、《诸子汇编》六十卷、《虞初统

[1] 胡应麟：《少室山房集》卷一百四《读通志略》。
[2] 《四库全书总目》卷一二三胡应麟《少室山房笔丛》提要。

集》五百卷……”等，[1] 而传至今日的则有《少室山房集》120卷、[2]《诗薮》20卷、《少室山房笔丛》48卷及《甲乙剩言》等，这些也是今天研究胡应麟史学思想和历史文献学思想的基本材料。

第二节 胡应麟的史学理论

在胡应麟的著作中，有许多探讨史学理论问题的论述，其中讨论比较集中的有《经籍会通》《史学占毕》《三坟补遗》等，此外还有许多有关史学理论的论述散见于《少室山房集》和《少室山房笔丛》中。在胡应麟论述史学理论的著述中，6卷本的《史学占毕》最有史学价值。“占毕”者，读书也。所谓《史学占毕》，也就是胡应麟读史中对有关史学问题的思考。其内容分为“内篇”、“外篇”、“冗篇”上下、“杂篇”上下等部分，其中内篇专论史学，外篇主要论述史事，冗篇为考史之作，杂篇杂论琐事。可以看出，《史学占毕》很受唐刘知幾《史通》的影响，[3] 但二者又有所不同。作为专门探讨史学问题的论述，这部著作虽然有一定的缺陷，但在某种意义上，也可以看作是从唐代刘知幾的《史通》到清代章学诚的《文史通义》，中国古代史学理论专门著作发展过程中值得一提的一环，因此它在明代史学思想史中所占据的重要地位也就不言而喻了。

第一，胡应麟强调史学主体对于史学的影响，提出“公心”“直笔”二善说，发展了唐刘知幾有关史家应具“才、学、识”三长的史学理论。

---

[1] 胡应麟：《少室山房集》卷八十九《石羊生小传》。

[2] 按：《四库全书》据万历戊午江湛然刊本作《少室山房集》，另外世间流传本亦有作《少室山房类稿》者。

[3] 《史通》行世后，在后来的士人中一直没有得到与其价值相称的地位，虽《永乐大典》“网罗繁富，而独遗是书”（《四库全书总目》卷八十九《史通评释》提要语）。直至明后期，才逐渐出现研究《史通》的热潮，先是陆深于嘉靖十三、十四两年，先后重刊了《史通》并纂述《史通会要》，继而在万历时期又先后出现了张之象刊本、林胡东塘刊本、张鼎思刊本，以及李维桢、郭孔延的《史通通释》和王惟俭的《史通训故》等，这种学术风气必然也影响到了胡应麟，胡氏才有《史学占毕》之作。

胡应麟认为史学著作的高下好坏是因史学的主体决定的，即“举其人而史之得失、文之高下，了然矣”，只要看史著撰述人的品质，史著的良莠也就清楚了。依照这一原则，胡应麟将史书高下好坏分为“圣人之史”“贤人之史”“文人之史”“小人之史”和“北人之史”，它们分别是《尚书》和《春秋》、《礼记》和《左传》、《史记》和《汉书》、《三国志》和《魏书》，以及宋、辽、金三史。应该说，胡应麟强调史学构成的主体在史学中的意义是具有合理因素的，这也是传统史学的优良传统，因为史学本身也是在主客体间矛盾运动的产物，面对客观的历史过程，史学的主体的事实判断和价值判断具有十分重要的意义。问题是以史学的主体作为评价史学的标准，是一个复杂的理论问题。从胡应麟的论述中可以看出，显然他是强调史学主体的价值判断、道德品质，对于史学良莠的影响，而且这种道德品质是以正统的儒家学说为标准的，即“《尚书》，史之善善者也；《春秋》，史之恶恶者也”，所以他才有所谓“圣人之史”“贤人之史”“文人之史”“小人之史”和“北人之史”的区分（所谓“北人之史”在胡应麟的观念中也就是“夷狄之史”），这样也就给胡应麟的这种史学思想的价值打了很大的折扣。

当然，胡应麟对史学主体道德品质的注重并不完全是消极的。也正是胡应麟强调史学主体的道德品质对于史著高下良莠的重要影响，所以他在整个史学理论的体系中便格外注重对于史学家素养中道德意识的探讨，其中，他所提出的“公心”说和“直笔”说，在中国传统史学理论的发展中占有相当重要的地位。对此，胡应麟是这样论述的：

> 才、学、识三长足尽史乎？未也！有公心焉、直笔焉。五者兼之，仲尼是也。董狐、南史，制作亡征，维公与直，庶几尽矣。秦汉而下，三长不乏，二善靡闻。左、马恢恢，差无异说；班《书》、陈《志》，金粟交关；沈《传》、裴《略》，家门互易。史乎？史乎？[1]

这里胡应麟明确提出，刘知幾的“才、学、识”史家三长说，并不足以

---

[1] 胡应麟：《少室山房笔丛》乙部《史学占毕一》。

概括史学主体的全部素养。除“三长”之外，作为一个史学家来说，还应该具有“二善”，只有“五者兼之”，才能达到史家的最高境界，成为孔子那样的真正史家。但是自秦汉以来，具有“三长”的史家很多，具备公心、直笔“二善”的史家却寥寥无几。在胡应麟看来，历史上董狐、南史可以说是“二善”俱备的史家，左丘明、司马迁也基本上做到了“二善”，至于班固“受金始书”、陈寿“借米而方传”、沈约与裴子野二人亦因有以“家门互易”而“休文释纷”的事，则其所撰之史也不无私心曲笔之嫌。[1]

那么所谓“公心”与“直笔”这两个范畴间存在着怎样的关系呢？胡应麟继续分析道：

> 直则公，公则直，胡以别也？而或有不尽符焉。张汤、杜周之酷，附见他传，公矣，而笔不能无曲也；裴松、沈璞之文，相讦一时，直矣，而心不能无私也。

按照胡应麟的观点，“公心”与“直笔”是既有联系又有区别的两个范畴，“或有不尽符焉”。也就是说直笔并不一定是出于公心；出于公心的历史撰述，也不一定采取直笔的表述形式。例如司马迁的《史记·酷吏列传》并没有直书“张汤、杜周之酷”，而是将他们残酷的事迹“附见他传”，在史书的其他部分的叙述里，曲折地揭露出二人的酷行，而这种做法“公矣，而笔不能无曲也”，事实上是不能不有曲笔之嫌的。此外，据《南史·裴子野传》载：“子野曾祖松之，宋元嘉中受诏续修何承天《宋史》，未成而卒。子野常欲继成先业。及永明末，沈约所撰《宋书》称‘松之后无闻焉’。子野更撰为《宋略》二十卷，其叙事评论多善，而云：‘戮淮南太守沈璞（沈约之父），以其不从义师故也。’约惧，徒跣谢之，请两释焉。”对此胡应麟认为：沈约、裴子野的记述都是对事实的直书，但是二人直书的出发点却都是出于各自的私心，所以“裴松、沈璞之文，相讦一时，直矣，而心不能无私也”。胡应麟认为“公心”与“直笔”二者兼具是很难的。

---

[1] 刘知幾：《史通》卷七《曲笔》。

怎样才能做到公心与直笔“二善”呢？胡应麟提出了一个“尽”的概念。胡应麟说：

> 夫直有未尽，则心虽公犹私也；公有未尽，则笔虽直犹曲也。其圣人乎？彼子西不害其为公，礼昭公无损其为直。[1]

认为史学家只有在公心与直笔这两方面都做到“尽”，即尽公心以下直笔，尽直笔以申公心，“二善”俱备，才可达到史学家素养的最高境界，撰写出信史。胡应麟举例说，“仲尼谓臧孙不仁三、不智三。然春秋世远出文仲下者，夫子亟称也，而以文仲之贤而弗为少讳”，这种做法在一般人看来，是一种苛求。但是胡应麟却认为，对此“未可以浅近论也”，因为公心与直笔是史学家的素养，更是史学家的责任。所以胡应麟慨叹说：“甚矣，史之不易也！寸管之搜罗，宇宙备焉，非以万人之识为一人之识不可也。只词之褒贬，天壤流焉，非以万人之衷为一人之衷不可也。”史学家的责任要求他必须通过自己的撰述表达“万人之衷”的公是公非。由于对历史事实做出道德判断是非常困难的，所以胡应麟认为当代史的撰述更为困难，这是因为“史百代者，搜罗放轶，难矣，而其实易也；史一代者，耳目见闻，易也，而其实难也，予夺褒贬之权异也”。[2] 而孔子之《春秋》所以“其圣人乎”，为圣人之史，也正是因为“彼子西不害其为公，礼昭公无损其为直”矣。因此胡应麟提出的“尽公心、尽直笔”的史学思想是史学家一个很高的学术和思想的境界。

胡应麟提出“公心”和“直笔”的史学理论，在当时既具有理论意义，也具有时代意义。从时代意义讲，胡应麟提出“公心”和“直笔”的史学理论，突出地强调史学主体所必须承担的求真与求善的崇高职责及与之有关的素养等问题，是有深刻时代背景的。

明前期以来，史学的发展一直颓败不振，造成这种局面的原因很多，其中，一是明初以来统治阶级一直实行的严厉的文化专制；二是理学极

[1] 胡应麟：《少室山房笔丛》乙部《史学占毕一》。按：上海书店出版社横排标点本“礼昭公无损其直”句中“昭公”作“哀”公。

[2] 以上论述的引文均见胡应麟《少室山房笔丛》乙部《史学占毕一》。

端发展的消极影响；三是明廷修史制度的疏漏、统治者对实录的篡改以及修史官员的不负责任，借修史“私好恶焉”；四是官绅与市民阶层喜欢猎奇的文化情趣对于史学发展带来的负面影响。明代史学发展的这种情况，到了明代后期，开始受到人们的批判，并且起而著文疾呼维护史学的严肃性和客观性，从而形成史学发展中的重要思潮倾向。其中胡应麟所最推崇的学者王世贞，就是推动这股史学思潮的主将。对于当时史学颓况，王世贞一再提出尖锐的批评，表示他对史学将失去求真求善品质发展命运的担忧。[1] 从王世贞对当时史学批判的内容可以看出，造成当时史学颓况的一个重要原因，就是以一己之私，破坏史学的万世之公，失去了史学本身求真求善的学术特质。当代史学发展的失范，促使史学家展开积极的理论思考。胡应麟之所以提出“公心”说和“直笔”说，也正是处在当时黜虚征实、维护史学严肃性客观性之史学思潮中，优秀史学家进行理论思考的产物。

从传统史学理论的发展讲，胡应麟所提出的“公心”“直笔”的理论，既是对刘知幾及其以后有关史学主体素养论述的发展，也是后来清代章学诚提出有关“史德”说的理论前奏。

根据《唐会要》卷六十三《史馆上·修史官》条和《旧唐书·刘子玄传》所记载的刘知幾对“史家三长”说，以及《史通》中的《直书》《曲笔》等篇章的论述内容来看，刘知幾实际已经触及了史学家的品质素养或“史德”的问题，但是刘知幾相关的论述仍存在很大的局限。这些局限的表现：一是没有将史德的问题作为一个独立的史学理论范畴明确提出；二是仅仅单纯地探讨直书和曲笔的问题，而没有像胡应麟那样，将直书与作史者的心术结合在一起探讨，明确提出“公心”及以“万人之衷”为己衷的问题，甚至仍强调“臣子所书，君父是党，虽事乖正直，而理合名教”，及“史氏有事涉君亲，必言多隐讳，直道不足，而名教存焉”，为了维护名教可以牺牲史学求真的原则等。刘知幾之后，受当时流行的理学心性之学的影响，元代史家揭傒斯开始提出史学家的“心术”

---

[1] 如王世贞在《弇山堂别集》卷二十《史乘考误》的小序中称：“国史之失职，未有甚于我朝者也。”在《弇州山人四部稿》卷一百十六《国史策》中说：“明兴，其治统政化人才卓然越百世，而于史抑何湮略弗振也？”

问题。《元史》卷一百八十一本传载：当揭傒斯作为修辽、金、宋三史总裁官，回答时相“修史以何为本”的问题时，揭氏认为应以“用人为本”。而所用之人的条件，除了要“有学问文章知史事”外，更重要的是“以心术为本”，“心术不正者不可与”。这里所提出的讲求史学家“心术”的观点，虽然丰富了刘知幾有关史学主体自身素养的理论，但是阐述的仍然不够明确，在这个意义上，胡应麟从整个史学家自身素养的完整性出发，明确提出的“才、学、识三长足尽史乎？未也！有公心焉、有直笔焉，五者兼之，仲尼是也”，并且提出“尽”的概念作为衡量公心与直笔的标准，应是对传统史学理论的一个重要贡献，其既是对刘知幾有关史家素养论述的继承，也是后来清代章学诚提出“慎辨于天人之际，尽其天而不益以人”的史德之说的理论前导。

第二，在前人论述的基础上，胡应麟对历史表述文字繁简的问题，做了进一步的理论阐述，提出繁与简的标准是相对的，史文表述应力求做到“简者约而该，繁者赡而整”的史学理论。

中国古代史学史中，对于史著表述文字的繁简，很早就有争论。例如西晋的张辅就曾著文，举出班固《汉书》有五个方面不如司马迁《史记》，其中第一个方面就是“迁之著述，辞约而事举，叙三千年事唯五十万言；班固叙二百年事乃八十万言，繁省不同，不如迁一也”。至唐刘知幾著《史通》，更专以史文的繁简，立《烦省》专篇来论述这一问题。文中刘知幾表示不同意以史著包容的历史长短与卷帙的丰约作为衡量其优劣的尺度，认为：一、“远略近详”，后世史书繁于前代，是“势使之然”，即历史发展的必然结果；二、不能简单地以史书文字的繁简定优劣，关键要看史书的撰述是否有“妄载”和“阙书”，“必量世事之厚薄，限篇第以多少”，[1] 视历史事实来定表述文字的繁省多寡。正是在刘知幾论述的基础上，胡应麟对史书表述繁简的问题又做出了进一步的探讨。

首先，胡应麟对繁简的概念又做了更明确的说明，指出：

史恶繁而尚简，素矣。曷谓繁？丛脞冗阘之谓也，非文多之谓

[1] 刘知幾：《史通》卷九《烦省》。

也。曷谓简？峻洁谨严之谓也，非文寡之谓也。[1]

这样，胡应麟就较之刘知幾对有关史文繁简的论述有了更为明确的说明。而在此观点上，胡应麟进一步下结论说："故文之繁简可以定史之优劣，而尚有不必然也。较卷轴之轻重，计年代之远近，纰乎论哉！"批驳了晋张辅等人的观点。

其次，胡应麟指出了史文繁与简在表述过程中的相对性。

胡应麟虽然认为"文之繁简可以定史之优劣"，而且"史恶繁而尚简素矣"，但是他仍坚持认为，在具体的表述中，史文的繁与简必须视记述的情况来确定，而且表述的繁与简也各有得失。胡应麟说：

简之胜繁，以简之得者论也；繁之逊简，以繁之失者论也。要各有攸当焉。繁之得者遇简之得者，则简胜；简之失者遇繁之得者，则繁胜。执是以论繁简，庶几乎？[2]

那么怎样把握表述之繁与简的度呢？胡应麟提出了一个"合作"的概念。对此他论述说：

合作，则简者约而该，繁者赡而整；不合作，则繁者猥而冗，简者涩而枯。

这就是说，决不能简单地以表述文字的繁与简遽评史书的优劣，关键要看表述的内容是否需要，表述的形式是否有所不同。表述文字的繁简是依据所表述的内容、角度以及形式来确定的，尤其不能以不同史书对同一事件记述的繁简遽定史书的优劣。所以胡应麟说："昔人谓《史记》不如《左传》，《左传》不如《檀弓》，似也。而以一事之繁简，定三氏之差等，则非也。夫文固有简者不必工，而繁者不必拙，夫工与拙可以较等差，而较之乎一事，吾犹弗敢也"。胡应麟认为，只有"矧一事之繁简

[1] 胡应麟：《少室山房笔丛》乙部《史书占毕一》。
[2] 胡应麟：《少室山房笔丛》乙部《史书占毕一》。

也，举其全、挈其大、齐其本、揣其末”，才“可与言古人矣”，做出对于古人所著书优劣的评价。[1] 依据这种史学的繁简观，胡应麟对许多史著进行了评议。例如他评议新、旧《唐书》云：

> 崆峒氏云：欧阳人虽名世，《唐书》新靡加，故今之识者购故而废新。此责备庐陵语也。杨用修遂剧骂《新书》，以远出《旧唐》下。余不敏，未敢谓然。《新书》虽耽尚奇僻，其气法劲悍，犹足成一家言。第律之史笔，当行不无三舍耳。《旧唐》叙事委缛，间有足称，而猥俚之词、冗茶之调，旁午简编，果出《新唐》上否耶？故余尝谓：史畏繁，而繁若《后汉》可也，《旧唐》不可也；史贵简，而简若《三国》可也，《新唐》不可也，二书者两存之，备考可也，举一而废一不可也。[2]

所以胡应麟说，“谓《后汉书》之文不若《三国志》之质也，是不知质胜则野之说者也。谓《新唐书》之简不若《旧唐书》之赡也，是不知赡而不秽之说者也”。[3] 而理想的繁简应是“简者约而该，繁者赡而整”，否则要么就会“猥而冗”，要么就会“涩而枯”。此外，胡应麟认为史著的文字繁简不仅与内容有关，而且还与史著表述的艺术性有关，例如他举《史记》和《汉书》的文字表述为例，说明文字繁简与艺术效果的辩证关系曰：“子长叙事喜驰骋，故其词芜蔓者多，谓繁于孟坚可也，然而胜孟坚者，以其驰骋也；孟坚叙事尚剪裁，故其词芜蔓者寡，谓简于子长可也，然而逊子长者，以其剪裁也。”[4] 因此史文表述的繁简，必须结合表述的内容和艺术效果辩证地加以考虑。

再次，胡应麟提出，对于前人著述的批评务必要以“务成曩美，毋薄前修”的客观态度的史学批评观。

与后来清章学诚“论古必恕”的史学批评观近似，胡应麟曾提出

---

[1] 以上引文见胡应麟《少室山房笔丛》乙部《史学占毕一》。

[2] 胡应麟：《少室山房集》卷一百一《读新旧唐书》。

[3] 胡应麟：《少室山房笔丛》乙部《史学占毕一》。

[4] 胡应麟：《少室山房笔丛》乙部《史学占毕一》。

“务成曩美，毋薄前修”的史学批评思想。胡应麟一生博极群书，深知学问之道不易，“古今博洽蔑能相兼”，尤其是“诸史之文，汪洋浩瀚”，史家限于材质，所专不一，而“史之繁重而难悉者”，又“莫大于诸志”，[1] 因此一再强调评史决不可轻诃前人，而应依据具体情况，辨析其中的具体原因。胡应麟说：

> 读书大患，在好诋诃昔人。夫智者千虑，必有一失，昔人所见，岂必皆长？第文字烟埃，纪籍渊薮，引用出处，时或参商，意义重轻，各有权度；加以鲁鱼亥豕，讹谬万端。凡遇此类，当博稽典故，细绎旨归，统会殊文，厘正脱简，务成曩美，毋薄前修，力求弗合，各申己见可也。今偶睹一斑，便为奇货，恐后视今，犹今视昔矣。[2]

所以胡应麟认为，每当“昔人之说有当于吾心，务著其出处而韪之；亡当吾心，务审其是非而驳之”。重要的是“毋先入，毋迁怒，毋作好，毋狥名”，这样才是“称物之衡，而尚论之极也”。[3] 综合胡应麟在论史文繁简时提出的“矧一事之繁简也，举其全、挈其大、齐其本、揣其末，可与言古人矣”的观点，便可以得出胡应麟对于史学批评的基本思想：一、切不可轻率地批评古人；二、对古人著述的批评绝不可先入为主，绝不可以主观情绪代替理智，绝不可为引起他人的注意而哗众取宠；三、对古人著述的批评应当实事求是，要全面地看待问题，从大处或主要方面来看待问题、分析问题，从古人的立场设身处地地思考和分析问题。在胡应麟看来，只有做到这三个方面，才能“与言古人矣”，讨论古人史著的问题。所以胡应麟说：“文之难在赋，似矣，而出于魏收之口则私也；史之难在志，似矣，而出于郑樵之口则私也。收以赋恫喝温、邢，然以左、马较相如，则文不必赋；樵以志揶揄陈、范，然以晔、寿方沈约，则史有不必志，而收之能赋、樵之能志与否，吾未暇辨也，夫迁之

[1] 胡应麟：《少室山房笔丛》庚部《华阳博议上》。
[2] 胡应麟：《少室山房笔丛》庚部《华阳博议下》。
[3] 胡应麟：《少室山房笔丛》庚部《华阳博议下》。

赋不见于《艺文志》，晔之志不曰以法未终乎？要不必以此论也。”[1] 不从实际全面地考察，仅仅局限于某一方面的片面认识，是不会得出客观结论的。总之，胡应麟认为“凡著述最忌成心，成心著于胸中，则颠倒是非，虽丘山之钜、目睫之近，有蔽不自知者”[2]。

正是本着“务成曩美，毋薄前修，力求弗合，各申己见可也”的史学批评思想，胡应麟对许多史学著作进行了评论。其中虽有批评不当之处，但是仍可以看出，他确实是在尽量地揣量实情。例如，胡应麟批评历史上那些不满陈寿《三国志》对诸葛亮所谓“将略非所长”的评价，认为提出这些批评的人是“皆不详核传文之颠末，且不知寿之所处何时，而托摭片言以藉口者也”。胡应麟明确地指出：“史氏之言不可不详其颠末也”，即置身于史家撰述的具体情况考量作者之所以这样做的原因。他指出：“寿之志三国也，天下统于晋矣”，“寿于斯时，虽蜀之遗民，而实晋之编户也”，在这种情况下，陈寿怎么能“抗节首阳，不食晋粟，作蜀汉先朝之史以彰直笔，而死生利害一置无心”呢？胡应麟说：“夫寿之成书，列传百数，吾悉取而读之矣，体存简质，词绝浮蔓，即昭烈、魏、吴，寥寥纪述，独武乡一传，纡徐郁茂，备极敷扬”，以至“连篇累牍，极其揄扬而弗能自已”，然而后人仅仅捃拾其“将略非所长”一句，置“全文漠然不考，又往往不省其著作之时，讳避之体，而讥弹一辙，不惟上负前人叙述之素心，而贻累武乡之盛德”矣。[3] 又如针对郑樵“诮班孟坚汉武以前尽窃司马迁书不以为惭”的观点，胡应麟认为“此不足为班病”。胡应麟分析各书成书的情况说：“子长于《左传》《国策》固有全录旧文者，要在各成厥体耳。”至于郑樵自己“作《通志》，《礼略》全袭《通典》，《艺文略》率本《唐书》，亦以来后人之讪”，但是“第中间考索精到处，真有汉唐议论未及者”，同样是“不可诬也”。[4] 因此胡应麟一再强调：“凡著述最忌成心，成心著于胸中，则颠倒是非，虽丘山之钜、目睫之近，有蔽不自知者。”

---

[1] 胡应麟：《少室山房笔丛》乙部《史学占毕一》。

[2] 胡应麟：《少室山房笔丛》甲部《经籍会通二》。

[3] 见胡应麟《少室山房集》卷九十八《陈寿上》和《陈寿下》。

[4] 胡应麟：《少室山房笔丛》甲部《经籍会通二》。

此外，胡应麟还对许多史学问题提出了自己的观点，这些观点主要包括：一、“史非专不可”；二、“经籍不可无志”。

“史非专不可”的观点，实质也是对唐刘知幾相应观点的继承和发展。其中胡应麟所说的“司马、班氏，人自为史，其史也，史百代而有余；司马、班氏，合而为史，其史也，史一代而不足”的观点，以及“夫李延寿尝与修诸史矣，胡以弗《南（史）》《北（史）》若也？夫欧阳修尝与修《唐书》矣，胡以弗《五代（史）》如也，斯独任之衡也”，是对刘知幾主张“独断”之学观点的继承。但是胡应麟关于“诸史之文，汪洋浩瀚，材质所诣，咸自名家，有博于正史者，有博于杂史者，有博于古史者，有博于今史者”；“史之繁重而难悉者，莫大于诸志，诸志之中，又有博于星历者、方舆者、氏族者、职官者、礼乐者、刑法者、钱赋者、艺文者”，[1] 而至于唐初官修诸史中，“独《晋》《隋》群彦所修，而《晋史》大为猥杂，《隋史》差自精详，以委任异宜，才用乖协故也”，至于“用颜师古等于纪、传，用李淳风等于表、志，唐任人可法者也，而不必尽论其书也；欧阳（修）疏于事而表、志，子京（宋祁）僻于文而纪、传，宋任人可监者也，而不必尽论其书也，斯各任之准也”等史尚专家、委任相宜、才用相协的观点，[2] 则又是对刘知幾“独断”观点的发展。同时，与“史非专不可”的观点有关的，是胡应麟指出唐以前和以后修史制度的历史变化对史学发展影响的分析，其中胡应麟说：

> 唐而前之为史者，其人轻而其史重；宋而下之为史者，其人重而其史轻。其人轻也而史重，则轻者因以重；其人重也而史轻，则重者因以轻。然以左、迁生唐、宋，亦不能为《春秋》《史记》也，而唐、宋史大弗类，则以时乏左丘、马迁故也。

又说：

> 唐以前，史之人一而其业精，故史无弗成而无弗善；唐以后，

---

[1] 胡应麟：《少室山房笔丛》庚部《华阳博议上》。

[2] 以上引文均见胡应麟《少室山房笔丛》乙部《史学占毕一》。

史之人二而其任重，故史有弗善而无弗成；唐之时，史之人杂而其秩轻，其责小而其谤巨，故作者不必成，成者不必善。刘知幾之启萧相，韩吏部之答柳州，噫，可想矣！[1]

这里胡应麟将史职与所修之史的“成”和“善”结合起来考察，认为史有虽然完成却不精善和虽未完成但所完成部分却精且善两种情况。认为唐以前居史职之位者和热爱史学并且有史学才能者是一致的，故虽职秩低而史则只有没完成的情况却不会出现敷衍精疏的情况；但是唐以后居史职者多是充位之人，故职秩虽高，但完成的史著却多是不精善之作，尤其是唐代，“史之人杂而其秩轻，其责小而其谤巨”，人人畏葸，故人人充位敷衍，史既无成，而成者也不可能精善。因此胡应麟认为，史与职、人与任必须一致，才能使史“成且善”。这也是胡应麟“史非专不可”思想的有机部分。

关于“经籍不可无志”的观点，是胡应麟与刘知幾不同的地方。刘知幾《史通·书志第八》称：“但自史之立志，非复一门，其理有不安，多从沿革。唯艺文一体，古今是同，详求厥义，未见其可。愚谓凡撰志者，宜除此篇。”但是胡应麟于史学最重经籍，其所撰述的《经籍会通》等都是有关经籍的著述，深知经籍对于文化史研究的重要，所以他对刘知幾的这种观点深不以为然，他说：“刘《史通》论史诸体甚核，独论表、志甚疏，郑渔仲（樵）所以讥范晔也。”[2] 对此胡应麟详细地论述其理由说：

原夫艺文之为志也，虽义例仍乎前史，实纪述咸本当时。往代之书，存没非此无以考；今代之蓄，多寡非此无以征。故魏晋迭兴，盛衰迥绝，齐梁接踵，贮积悬殊。且前人制作，世日以寡；后人著述，世日以增。遍读历朝诸志，卷轴简编，靡有同者。粤自晋唐而下，懿君贤弼，亡弗究心，考文大典，意在斯乎！刘知幾《史通》，以为附赘悬疣，雷同一律，而大讥《隋史》之非，此疏卤之谭，匪

[1] 以上引文均见胡应麟《少室山房笔丛》乙部《史学占毕一》。
[2] 胡应麟：《少室山房笔丛》甲部《经籍会通三》自注。

综核之论。即《后汉》一书，艺文无志，而东京一代典籍茫然，他可概矣。[1]

认为著录经籍的诸史《艺文志》，虽然是“义例仍乎前史”，反映的却是当时经籍存佚的情况，故一代艺文无志，则一代典籍茫然无考。因此胡应麟说：“经籍，朝廷之大典，累朝人主，无不究心，岂容无志！”[2] 非常明确地表明“经籍不可无志”的史学观点。

第三节　胡应麟的历史文献学理论

胡应麟史学中更突出的是他的历史文献学理论。

如上所述，胡应麟一生几乎倾其所有及毕生精力，致力于搜访、辑录和研究图籍，在他传世的著作里，“《经籍会通》四卷，皆论古来藏书存亡聚散”，“《九流绪论》三卷，皆论子部诸家得失”，“《四部正讹》三卷，皆考证古来伪书”，“《三坟补遗》二卷，专论《竹书纪年》《逸周书》《穆天子传》三种，以补《三坟》之阙”，“《玉壶遐览》四卷，皆论道书”，“《双树幻钞》三卷，皆论内典”，“《丹铅新录》八卷，《艺林学山》八卷，则专驳杨慎而作”等，都是与历史文献有关的著作。博洽的学识和丰富的文献学实践，为胡应麟历史文献学理论的提出，奠定了坚实的基础。

胡应麟有关历史文献学的实践与理论的内容十分丰富，其要点大致包括：一、关于历史文献存亡聚散的思想理论；二、关于历史文献分类、著录的思想理论；三、关于历史文献辨伪的思想理论等几个方面。

关于历史文献存亡聚散的思想理论　胡应麟关于历史文献存亡聚散情况的总的认识及理论，主要集中在其《经籍会通》中。这是充分反映胡应麟对于经籍文献发展通识的著作。《经籍会通》共 4 卷，分别论述了经籍发展的四个问题，其中篇第及内容是：

---

[1] 胡应麟：《少室山房笔丛》甲部《经籍会通三》。
[2] 胡应麟：《少室山房笔丛》甲部《经籍会通四》。

——“坟籍之始，肇自羲黄，盛于周汉，衍于梁晋，极于隋唐。一烬于秦，再厄于莽，三灾于绎，四荡于巢。宋氏旁求，力倍功半，元人不缉，事轶言淹，聚散废兴，概可见矣。述源流第一。”

——“经史子集，区分为四，九流百氏，咸类附焉，一定之体也。第时代盛衰，制作繁简，分门建例，往往各殊。唐宋以还，始定于一。今稍掇拾诸家，撮其大略，以著于篇，述类例第二。”

——“古书历世，兵革洊更，间有残篇裂简，仅以空名，寓于载籍。缉录之家，存而不论，博雅之流，论而不议，钓奇之士，顾有取焉，编摩之暇，辨驳诬谬，联络遗亡，与癖古者共之，述遗轶第三。”

——“古今坟籍，梗概略陈，然率综核陈编，未遑近迹。余九龄入燕，往来吴越垂三十载，涉历宾游，睉言鄙事，时有足存，辄缀大都，附于简末，后之博雅，征求故实，万一在焉，述见闻第四。”

可以看出，《经籍会通》讨论的这些内容及次第，从历史文献的源流到历史文献的分类，到历史文献的存佚流布，再到自己有关历史文献的亲身见闻，完整地构成了一部历史文献发展史的概论。胡应麟有关历史文献的论述，表现出了一定的历史发展意识。例如胡应麟认为，上古文字之所以流传至少，“良由洪荒始判，楮墨未遑，竹简韦编，既非易致，灵文秘检，又率难窥，重以祖龙烈焰，煨尽之中，仅存一线”，同时“古文峻洁”，“亡资藻饰，故卷之不盈篋笥”，直至“春秋而降，诸子百家兴而道术离；楚汉以还，骚人才士作而文学盛”，文籍才日渐增加，故那些“以皋、夔、稷、契何书可读”，否定上古有文献存在的观点是错误的。[1] 胡应麟还说：“今人事事不如古，固也，亦有事什而功百者，书籍是已。三代漆文竹简，冗重艰难，不可名状。秦汉以还，浸知钞录，楮墨之功，简约轻省，数倍前矣。然自汉至唐，犹用卷轴，卷必重装，一纸表里，常兼数番，且每读一卷，或每检一事，细阅展舒，甚为繁数，收集整比，弥费辛勤。至唐末宋初，钞录一变而为印摹，卷轴一变而为书册，易成难毁，节费便藏，四善具焉。溯而上之，至于漆书竹简，不但什百，而且千万矣。士生三代后，此类未为不厚幸也。”[2] 胡应麟这

[1] 胡应麟：《少室山房笔丛》甲部《经籍会通四》。

[2] 胡应麟：《少室山房笔丛》甲部《经籍会通四》。

些有关文化的发展意识，对于他有关历史文献学的思想有重要意义。

关于古今图籍文献的聚散亡佚，隋代的牛弘曾概括为“五厄”，即：“秦火为一厄，王莽之乱为一厄，汉末为一厄，永嘉南渡为一厄，周师入郢为一厄。”胡应麟则接续牛弘之说，进一步概括为“十厄”，曰：“然则书自六朝之后，复有‘五厄’：大业一也，天宝二也，广明三也，靖康四也，绍定五也，通前为‘十厄’矣。”除此之外，胡应麟还认为“古今书籍盛聚之时、大厄之会，各有八焉，春秋也、西汉也、萧梁也、隋文也、开元也、太和也、庆历也、淳熙也，皆盛聚之时也。祖龙也、新莽也、萧绎也、隋炀也、安史也、黄巢也、金人也、元季也，皆大厄之会也”。因此胡应麟将“图籍之废兴”上升到政治的高度来认识，认为其乃关系国家气运兴衰之事，“岂小小哉”！绝不可小觑。[1]

关于历史文献分类、著录的思想理论 胡应麟认为历史文献的发展是个由单一到多样、由简单到复杂的动态过程，即：“凡经籍缘起皆至简也，而其卒归至繁。”[2] 对于这一规律，胡应麟曾在专论历史文献分类的《经籍会通二》的开篇中，针对四部分类的形成分析说：

> 夏、商以前，经即史也，《尚书》《春秋》是已。至汉而人不任经矣，于是乎作史继之。魏、晋其业浸微，而其书浸盛，史遂析而别于经，而经之名，禅于佛老矣。周、秦之际，子即集也，孟轲、荀况是已。至汉而人不专子矣，于是乎有集继之，唐、宋其体愈备，而其制愈繁，子遂折而入于集，而子之体夷于诗、骚矣。

认为在上古之时，历史文献并没有什么经、史、子、集的四部之分，以四部分类的文献典籍都是文化发展的结果。

除四部分类的逐渐形成外，胡应麟还以《汉书·艺文志》为例，分析了其所谓儒、道、墨、名、法、杂、农、阴阳、纵横、小说等九流在历史发展中的分衍流变及其原因，胡应麟认为《汉书·艺文志》于“道家外别出神仙、房中，阴阳外别出天文、五行，纵横外别出兵家，而兵

[1] 胡应麟：《少室山房笔丛》甲部《经籍会通一》。又牛弘所论详见《隋书·牛弘传》。
[2] 胡应麟：《少室山房笔丛》甲部《经籍会通二》。

调整。例如上述胡应麟对子部分类的重新划分就是这种目录学思想的体现。此外，胡应麟还提出在四部之外附设别录。胡应麟认为“类书有数种”，有“近于集”者，有“邻于史”者，有“间涉于经”者，因此“专以属之子部恐亦未安”，所以胡应麟主张“别录‘二藏’及‘赝古书’及‘类书’为一部，附四大部之末”，以使各部类著录的图籍内容更加明确，学术源流更加清晰。这些都是很有价值的历史文献学思想。

关于历史文献辨伪的思想理论 胡应麟历史文献思想中最具有学术价值的是他有关文献辨伪的理论。清代龚自珍曾说：“有明中叶，嘉靖及万历之世，朝政不纲，而江左承平，斗米七钱。士大夫多暇日，以科名归养望者，风气渊雅，其故家巨族谱系多闻人，或刜一书，或刻一帖，其小小异同，小小源流，动成掌故。使倥偬拮据，朝野骚然之世，闻其逸事而慕之，揽其片楮而芳芬恻悱。”[1] 说明当时受日益发展的社会经济影响下的缙绅及市民文化情趣和氛围。其影响所及，好事的文人造伪以欺世盗名，书贾亦迎合世人心理造伪以盈利，致使书肆间伪书充斥，真伪难辨。在这种情况下，总结辨别历史文献中伪作的经验与理论，很自然地成了历史文献研究的重要内容。胡应麟富于藏书，见多识广，不仅具有丰富的版本知识，而且熟稔不同的学术源流，这些都为他的辨伪实践和理论提供了重要的基础。

胡应麟对于历史文献辨伪的理论总结，主要集中在他的《四部正讹》一书中。该书对于伪书的种类、伪书的分布以及考辨伪书的方法等都做出了全面、系统的研究和阐述，在历史文献学研究的历史上，具有重要的地位。

通过研究，胡应麟将历史上的伪书分类归纳为十几种情况：一、“有伪作于前代而世率知之者”；二、“有伪作于近代而世反惑之者”；三、“有掇古人之事而伪者”；四、“有挟古人之文而伪者”；五、“有传古人之名而伪者”；六、“有蹈古书之名而伪者”；七、“有惮于自名而伪者”；八、“有耻于自名而伪者”；九、“有袭取于人而伪者”；十、“有假重于人而伪者”；十一、“有恶其人，伪以祸之者”；十二、“有恶其人，伪以诬之者”；十三、“有本非伪，人托之而伪者”；十四、“有书本伪，人补之

[1] 龚自珍：《龚自珍全集》第三辑《江左小辨序》，上海人民出版社 1975 年版。

而益伪者”。除此之外，胡应麟辨析传世的图籍中，又有伪而非伪者、有非伪而曰伪者、有非伪而实伪者、有当时知其伪而后世弗传者、有当时记其伪而后人弗悟者、有本无撰人后人因近似而伪托者、有本有撰人后人因亡逸而伪题者等等情况。

胡应麟还总结了伪书在“四部”中的分布情况，他说：

> 凡四部书之伪者，子为盛，经次之，史又次之，集差寡。凡经之伪，《易》为盛，纬候次之。凡史之伪，杂传记为盛，琐说次之。凡子之伪，道为盛，兵及诸家次之。凡集，全伪者寡，而单篇列什，借名窜匿甚众，于别编详之。

同时，他又提出了“核伪之道”，即具体辨伪的八种方法，即：一、核之《七略》以观其源；二、核之群志以观其绪；三、核之并世之言以观其称；四、核之异世之言以观其述；五、核之文以观其体；六、核之事以观其时；七、核之撰者以观其托；八、核之传者以观其人。胡应麟认为，“核兹八者而古今赝籍亡隐情矣”。[1]

可以看出，胡应麟提出的这辨伪八法，从文献著录的情况、作者的处境、文体的形式、语言及称呼以及典籍的由来等各方面进行考察，层层推绎，细心审定，最后综合概括，可以说是讫止当时最系统的辨伪理论，在历史文献学史上具有十分重要的意义。所以《四库全书总目》卷一百二十三胡应麟《少室山房笔丛》提要称：“盖捃摭既博，又复不自检点，抵牾横生，势固有所不免。然明自万历以后，心学横流，儒风大坏，不复以稽古为事。应麟独研索旧文，参校疑义，以成是编，虽利钝互陈，而可资考证者亦不少。朱彝尊称其不失读书种子，诚公论也。杨慎、陈耀文、焦竑诸家之后，录此一书，犹所谓差强人意者矣。”这实际也是对胡应麟在明代历史文献学史中所居的地位及学术成就的说明。

[1] 以上引文均见《少室山房笔丛》丁部《四部正讹》。

本卷主要引用书目

宋　濂　《宋文宪公全集》，中华书局四部备要本
宋　濂　《诸子辩》，顾颉刚标点，朴社 1928 年版
宋　濂　《洪武圣政记》，清嘉庆虞山张氏刊本
方孝孺　《逊志斋集》，中华书局四部备要本
王　祎　《王忠文公集》，商务印书馆丛书集成初编本
王　祎　《大事记续编》，上海古籍出版社影印四库全书本
丘　濬　《丘文庄公集》，清刊丘海二公文集合编本
丘　濬　《大学衍义补》，清同治夔州郭氏家塾刻本
丘　濬　《世史正纲》，文昌郭氏家塾 1936 年铅印本
陈　建　《皇明资治通纪》，明刊本
陈　建　《学蔀通辨》，齐鲁书社四库全书存目丛书影印明刊本
陈　建　《治安要议》，民国刊本
郑　晓　《吾学编》，明万历金陵刻本
薛应旂　《宋元通鉴》，明天启六年刻本
薛应旂　《宪章录》，明万历二年刻本
薛应旂　《甲子会纪》，明刊本
薛应旂　《考亭渊源录》，明隆庆刊本
薛应旂　《方山先生文录》，明刊本

薛应旂 《方山薛先生全集》，明嘉靖刻本
王世贞 《弇州史料》，清乾隆刊本
王世贞 《弇山堂别集》，魏连科点校，中华书局 1985 年版
王世贞 《弇州山人四部稿》，明万历刊本
王世贞 《纲鉴会纂》，明刊本
王世贞 《弇州山人读书后》，清乾隆刊本
李　贽 《藏书》，中华书局 1959 年排印本
李　贽 《续藏书》，中华书局 1959 年排印本
李　贽 《焚书》，北京燕山出版社 1998 年版
李　贽 《续焚书》，北京燕山出版社 1998 年版
李　贽 《初潭集》，北京燕山出版社 1998 年版
焦　竑 《献征录》，上海书店 1987 年影印本
焦　竑 《国史经籍志》，商务印书馆丛书集成初编本
焦　竑 《焦氏笔乘》，清刊粤雅堂丛书本
焦　竑 《澹园集》，金陵丛书本
焦　竑 《玉堂丛语》，顾思点校，中华书局 1981 年版
胡应麟 《少室山房集》，上海古籍出版社 1993 年影印四库全书本
胡应麟 《少室山房笔丛》，中华书局 1958 年版
《明实录（附校勘记）》，台北“中央研究院”史语所 1962—1968 年影印本
《大明律集解附例》，台湾学生书局明代史籍汇刊本
钱伯城等辑 《全明文》，上海古籍出版社 1992 年版
李东阳等 《大明会典》，江苏广陵古籍刻印社 1989 年影印本
张廷玉等 《明史》，中华书局 1974 年版
夏　燮 《明通鉴》，中华书局 1959 年版
谷应泰 《明史纪事本末》，中华书局 1977 年版
宋　濂等 《元史》，中华书局 1976 年版
永　瑢等 《四库全书总目》，中华书局 1965 年影印本
陈　鼎 《东林列传》，清刻本
黄宗羲 《明儒学案》，中国书店 1990 年影印本
黄宗羲、全祖望 《宋元学案》，中华书局四部备要本

刘知幾　《史通通释》，浦起龙释，上海古籍出版社 1978 年版
郑　樵　《通志略》，上海古籍出版社 1990 年影印世界书局本
朱　熹　《朱子语类》，王星贤点校，中华书局 1986 年版
苏伯衡　《苏平仲文集》，商务印书馆四部丛刊本
王守仁　《王阳明全集》，上海古籍出版社 1992 年版
王　畿　《龙溪王先生全集》，清光绪海昌朱氏重刻本
王廷相　《慎言》，齐鲁书社四库全书存目丛书影印明刊本
吕　坤　《呻吟语译注》，王国轩、王秀梅译注，北京燕山出版社 1996 年版
归有光　《震川先生集》，周本淳校点，上海古籍出版社 1981 年版
祝允明　《祝子罪知录》，齐鲁书社四库全书存目丛书影印明万历刊本
袁宗道　《白苏斋类集》，钱伯城标点，上海古籍出版社 1989 年版
袁宏道　《袁宏道集笺校》，钱伯城笺校，上海古籍出版社 1981 年版
袁中道　《珂雪斋集》，钱伯城点校，上海古籍出版社 1989 年版
钱谦益　《牧斋初学集》，钱曾笺注、钱仲联标点，上海古籍出版社 1985 年版
钱谦益　《牧斋有学集》，钱曾笺注、钱仲联标点，上海古籍出版社 1996 年版
朱　健　《苍崖子》，明刊本
贺　详　《留余堂史取》，齐鲁书社四库全书存目丛书影印明刊本
钟　惺　《史怀》，齐鲁书社四库全书存目丛书影印明刊本
黄虞稷　《千顷堂书目》，瞿凤起、潘景郑整理，上海古籍出版社 1990 年版
顾炎武　《日知录集释》，黄汝成集释，花山文艺出版社 1990 年版
王夫之　《读通鉴论》，中华书局 1975 年版
赵　翼　《廿二史札记校证》，王树民校证，中华书局 1984 年版
章学诚　《文史通义校注》，叶瑛校注，中华书局 1985 年版

（说明：本书在引用古籍时，已根据自己的理解加以标点；引自整理本的，依所列版本标点。）